nada

Karin Jundt

Alltägliches Handeln im spirituellen Geist

Sonnwandeln Band II
Buchreihe für spirituelle Entwicklung
und Selbstveränderung

nada Reihe Wegweiser

Bibliografische Information der Deutschen Nationalbibliothek:
Die Deutsche Nationalbibliothek verzeichnet diese Publikation in der
Deutschen Nationalbibliografie; detaillierte bibliografische Daten sind
im Internet über http://dnb.d-nb.de abrufbar.

Herstellung: Books on Demand GmbH, Norderstedt
Printed in Germany

ISBN 978-3-907091-07-4

Johanna, Emil und Roberto,
meiner spirituellen Familie,
gewidmet

Inhaltsverzeichnis

Ein spiritueller Weg,
der nicht in den Alltag führt,
ist ein Irrweg.

Pater Willigis Jäger

Einleitung

Scherzhaft sage ich manchmal: „Erstaunlich wie oft ich meine eigene Weisheit vergesse!". Darin steckt mehr als nur ein Kern Wahrheit, denn ich mache zuweilen die Erfahrung – und ich denke, es geht vielen Lesern ebenso –, dass wenn ich selbst in einer herausfordernden Situation stecke, ich mich an wichtige Erkenntnisse und Lehren nicht erinnere, die mir in dem Moment helfen könnten. Sobald wir emotional involviert sind, durchschauen wir die Dinge nicht mehr so klar, wie wir es als Außenstehende bei anderen in vergleichbaren Situationen tun.

Eine ähnliche Erfahrung habe ich auch bei der vorliegenden Buchreihe gemacht. Ich begann ja vor gut zehn Jahren, *Sonnwandeln* zu schreiben, eine dreißigteilige Schriftenreihe für spirituelle Entwicklung im Alltag, insgesamt über 600 Seiten, die es damals nur in elektronischer Form gab. Um sie nun in Buchform herauszugeben, habe ich sämtliche Texte gründlich überarbeitet – und bin hie und da staunend auf eine Weisheit gestoßen, die ich völlig vergessen hatte. Obwohl sie von mir selbst stammt. Mir hat es gutgetan, mich wieder einmal tiefer und fokussierter mit gewissen Themen auseinanderzusetzen und an mir zu arbeiten, und ich hoffe, du, lieber Leser, mögest einen ebenso großen Nutzen aus diesem Buch ziehen.

Obwohl ich aus weltweitem spirituellen, philosophischen und psychologischen Wissen schöpfe, keiner Religion, Lehre, Kirche oder Organisation verpflichtet bin und mich seit jeher offen mit vielen verschiedenen Richtungen beschäftige, entspricht – falls nicht ausdrücklich anders erwähnt – alles, was ich in Sonnwandeln schreibe, meinem eigenen Glauben. Und selbstverständlich erhebe ich keinen Anspruch auf die absolute Wahrheit. Ich bin gewiss auch keine spirituelle Lehrerin und kein Guru. Mit dieser Buchreihe will ich, über die Lehre des Karma Yoga hinaus, Anregungen zu einer im Alltag gelebten und praktizierten Spiritualität anbieten, beruhend auf dem, was ich von meinen Lehrern gelernt habe, und auf meinen eigenen Erfahrungen.

→ Informationen über mein Buch „Karma Yoga": siehe Seite 254

Nimm dir daraus, was in dir anklingt und dir hilft, im Hier und Jetzt und auf deinem spirituellen Weg glücklicher zu wandeln. Denn für jeden Menschen gilt: „Meine Wahrheit ist das, was ich glaube."

Einiges über mich und meinen spirituellen Weg habe ich in der Einleitung zum ersten Sonnwandeln-Band erzählt, ich will es hier nicht wiederholen. Aber ich erläutere nochmals kurz das Wichtigste über diese Buchreihe für die Leser, die Band I nicht kennen.

Den Namen *Sonnwandeln* wählte ich seinerzeit in der doppelten Bedeutung von *„auf dem sonnigen Lebensweg wandeln"* und *„sich zu einem sonnigen Gemüt wandeln"*. Jedes Kapitel entspricht einer Ausgabe der früheren elektronischen Schriftenreihe und weist die gleiche Struktur auf: „Einführende Gedanken" stellt eine Einleitung ins Thema dar und wirft auch Fragen auf, die ich dann in den weiteren Rubriken „Vertiefende Aspekte" und „Fragen & Antworten" konkret und alltagsbezogen behandle.

Zu jedem Thema gibt es eine Aufgabe für die innere Entwicklung, ergänzt durch Vorschläge für Affirmationen, eine Imagination oder Meditation und unterstützende Heilsteine und Bach-Blüten.

Wege einer geerdeten Spiritualität aufzuzeigen, ist mein Anliegen für die ganze Buchreihe, aber in diesem zweiten Band geht es ganz spezifisch darum: Wie sollen wir Menschen auf dem spirituellen Weg konkret mit häufigen Alltagsthemen und -problemen umgehen? Etwa mit unseren Ängsten und den lästigen Gewohnheiten, den schwer überwindbaren Prägungen der Kindheit, mit unseren „Lastern" wie Zorn oder Unmäßigkeit, mit den Lügen, die uns so leicht über die Lippen kommen, ... Und schließlich auch mit der Achtsamkeit im täglichen Leben und der unerlässlichen Selbstdisziplin.

Du wirst, je mehr Bände von Sonnwandeln du liest, auf unterschiedliche Aussagen zum gleichen Thema stoßen und vielleicht sogar meinen, darin Widersprüche zu entdecken. Das liegt daran, dass diese Buchreihe als Lehrwerk aufgebaut ist und von grundlegenden Ebenen zu immer komplexeren fortschreitet. So argumentiere ich also bei einer bestimmten Thematik, beispielsweise über das Ego, anfänglich mit einfacheren Thesen und stoße dann erst in den weiteren Bänden zu differenzierteren vor. Einem Grundschüler erklären wir die Welt ja auch nicht gleich wie einem Gymnasiasten. Was jedoch keineswegs bedeutet, das eine sei falsch und das andere richtig oder das eine sei wichtiger als das andere – es handelt sich nur um verschiedene Betrachtungsweisen und Blickwinkel. Von einer höheren Warte aus gesehen, hängt ohnehin alles mit allem zusammen. Die einzelnen Themen und Aspekte sind wie die Bilder eines Kaleidoskops, bei dem jedes in die anderen hineinfließt – und dennoch sind sie voneinander getrennt und verschieden. Um dir einen umfassenderen Überblick zu ermöglichen und dir zu helfen, eine Thematik in ihrer Gesamtheit zu erfassen, stehen am Seitenrand jeweils Verweise auf analoge oder weiterführende Textstellen.

Zum Schluss noch zwei klärende Bemerkungen: Ich duze dich, lieber Leser, weil wir alle Gefährten auf dem Weg zum Göttlichen sind – das Du empfinde ich als verbindend. Und ich verwende um der leichteren Lesbarkeit willen weder unnatürlich anmutende geschlechtsneutrale Formen noch das Anhängsel „Innen", sondern beschränke mich auf die männliche Form.

Ich wünsche dir eine anregende, bereichernde Lektüre!

Oktober 2016

Auf dem Sonnwandeln-Weg

Die Sonnwandeln-Buchreihe bietet dir Anregungen zur Selbstveränderung, um spirituell zu wachsen und um das Leben freudiger und erfüllter zu gestalten. Im Mittelpunkt steht ein „sonniger" Pfad, auf dem du vor allem Selbstwertgefühl, Urvertrauen und Gleichmut aufbaust und stärkst. Dazu dienen die empfohlenen Aufgaben und Übungen. Deine neuen Erkenntnisse kannst du im alltäglichen Handeln, im Umgang mit deinen Mitmenschen, bei der Bewältigung von Herausforderungen und Krisen laufend umsetzen.

Das Konzept des Sonnwandeln-Weges beruht auf drei Grundsätzen:

• **Grenzenlose Spiritualität: Es gibt so viele Wege zum Göttlichen, wie es Menschen gibt.**
→ Das Göttliche: siehe Glossar Seite 246
Jeder von uns durchläuft einen eigenen spirituellen Prozess mit Herausforderungen und Chancen, zu lernenden Lektionen und entsprechenden Hilfen. Mit meiner Sonnwandeln-Reihe zeige ich undogmatisch Möglichkeiten der inneren Wandlung auf. Ich stütze mich dabei auf ein breites Fundament aus christlichen, jüdischen, islamischen, buddhistischen, hinduistischen Ansätzen und tradierter spiritueller Weisheit aller Zeiten und Weltgegenden, ebenso wie auf Psychologie und Philosophie.

Die absolute Wahrheit gibt es nicht auf der menschlichen Ebene. Und was für den einen ein gangbarer Weg ist, kann für den anderen nicht geeignet sein; was gestern undenkbar war, kann heute richtig sein und morgen überholt. Wahrscheinlich wird dich also nicht alles ansprechen, was du in diesem Buch liest, und nicht jeder darin beschriebene Entwicklungsschritt ist für dich gegenwärtig angesagt. Sei bei der Lektüre deshalb offen für Neues und Fremdes, horche aber zugleich in dich hinein, ob die Texte und Anregungen in dir eine Resonanz finden. Nimm an, was in dir anklingt, und lass bleiben, was für dich nicht stimmt.

• Spiritualität findet im Alltag statt.

Ich lehne eine Spiritualität, die sich auf Gebet und Meditation beschränkt oder einen Rückzug aus der Welt vorsieht, keineswegs ab – wie gesagt, es gibt so viele Wege zum Göttlichen... Mein Weg ist es allerdings nicht.

→ Über meine prägende Erfahrung berichte ich in der Einleitung zu Band I

Denn zu oft habe ich beobachtet, wie Menschen – ich eingeschlossen –, die sich für spirituell halten, weil sie stundenlang in Versenkung verweilen und Askese praktizieren, im Alltag dann ihren Ängsten erliegen, Wut, Eifersucht und andere niedere Triebe nicht im Griff haben, nur ein schwaches Selbstwertgefühl besitzen. Kurz: durch ihre Spiritualität das Leben nicht besser meistern und nicht zufriedener sind als unspirituelle Menschen.

Ich glaube, dass das Leben selbst unser Lehrer ist und das Göttliche uns darin führt. Im Alltag sollen wir demnach spirituell wachsen und dabei auch glücklich sein. In jedem Augenblick unseres Lebens können wir uns durch den Umgang mit den Mitmenschen, mit den Herausforderungen, Krisen und Chancen weiterentwickeln und die spirituellen Eigenschaften erwerben, die uns der Einheit mit dem Göttlichen näherbringen – Loslassen des Ego, Gleichmut, Liebe und Selbstliebe, Freisein von Begehren, Angst und Anhaftung.

→ Ego: siehe Glossar Seite 246

• Es gibt einen sonnigen Weg durch das Leben!

Spiritualität ist nicht zwangsläufig asketisch, weltfremd, mit Rückzug aus der Welt verbunden, wie es östliche Religionen zum Teil vermitteln. Ebenso wenig ist es nötig, in diesem Leben zu leiden, um dann im Jenseits die ewige Glückseligkeit zu erlangen, wie gewisse christliche Richtungen es nahelegen.

Nicht das äußere Leben ist der Maßstab für Spiritualität, sondern die innere Haltung. Wir dürfen und sollen alles Schöne dieser Welt genießen. Dazu wurde es doch erschaffen! Aber nicht daran hängen. Es nicht begehren, aber dankbar annehmen, wenn es uns geschenkt wird. Auf der anderen Seite: das sogenannt Leidvolle, Unangenehme, Verhasste nicht als solches betrachten, sondern gleichmütig akzeptieren im Bewusstsein, dass der göttliche Plan vollkommen ist und alles, was uns geschieht, einen Sinn hat.

Sobald wir gelernt haben, auf das Göttliche absolut zu vertrauen, uns ganz hinzugeben und führen zu lassen, wird unser Weg leicht, die Schatten verschwinden und wir wandern tatsächlich auf einem sonnigen Weg, ohne Furcht und Sorge, mit innerer Zufriedenheit. Das Paradies auf Erden ist unser angeborenes Recht: Es liegt aber an uns selbst, es in dieser Welt zu verwirklichen.

Tipps zum Umgang mit der Sonnwandeln-Reihe

Ich empfehle dir, die Bände in ihrer Reihenfolge zu lesen, ebenso wie die Kapitel innerhalb eines Bandes.

Lies jeweils ein Kapitel vollständig, bevor du mit der Aufgabe zur Selbstveränderung praktisch beginnst; vor allem in den Rubriken „Einführende Gedanken", „Vertiefende Aspekte" und „Fragen & Antworten" findest du die Grundlagen dazu. Mit der Aufgabe zur Selbstveränderung solltest du eine Weile arbeiten, ein paar Wochen, vielleicht sogar Monate, bevor du zur Aufgabe des nächsten Kapitels übergehst. Das Gleiche gilt für die zur Unterstützung empfohlenen Affirmationen, Bach-Blüten und Heilsteine.

Ich bin mir bewusst, dass sich tiefe Ängste und eingravierte Verhaltensmuster nicht in kurzer Zeit vollständig beseitigen lassen. Doch indem du dich wenigstens eine Zeit lang intensiv damit beschäftigst, setzt du eine Art Impuls, der im Unbewussten auch weiter wirkt, wenn du dich nicht mehr mit dem entsprechenden Thema befasst. Entscheidend ist dabei vor allem, dass du die Veränderung ernsthaft willst – dann wirkt eine höhere Kraft.

Geh mit der Aufgabe um, so gut du es kannst und für dich als sinnvoll spürst. Folge stets deiner Inneren Stimme und tue etwas nie, weil ein Buch es dir vorschreibt, sondern nur eigenverantwortlich und selbstbestimmt.

→ Innere Stimme: siehe Glossar Seite 246

Sei nie entmutigt, falls du meinst, nicht weiterzukommen, immer wieder über die gleichen Schwierigkeiten stolperst, denke nicht: „Ich schaffe es nie!". Entscheidend ist der Wille, das Ziel zu erreichen. Sag dir immer wieder: „Ich weiß, dass ich es schaffe!" Bemühst du dich ehrlich, so wird die Veränderung eintreten – aber vielleicht nicht dann, wenn du es gerne möchtest, sondern wenn für dich der richtige Augenblick gekommen ist.

Urvertrauen zu besitzen bedeutet, uns durch das Leben leiten zu lassen und in die göttliche Führung bedingungslos zu vertrauen – wie das Kind an der Hand der Eltern zuversichtlich dem Weg folgt, nicht daran zweifelt, dass es der richtige ist, und sich nicht um das sorgt, was vor ihm liegt.

1. Viele Ängste, eine Angst.
Ausweg Urvertrauen.

Themen dieses Kapitels
• Die Illusion, unser Leben im Griff zu haben • Angst vor der Zukunft, dem Unbekannten und vor Veränderungen • Wie gewinnen wir das kindliche Urvertrauen zurück? • Angst vor dem Leiden • Ursachen verschiedener Ängste • Unterscheidung zwischen Angst und Vorsicht • Wie werden wir eine konkrete Angst los? • Angst ist ansteckend • Zieht Angst das Gefürchtete an?

Entwicklungsziel
Ich stärke mein Urvertrauen: Ich weiß, dass ich alles bekomme, was ich brauche, und mir nur geschieht, was für mich bestimmt ist. Ich bin bereit, alles anzunehmen, was auf mich zukommt, und bin sicher, dass es zu meinem Besten ist und mich weiterbringt.
Ich lasse meine vielen Ängste los, ich handle trotz der Angst und gebe dem Mut und der Zuversicht mehr und mehr Raum in mir.

Tausendundeine Angst

Angst vor Krankheit, vor engen Räumen, dunklen Gassen, vor dem Fliegen, den Job zu verlieren, den finanziellen Verpflichtungen nicht mehr nachzukommen, Angst, uns selbst oder einem geliebten Menschen könnte etwas zustoßen, Angst vor dem Urteil der anderen, Angst, jemandem wehzutun oder selbst eine Verletzung zu erleiden, Angst, eine falsche Entscheidung zu treffen, Todesangst, Höhenangst, Verlustangst, Existenzangst, Angst vor der Angst – wie viele Ängste sind es, die uns plagen? So viele wie es Menschen gibt? Oder existiert vielmehr nur eine Angst, *die* Angst – ebenso wie es nur eine Zuversicht gibt, *die* Zuversicht? All die vielfältigen Facetten der Angst, seien es die konkreten oder die unbestimmteren, lassen sich auf eine *Ur-Angst* zurückführen: die Angst vor dem Leiden, dem physischen oder dem psychischen.

→ Die Thematik unserer Ohnmacht gegenüber dem Schicksal und die Frage nach dem freien Willen oder der Vorbestimmung habe ich in Band I der Sonnwandeln-Reihe ausführlicher erörtert; Info siehe Seite 250

Die Grundlage dieser Angst ist unsere Ohnmacht, über unser Leben absolut selbst bestimmen zu können. In der Verblendung unseres Ego unterliegen wir zwar meistens dieser Illusion, in unserem Innersten aber wissen wir, dass wir keine Macht über das Schicksal besitzen, keine Macht, die Zukunft so zu gestalten, wie wir sie uns wünschen, trotz Vorausschau, Planung, Willenskraft und Bemühen. Wir versuchen es zwar und setzen uns für unsere Ziele ein, doch unterschwellig bleibt uns bewusst, wie das Unvorhergesehene alle Vorhaben und Hoffnungen in einem einzigen Augenblick zunichtemachen kann.

Ich selbst habe das schmerzlich erfahren. Ich war mit meinem Partner sechzehn Jahre lang zusammen, während zehn Jahren arbeiteten wir auch in der eigenen Firma. Unsere Beziehung war ausgesprochen gut, wir liebten uns innig, teilten viele Interessen und waren glücklich. Für die Zukunft hatten wir eine Menge Pläne geschmiedet; ich war überzeugt, wir würden uns nie trennen und unseren Lebensabend im Süden verbringen. Dann starb er innerhalb von drei Wochen an einer seltenen Krankheit, aus dem blühenden Leben gerissen. Und ich stand plötzlich allein da – mit zerstörten Plänen und ohne Perspektiven.

Wie gesagt, zumindest unterschwellig wissen wir, dass das Schicksal sich nicht an unsere Wünsche und Pläne hält. Daraus resultiert eine der wichtigsten und hinderlichsten Ausprägungen unserer Angst vor dem Leiden: die Angst vor dem Ungewissen und Unbekannten. Sie äußert sich unter anderem in der Angst vor Veränderungen, was erklärt, warum Menschen in einer unbefriedigenden, ja belastenden Lage verharren. Die bestehende Situation, so unerträglich sie auch ist, kennen sie nämlich, sie sind mit ihr vertraut und sie glauben, damit mehr oder weniger umgehen zu können, wenn auch unter Schmerzen. Jede Veränderung ist hingegen ungewiss in ihrem Ausgang... sie führt auf unbekanntes Terrain... wir wissen nicht, was kommt... wir trauen uns nicht zu, das Neue zu bewältigen... wir fürchten noch größeres Leid...

→ Siehe Seite 58

Das Mittel gegen die *Ur-Angst*: das *Ur-Vertrauen*
Endgültig besiegen wir die Urangst nur durch das Urvertrauen. Spirituell betrachtet, kommt jeder Mensch mit einem angeborenen Urvertrauen auf die Welt; es ist in jeder Seele vorhanden als das Vertrauen ins Göttliche, das unser Leben trägt und lenkt und für uns sorgt. Wachsen wir als Kind einer liebenden, behütenden Familie auf, so bleibt uns dieses Urvertrauen noch eine ganze Weile erhalten. Wir haben ja erlebt, dass wir aufgehoben sind und alles Notwendige bekommen, was uns ein grundlegendes Vertrauen ins Leben vermittelt.

Später allerdings, vor allem wenn das Ego erstarkt und wir die Erfahrung machen, dass sich nicht alle unsere Wünsche erfüllen, wir vielleicht auch von sogenannten Schicksalsschlägen heimgesucht werden, kann diese Zuversicht nachlassen und die Urangst deren Platz einnehmen. Doch selbst wenn wir meinen, das Urvertrauen sei uns verloren gegangen, so ist es in der Seele noch lebendig; wir nehmen es nicht wahr, weil wir im Ego und nicht in der Seele leben. Automatisch kehrt es in der Regel nicht zurück, aber wir können es ins Bewusstsein zurückholen durch einen Erkenntnisprozess, bei dem wir an uns arbeiten und uns bemühen. Es ist ein lohnendes Ziel, denn es ist die einzige wirksame und anhaltende Möglichkeit, um uns von unserer

→ Seele: siehe Glossar Seite 248

Urangst und damit von allen alltäglichen Ängsten zu befreien und in diesem Leben sorglos glücklich zu sein. Und für Menschen auf dem spirituellen Weg unerlässlich: Wie könnten wir uns dem Göttlichen bedingungslos ergeben und noch unter Ängsten leiden? Ein echtes spirituelles Vorankommen ist in der Tat nicht möglich, solange wir uns der Angst unterwerfen.

Der Weg zum Urvertrauen

Es sind zwei grundlegende Einsichten, die wir uns immer wieder bewusst machen müssen, um das Urvertrauen aufzubauen und zu stärken.

1. Ich bekomme immer das, was ich brauche und mir guttut. Unabhängig von meinem Streben und Bemühen, wird mir gegeben, was meine innere Entwicklung fördert, und es wird mir genommen, was sie hemmt. Ich besitze nicht die Macht, etwas zu erreichen, was nicht für mich bestimmt ist. Dies auf lange Sicht betrachtet, denn bei einem im wahren Sinne des Wortes kurzsichtigen Blickwinkel erhalte ich mitunter, was ich will – doch nur als Erkenntnislektion. Steht es nämlich meinem Lebensziel entgegen, so geht es mir wieder verloren oder wird mich unglücklich machen, sodass ich einen anderen Weg einschlage.

→ Vergleiche Kapitel 3 über das Schicksal in Band I; Info siehe Seite 250

2. Es kann mir nichts geschehen, was nicht gut für mich ist. Alles, was mir zustößt, verfolgt einzig den Zweck, mich zu lehren, mir neue Erkenntnisse zu vermitteln, meine innere Entwicklung zu fördern. Dabei sind alle und alles meine Lehrer in dieser Lebensschule. Kein Mensch, keine Naturgewalt, kein Lebewesen besitzt die Macht, mir etwas anzutun, falls es nicht sein darf und meinem individuellen Lernprozess zuwiderläuft. Und wie sehr ich auch versuche, etwas zu meiden oder zu fliehen, ich kann nichts abwenden, was für mich bestimmt ist. Ich darf aber auch darauf vertrauen, dass mir nie mehr aufgebürdet wird, als ich zu tragen vermag.

Wenn wir diese beiden Grundsätze beherzigen: Worüber sollten wir uns Sorgen machen? Und wovor uns fürchten? Es besteht kein Grund dazu. *Es kommt ohnehin immer so, wie es gut für uns ist.* Somit sind übrigens auch alle Schuldzuweisungen und Rechtfertigungen fehl am Platz: „Die Umstände waren gegen mich…"; „Weil du das getan hast, geht es mir schlecht…".

Zu einzelnen Ängsten (vor Spinnen, vor dem Fliegen und mehr) findest du einiges in der Rubrik „Fragen & Antworten", wobei sich die Erläuterungen zu bestimmten Ängsten exemplarisch auf die meisten konkreten Ängste übertragen lassen.

→ Seiten 28ff.

Auf das größte Leiden für den Menschen, nämlich sich nicht geliebt zu fühlen, gehe ich in diesem Kapitel nicht ein, da die Liebe im weitesten Sinne das Thema des nächsten Bandes der Sonnwandeln-Reihe ist.

→ Band III: Über allem die Liebe; Info Seite 251

Die Angst vor dem Leiden als Grundlage aller Ängste
Die nachstehende Abbildung stellt den Zusammenhang zwischen einzelnen konkreten, exemplarisch zu verstehenden Ängsten und der Angst vor dem Leiden, physisch oder psychisch, anschaulich dar. Auf die gleiche Art lassen sich alle erdenklichen Ängste auf diese Urangst zurückführen. Und nicht zu vergessen: Angst ist an sich schon leidvoll.

Angst vor engen Räumen = Angst, eingesperrt zu sein; Angst, erdrückt zu werden

Angst vor Körperkontakt = Angst vor Unreinheit; Angst, sich mit Krankheiten anzustecken

Angst, den Job zu verlieren = Angst vor dem sozialen Abstieg; Angst, sich die materiellen Wünsche nicht mehr erfüllen zu können

Höhenangst, Flugangst = Angst zu fallen, sich zu verletzen und Schmerzen zu erleiden

Angst vor peinlichen Situationen oder Fehler zu machen = Angst, den Respekt oder die Wertschätzung zu verlieren und nicht mehr geliebt zu werden

Angst vor der Dunkelheit = Angst, überfallen und verletzt zu werden

Angst, jemanden zu verletzen = Angst, Freunde zu verlieren; Angst, jemanden leiden zu sehen

Angst vor dem Zahnarzt = Angst vor Schmerzen

psychisches Leiden

Urangst = Angst vor dem Leiden

physisches Leiden

Der Zusammenhang zwischen Urangst und Urvertrauen und die Hindernisse beim Erlangen des Urvertrauens

Das Urvertrauen wiederzufinden ist ein Prozess, der sich für die einen Menschen länger und beschwerlicher, für andere schnell und fast mühelos gestaltet; doch schon der kleinste Fortschritt in dieser Richtung schenkt uns eine bessere Lebensqualität. Das *vollständige* Urvertrauen zu finden, bedingt eine innige Verbindung zur Seele – und das ist, ebenso wie die Gottesverwirklichung, eine Gnade. Dieser Zustand lässt sich nicht durch das eigene Bemühen erzwingen, sondern nur hoffnungsvoll anstreben, bis wir ihn irgendwann geschenkt bekommen.

→ Gnade: siehe Glossar Seite 246; vergleiche auch Seiten 58/59

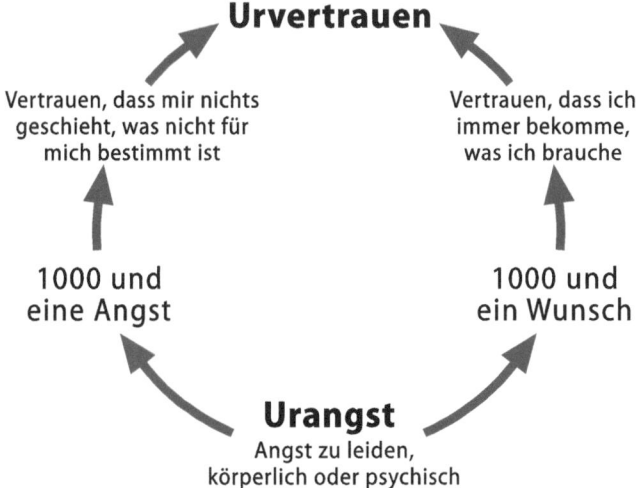

Urvertrauen

Vertrauen, dass mir nichts geschieht, was nicht für mich bestimmt ist

Vertrauen, dass ich immer bekomme, was ich brauche

1000 und eine Angst

1000 und ein Wunsch

Urangst
Angst zu leiden, körperlich oder psychisch

Ein großes Hindernis auf dem Weg zum Urvertrauen und zum Ablegen der Urangst sind unsere Wünsche. Wir wollen etwas, das wir als wichtig für unser Glück erachten, beispielsweise einen sicheren Arbeitsplatz, Gesundheit, einen liebevollen Partner, Familie, abgesehen von den vielen kleinen materiellen Begierden, ein schönes Haus, ein Auto und unzählige mehr. Die Konsequenz dieser Wünsche ist die Angst: Solange wir das Ersehnte noch nicht haben, plagt uns die Angst, es nicht zu bekommen; sobald wir es besitzen, leiden wir unter der Angst, es wieder zu verlieren. Der einzige Ausweg ist, die Wünsche loszulassen, unser Leben an das Göttliche zu übergeben, im Vertrauen, dass alles,

→ Auf die Wünsche und die Anhaftung gehe ich in Band IV der Sonnwandeln-Reihe, „Unsere innere Welt" ausführlicher ein; Info siehe Seite 252. Die Wünsche sind ferner ein wichtiges Thema meines Buches „Karma Yoga"; Info siehe Seite 254

was wir wirklich brauchen, uns zufällt, und alles, was uns zufällt, gut und richtig für uns ist – darin besteht das Urvertrauen, das die Urangst überwindet.

* * *

Die Abgrenzung zwischen Angst und Vorsicht

Vor-sicht im wahren Sinne des Wortes ist eine unerlässliche Eigenschaft im täglichen Leben: Wir *sehen voraus*, was in einer bestimmten Situation geschehen könnte, und *sehen uns vor*, indem wir die nötigen Entscheidungen treffen. Dazu bedarf es einer gesunden Einschätzung der äußeren Umstände, der Gefahren und der eigenen Fähigkeiten.

Ein Beispiel. Stehe ich vor einem fünfzig Zentimeter breiten, seichten Bächlein, so weiß ich, dass ich problemlos hinüberspringen kann und nicht mehr als nasse Füße riskiere, sollte es trotzdem schiefgehen. Das Gleiche bei einem zwei Meter breiten, reißenden Wildbach zu wagen, erfordert das sichere Wissen, dass ich jederzeit mindestens drei Meter weit springen kann – selbst dann bleibt ein Restrisiko, das ich sorgfältig abwägen muss, denn ich könnte beim Absprung auf dem feuchten Gras ausrutschen. Hingegen ist völlig klar: Eine vier Meter breite und hundert Meter tiefe Schlucht auf diese Art überwinden zu wollen, wäre reiner Leichtsinn.

Die Abgrenzung zwischen Angst und Vorsicht ist individuell; wir sollten uns aber davor hüten, unsere grundlosen Ängste mit Vorsicht zu rechtfertigen. Allgemein lässt sich sagen: Geht es nicht unmittelbar um Leben oder Tod sowie um physische oder psychische Unversehrtheit, ist es meistens nicht die Vorsicht, die uns von einem Vorhaben abhält, sondern die reine Angst.

Sinnbildlich

Der Todesengel
Eine Sufi-Geschichte von Rumi

Ein Mann kam eines Tages in panischer Angst, mit kreidebleichem Gesicht zum Propheten Salomon. Dieser fragte ihn: „Was ist dir geschehen, wovor fürchtest du dich dermaßen?"
Der Mann antwortete: „Azrael, der Todesengel, hat mich auf furchterregende Art angeschaut. Mächtiger Salomon, ich flehe dich an, befiehl dem Wind, er möge mich weit weg, nach Indien wehen, sodass ich meinen Körper und meine Seele retten kann!"
Salomon forderte den Wind dazu auf, dem Wunsch des Mannes nachzukommen, und so fand sich dieser augenblicklich in Indien wieder.
Am nächsten Tag begegnete Salomon dem Todesengel und fragte ihn: „Wieso hast du diesen frommen und tugendhaften Mann so böse angeschaut? Du hast ihn derart verängstigt, dass er sein Vaterland verlassen hat und nach Indien geflohen ist."
Azrael antwortete: „Er hat meinen Blick missverstanden. Ich habe ihn nicht böse, sondern erstaunt angeschaut. Gott hatte mir nämlich befohlen, heute in Indien sein Leben zu holen. Als ich ihn aber gestern hier sah, fragte ich mich, wie er ohne Flügel so schnell nach Indien kommen würde."

Es wird gesagt: Indem wir uns vor etwas fürchten, ziehen wir es an. Warum ist es so?
Für einige Sachverhalte gibt es eine wissenschaftliche Erklärung. Zum Beispiel für die Angst, uns beim Kontakt mit einem Kranken anzustecken. Angst, wie im Übrigen auch übermäßige physische oder psychische Beanspruchung und Stress, schwächt das Immunsystem, sodass Bakterien und Viren nicht effizient genug bekämpft werden.

Wir kommen ja immer wieder mit kranken Menschen zusammen und unsere ganze Umgebung ist generell mit Bakterien und Viren regelrecht verseucht; befinden wir uns im inneren Gleichgewicht, ist die Gefahr zu erkranken wesentlich geringer, als wenn unsere gegenwärtige Lebenssituation uns belastet.

Ein anderes Beispiel ist die Angst vor Hunden. Angst verursacht eine bestimmte Duftausscheidung, die der Hund riecht und erkennt: Er bellt, knurrt oder greift einen Ängstlichen eher an, weil er ihn aufgrund seiner Angst für unterlegen hält.

Viele wichtige Prozesse, wie Aggression und Paarung, funktionieren über Düfte, nicht nur im Tierreich. Wir Menschen haben zwar im Zuge der Evolution die empfindsame Nase eingebüßt und kennen durch die Verwendung von Deodorants und Parfüms unsere „Düfte" nicht mehr. Verzichten wir jedoch einmal darauf, unseren natürlichen Körpergeruch zu übertünchen, können wir in einer Angst- oder Stresssituation leicht selbst feststellen, dass unsere Ausdünstung anders riecht als der „normale" Schweiß nach körperlicher Anstrengung. Jedenfalls nehmen auch Menschen den Angstschweiß ihresgleichen nach wie vor wahr, wenn auch zuweilen nicht bewusst. Sondern wir diesen also in einer Konfrontationssituation ab, beispielsweise weil wir aus mangelndem Selbstwertgefühl Angst davor haben, jemanden zu verärgern oder zu verletzen, so wird diese Person es geruchlich wahrnehmen – nebst den anderen Signalen, die wir durch die Körperhaltung und den Gesichtsausdruck aussenden. Sie wird sich überlegen fühlen und uns so behandeln, wie wir es befürchten.

Bei vielen Befürchtungen gibt es hingegen keine wissenschaftlich anerkannte Erklärung, warum sie sich bewahrheiten, jedoch andere durchaus plausible Deutungen:

• *Eine parapsychologische/esoterische.* Unsere Gedanken erzeugen Energie-Bilder; je häufiger und intensiver wir die Aufmerksamkeit also auf das Gefürchtete richten, desto stärker entfaltet sich die Energie und desto schneller wird sich das gedankliche Bild tatsächlich manifestieren. Analoges geschieht ja auch mit einem Wunsch: Ist unser Verlangen stark genug, ziehen wir das Ersehnte möglicherweise an. Eine Angstempfindung ist in der Regel jedoch mächtiger, weshalb etwas Gefürchtetes eher eintritt als etwas Begehrtes.

→ Die Macht der Wünsche habe ich in Kapitel 5 von Band I der Sonnwandeln-Reihe erläutert; Info siehe Seite 250

• *Eine spirituelle.* Die Angst loszuwerden, ist überaus wichtig für die spirituelle Entwicklung; um das zu vollbringen, müssen wir mit der Angst konfrontiert werden und uns ihr stellen. Deshalb ziehen wir das Gefürchtete an; denn gerieten wir nie in die uns Angst machende Situation, könnten wir nicht lernen, mit ihr umzugehen und sie zu überwinden.

*   *   *

Hilft uns das Wissen, dass hinter jeder Angst die Angst vor dem Leiden steckt, wirklich weiter? Wäre es nicht wichtiger, die konkrete Ursache der jeweiligen Angst zu erkennen, um sie zu bekämpfen?
Es gibt nicht *die* Ursache einer bestimmten Angst, sondern eine Anzahl von Erklärungen aus verschiedenen psychoanalytischen und lerntheoretischen Modellen. Die Ursache kann zudem bei jedem Menschen eine andere sein; einen offensichtlichen Grund erkennen wir nur, falls sich eine konkrete Angst eindeutig auf ein früheres Erlebnis zurückführen lässt. Ein Beispiel: Tritt bei einem Flug ein Problem auf und der Pilot muss notlanden, so kann es vorkommen, dass jemand von da an unter Flugangst leidet.

Doch selbst wenn wir den Grund einer bestimmten Angst kennen, reichen rationale Argumente in der Regel nicht aus, um sie loszuwerden. Meistens nützt es nichts, uns zu sagen: „Gut, bei diesem einen Flug ist eine gefährliche Situation aufgetreten, aber das kommt nur selten vor und wird mir höchstwahrscheinlich nicht mehr passieren. Das Fliegen ist trotz allem viel sicherer als das Autofahren."

Gelingt es uns mitunter auch, durch spezielle Schulung einzelne Verkörperungen der Urangst zu besiegen, so sind diese Erfolge oft nicht nachhaltig. Es handelt sich dabei, spirituell gesehen, nämlich um psychologische Tricks, die das Ego nur zeitweilig überlisten. Deshalb müssen wir die Methode immer wieder anwenden und trainieren, sonst kommt die gleiche Angst zurück oder manifestiert sich in einer anderen ihrer Facetten. Da sie, bildlich gesprochen, nicht mit der Wurzel ausgerissen, sondern nur abgeschnitten wurde, treibt die Pflanze der Angst nach einer Weile wieder aus, am gleichen Ast oder an einem anderen.

Um die Angst dauerhaft loszuwerden, empfiehlt sich vielmehr, diese negative Schwingung durch eine positive zu ersetzen, was sich übrigens bei allen Gemütszuständen → Siehe
Seite 240 anwenden lässt (auf diesem Prinzip beruht die Wirkung der Bach-Blüten): die Angst nicht bekämpfen, sondern mit Zuversicht und Vertrauen, ja auch mit Gleichmut, einhüllen und überlagern, damit sie ihre Macht verliert. Mit anderen Worten: Diesen Raum, den die Angst in uns einnimmt, füllen wir nach und nach mit Vertrauen, Gleichmut, Zuversicht und anderen positiven Gefühlen auf, bis für die Angst kein Platz mehr übrig ist.

Am wichtigsten ist es also, die Angst grundlegend zu besiegen, indem wir unser Urvertrauen stärken. Allerdings kann das eine Weile dauern und in der Zwischenzeit müssen wir uns unseren einzelnen, klar erkennbaren Ängsten stellen; Hinweise und Anleitungen dazu findest du in den folgenden Antworten.

* * *

Wie werden wir ganz praktisch eine „begründete" Angst los, beispielsweise vor Hunden, wenn sie sich auf ein negatives Erlebnis in der Kindheit zurückführen lässt?
Folgen wir der Definition von „Urangst = Angst vor dem Leiden", so trifft das auch auf die Angst zu, von einem Hund angegriffen zu werden, denn ein Biss verursacht Schmerz,

körperlich und psychisch. Daher wird auch die Angst vor Hunden, wie alle anderen Ängste, durch die Stärkung des Urvertrauens verschwinden. Was sollen wir aber bis dahin konkret dagegen tun?

Dagegen lässt sich tatsächlich kaum etwas unternehmen. Aber: Wenn wir etwas (noch) nicht *ohne* Angst tun können, sollen wir es *mit* Angst tun und uns von ihr in unserem Verhalten nicht einschränken lassen. Dies gilt für jede unserer Ängste. Wir verleugnen sie nicht, sondern nehmen sie wahr, akzeptieren sie als unsere Begleiterin, aber wir setzen uns über sie hinweg und erlauben ihr nicht, uns von dem abzuhalten, was wir tun möchten/sollten/müssten. Angst verschwindet nämlich nicht von selbst, da können wir noch so lange darauf warten! Eine bestimmte Angst werden wir nur los, wenn wir sie nicht gewähren lassen und *trotz* der Angst handeln.

Im konkreten Fall der Hundeangst: Nähern wir uns einem Hund, den wir als gutmütig kennen und kraulen ihn. Oder erlauben wir einem Hund, auf uns zuzukommen, lassen wir ihn an unserer Hand schnuppern und berühren ihn dann. Wir werden unsere Angst zwar spüren, aber wir handeln, als wäre sie nicht vorhanden, wir übergehen sie einfach. Mit der Zeit wird sie ihre Macht über uns verlieren und von uns ablassen.

Dass wir immer aufpassen sollten bei fremden Hunden, versteht sich. Das ist jedoch Vorsicht, nicht Angst.

→ Zur Abgrenzung zwischen Angst und Vorsicht siehe Seite 26

* * *

Wie gehen wir mit den unbegründeten Ängsten um, bevor wir genügend Urvertrauen erlangt haben?

Auch bei den Ängsten, deren Ursache wir nicht kennen, verhalten wir uns wie in der vorangehenden Antwort erläutert: Wir handeln *trotz* der Angst und nehmen den dadurch verursachten schmerzhaften Zustand in Kauf.

In unserer Zeit und Kultur wird das Leiden nicht akzeptiert, wir versuchen es zu fliehen und zu betäuben, wir betrachten es als etwas Negatives, absolut Unerwünschtes. Wir wollen vergessen, dass es zum Leben gehört, und haben verlernt, damit umzugehen. Damit umgehen heißt: Das

Leiden als gegeben annehmen und es einfach aushalten. (Ich meine damit nicht körperliche Schmerzen, denn diese brauchen wir nicht zu ertragen, lassen sie sich durch Medikamente beseitigen.)

Schauen wir den Umgang mit dem Leiden nüchtern an: Ich fühle mich verletzt oder habe einen Verlust erlitten oder bin in finanzieller Not oder ich habe Angst oder ... → Es tut weh, in mir drinnen. → Ja, es tut weh – na und? Dann tut es halt weh... ich weiß, es geht vorbei... ich weiß, es wird mich zu Erkenntnissen führen... ich weiß, es gehört zum Leben... → Ich blicke dem Schmerz ins Gesicht, ich verdränge ihn nicht, meide ihn nicht. Ich schaue ihn an, wie er ist, nehme ihn wahr... Manchmal verschwindet er allein durch diese tapfere Konfrontation oder schwächt sich wenigstens ab. → Und sonst halte ich ihn weiterhin aus, bis ich zur Erkenntnis gelange, er sei überflüssig.

Sind wir bereit, das Risiko eines möglichen Leidens einzugehen – weil wir uns vor „ein bisschen Schmerz" nicht fürchten –, verschwinden viele unserer Ängste.

Selbstverständlich werden wir dann, wenn die Zeit für uns reif ist, noch weiter gehen und überhaupt nicht mehr leiden (müssen), weil unser Urvertrauen und Gleichmut so stark sind, dass nichts uns verletzt und wir keinen Verlust mehr (tief) betrauern.

* * *

Warum ist es so schwierig, eine Angst loszuwerden, selbst wenn der Verstand sagt, es bestehe kein Grund dazu?
Ich lasse hier einmal die Tatsache außer Acht, dass die Angst evolutionsgeschichtlich gesehen die Funktion hat, eine Reaktion hervorzurufen, nämlich entweder Kampf oder Flucht, und ich beachte ebenso wenig die berechtigte Vorsicht. Ich spreche jetzt nur von der objektiv völlig unbegründeten Angst in einer bestimmten Situation. Warum bringt der Verstand sie nicht zum Verstummen?

Es liegt daran, dass die verschiedenen Elemente unseres Ego (mentales, vitales, körperliches Ego) zu einem gewissen Grad eigenständig und unabhängig voneinander agieren und reagieren.

→ Mentales, vitales Ego: siehe Glossar Seiten 247 und 248

Obwohl der Verstand überzeugt ist, Furcht sei nicht nötig, kann die vitale Ebene der Emotionen dennoch Angst empfinden, die uns dann innerlich lähmt oder zur Flucht treibt. Das Gleiche gilt für den Körper, der jeweils mit Herzklopfen, kaltem Schweiß und Zittern reagiert. Deshalb genügt es nicht, uns die Angst durch rationale Argumente ausreden zu wollen. Der Verstand hat oft keine Macht über das vitale und das körperliche Ego. Wir müssen uns folglich mit der Angst jedes Ego-Elements gesondert beschäftigen und zwar in der Weise, wie es am besten darauf anspricht:

• Die Angstempfindung des *vitalen Ego* können wir bewusst und gezielt durch andere Gefühle überlagern, etwa durch beruhigende klassische oder aufputschende rockige Musik, ein friedvolles Bild, wie eine Berglandschaft oder ein lachendes Kindergesicht, auch indem wir uns intensive, mit positiven Emotionen geladene Erinnerungen ins Gedächtnis rufen und darin verweilen. Wichtig dabei ist, uns in meditativer und bildlicher Weise ganz in diese Emotionen zu vertiefen.

• Der *Körper* lässt sich überlisten, indem wir ihm Symptome vorgaukeln, die normalerweise für Ruhe und Gelassenheit stehen und nicht für Angst: Wir atmen ruhig und tief in den Bauch, entspannen bewusst die Muskeln, schließen die Augen und lächeln.

Diese Methoden wirken gut bei all den irrationalen Ängsten, die wir als solche erkennen, wie Prüfungsangst, Lampenfieber, Angst vor einer bestimmten Begegnung oder Situation. Praktizieren wir sie immer wieder, so verschwindet die betreffende Angst mit der Zeit – auf der körperlichen Ebene, die von Natur aus „dichter" und deshalb träger ist, allerdings recht langsam. Das Körpergedächtnis kann deshalb Symptome der Angst sogar dann noch hervorrufen, wenn wir sie weder mental noch emotional empfinden; darauf reagieren wiederum diese beiden Ego-Elemente und lassen sich erneut darauf ein. Um diesen Teufelskreis zu durchbrechen, brauchen wir viel Ausdauer und Mut und die Willenskraft, es immer wieder zu versuchen.

Schwieriger ist es mit nicht situationsbedingten Ängsten, die ständig in uns wirken und unser Handeln aus dem Un-

→ Vergleiche
Kapitel 2 über die
Verhaltensmuster,
Seite 51ff.

bewussten steuern: Verlust-, Versagens-, Existenzangst und viele andere mehr. Diese äußern sich oft in Verhaltensweisen, die wir nicht als Angst identifizieren, etwa in Neid und Eifersucht als Ausdruck unserer Angst, nicht (mehr) geliebt zu werden, in Überheblichkeit und Besserwisserei aus Angst vor Kritik und Versagen.

Um diese Angstformen erfolgreich loszuwerden, müssen wir die Angst an der Wurzel packen – das heißt, das Selbstwertgefühl, das Urvertrauen und den Gleichmut aufbauen und stärken.

* * *

Wie lässt sich die menschlich völlig verständliche und oft nicht ganz unberechtigte Existenzangst überwinden?
Das ist eine Angstform, die auf die eine oder andere Art sehr viele Menschen plagt. Vor allem wenn es nicht nur um uns selbst, sondern auch um unsere Lieben geht. Wir befürchten etwa, den Job zu verlieren und nicht mehr für die Familie sorgen zu können. Obwohl wir uns bewusst sind, dass die Angst nichts nützt, eher schadet, ist sie dennoch eine ständige Begleiterin, der wir nichts entgegenzusetzen haben.

Dagegen gibt es tatsächlich kein anderes Rezept, als das Vertrauen zu finden, dass alles so kommt, wie es für sämtliche Beteiligte richtig ist, und in diesem Vertrauen dann alles anzunehmen, auch schwere Zeiten, finanziell, sozial, zwischenmenschlich. Seien wir uns im Klaren: Wir haben keinen Einfluss auf die Ergebnisse unseres Tuns. Somit besteht auch unsere Verantwortung anderen gegenüber nur darin, *unser Bestes zu geben*, das, was wir ehrlich für unser Bestes halten. Eine weiter gehende Verantwortung für das „Schicksal" unserer Lieben tragen wir nicht – oder wissen wir etwa, was im göttlichen Plan für sie vorgesehen ist, welche Erfahrungen sie in diesem Erdenleben machen und was sie dabei lernen sollen? Wir können sie nicht vor dem bewahren, was für sie bestimmt ist, selbst wenn wir unser Bestes geben.

→ Vergleiche
Seite 22
→ Bhagavadgita,
Karma Yoga: siehe
Glossar Seiten
245 und 247

Das *spirituell richtige* Handeln im Sinne der Bhagavadgita und des Karma Yoga besteht exakt darin: nach bestem

Wissen und Gewissen handeln und dann loslassen, die daraus entstehenden Folgen für uns selbst und andere, seien sie sogenannt angenehm oder unangenehm, dem Göttlichen übergeben.

→ Vergleiche Seite 98

Erlauben wir nämlich der Angst und der Bürde der vermeintlichen Verantwortung uns zu beherrschen, so riskieren wir, nicht wir selbst zu sein, nicht zu leben, was in *unserem* Lebensplan vorgesehen ist. Mit der Angst im Nacken, den Arbeitsplatz zu verlieren, tun wir stets, was man von uns verlangt, vielleicht sogar Unrechtes, halten jeden tyrannischen Chef aus, akzeptieren Überstunden und Stress, auch zulasten der Familie, schlucken Ungerechtigkeit und Demütigung widerstandslos… und bangen dennoch ständig um den Job. Nebenbei bemerkt: Es gibt nur Tyrannen, weil es Menschen gibt, die sich tyrannisieren lassen.

→ Vergleiche Seite 152 zum Lügen für den Arbeitgeber

Nur uns selbst, unserem höheren Selbst gegenüber sind wir verantwortlich, und ich spreche hier nicht bloß von der Menschenwürde. Wir dürfen uns gegen Ungerechtigkeit wehren, uns quälendem Druck widersetzen, ohne die Konsequenzen fürchten zu müssen: Wir vertrauen in die göttliche Vorsehung.

In diesem Zusammenhang will ich allerdings einen weiteren Aspekt ansprechen: den Gleichmut. Haben wir uns gegen eine belastende Situation furchtlos gewehrt, so hilft er uns, die möglicherweise schweren Konsequenzen mit Gelassenheit zu akzeptieren. Aber auch falls wir beschließen, in einer leidvollen Lage auszuharren und uns nicht dagegen aufzulehnen, empfinden wir dank Gleichmut keinerlei negative Emotionen wie Wut, Demütigung, Frustration und Ähnliche. Vielmehr sehen wir die Situation und die Beteiligten von einer höheren Warte aus, schauen hinter die illusorische Erscheinung auf die zu lernende Lektion und schaffen es dann, den „Tyrannen" sogar mit einem gewissen Wohlwollen zu begegnen, einer positiven Haltung, der die Kraft innewohnt, andere Menschen und Gegebenheiten zu verändern.

→ Um den Gleichmut geht es ausführlicher in Kapitel 4 von Band IV; Info siehe Seite 252

→ Vergleiche Seite 115

Was wann das Richtige ist – Auflehnung mit Urvertrauen oder Erdulden in Gleichmut –, lässt sich ausnahmsweise klar definieren: Immer wenn Angst unsere Entscheidungen und unser Verhalten bestimmt, handeln wir falsch. Empfinden wir hingegen heitere Gelassenheit, so kann auch eine Haltung, die oberflächlich betrachtet unterwürfig und feige wirkt, das Richtige sein.

* * *

Eine der häufigsten unbegründeten Ängste ist diejenige vor Spinnen. Was können wir dagegen tun?
Die Wissenschaft sagt, die Angst vor Spinnen sei uralt, sie sei vor Millionen Jahren bei den frühen Menschen in Afrika entstanden, wo sie begründet ist, gibt es dort doch viele giftige Arten. In unserem Unbewussten lebe diese Angst weiter – sie betrifft schätzungsweise 90 % aller Erwachsenen –, obwohl es in unseren Breitengraden keine gefährlichen Spinnen gibt und die bei uns vorkommenden im Normalfall nicht einmal durch die menschliche Haut „beißen" können. Erstaunlich und widersprüchlich ist allerdings, dass Kleinkinder häufig keine Angst vor Spinnen haben und diese erst nach den ersten Lebensjahren entwickeln. Vermutlich wird sie durch Beobachten und Nachahmen der Eltern erlernt.

Wie gegen andere Ängste (vor Hunden, vor dem Fliegen, vor Menschenansammlungen und mehr) gibt es auch gegen die Angst vor Spinnen Kurse. Um das erzielte Ergebnis über längere Zeit halten zu können, muss man allerdings immer wieder üben und sich damit beschäftigen.

→ Vergleiche Seite 30

Ein spiritueller Ansatz hilft in diesem konkreten Fall möglicherweise nachhaltiger. Beim Anblick von Spinnen zeigt der Gesichtsausdruck von Spinnenphobikern nämlich nicht Schrecken und Furcht, sondern Ekel – bei beiden Empfindungen, Angst und Ekel, wird übrigens zum großen Teil dasselbe Hirnareal aktiv, wie neurowissenschaftliche Untersuchungen beweisen. Es ist also Abscheu vor diesen kleinen harmlosen Achtbeinern, der die sogenannte Angst erzeugt, wie es auch bei Würmern, Käfern und mehreren anderen Insekten der Fall ist – aber nicht bei Schmetterlingen und Marienkäfern.

Es ist müßig, die Gründe für diesen Ekel finden und beheben zu wollen. Versuchen wir vielmehr, unsere negativen Empfindungen durch positive zu überlagern. Erinnern wir uns selbst daran, dass Spinnen und andere Krabbeltiere ebenso ein Teil der Schöpfung sind wie wir selbst, das göttliche Bewusstsein manifestiert sich auch in ihnen. Es fällt uns nicht schwer, das Göttliche in einem Schmetterling zu sehen – sehen wir es also auch in einer Spinne. Vergegenwärtigen wir uns zuerst, dass sie ein Teil des Göttlichen ist, wie alles auf der Welt, und betrachten wir sie mit Wohlwollen und Anerkennung. Dann gehen wir einen Schritt weiter und fühlen die Einheit der Schöpfung: Es gibt kein vom Ich getrenntes Du, wir sind eins im Göttlichen – wir fühlen uns eins mit dem Schmetterling, wir fühlen uns eins mit der Spinne.

→ Vergleiche Seite 96

* * *

Manchmal erleben wir, wie Angst uns plötzlich grundlos überfällt in einer Situation, in der sie völlig unbegreiflich ist. Kann sie tatsächlich „ansteckend" sein?
Als Fallschirmspringerin erfuhr ich das hie und da. Als ich den Sport schon eine Weile betrieb und es mir längst zur Selbstverständlichkeit geworden war, mich ins Leere fallen zu lassen, passierte mir von Zeit zu Zeit etwas Seltsames. Während des Steigflugs kam mehr und mehr Angst in mir auf, ich spürte sie körperlich und beinahe lähmend; ich konnte sie mir nicht erklären und mich nicht dagegen wehren. Doch kaum sprangen die Anfänger dann aus dem Flugzeug, verschwand meine Angst schlagartig. Ich hatte sie offenbar tatsächlich von ihnen aufgenommen. Dies geschah wohl an Tagen, an denen ich für fremde Schwingungen besonders empfänglich war.

Ich will bei dieser Gelegenheit grundsätzlich festhalten: Nicht alles, was wir spüren, wie Angst, aber auch Niedergeschlagenheit, Traurigkeit oder Freude, gehört in jedem Fall zu uns. Empfindungen sind Schwingungen, die sich ausbreiten und eine entsprechende Resonanz erzeugen. Es funktioniert gleich, wie wenn in einem Raum zwei Gitarren stehen: Zupfen wir bei der einen eine bestimmte Saite, so beginnt bei der anderen die gleiche Saite ebenfalls zu vibrieren. Ist bei uns eine auch nur unbewusste Bereitschaft zu Angst, Depression, Trauer oder anderen Emotionen vorhanden – und bei wem trifft das nicht zu –, so nehmen wir

→ Über all das, was gar nicht zu uns gehört, schreibe ich in Kapitel 2 von Band V; Info siehe Seite 253

37

leicht die entsprechende Schwingung von Mitmenschen auf und halten sie fälschlicherweise für unsere eigene.

Wir alle haben solches schon erlebt: Bei bester Laune besuchen wir einen Freund und ohne dass er irgendetwas Negatives sagt, fühlen wir uns plötzlich deprimiert oder traurig oder unwohl oder unbehaglich. Wir fragen uns dann erstaunt, was denn plötzlich mit uns los sei, und finden keine Erklärung. Vielleicht stellt sich im Lauf des Gesprächs heraus, dass der Freund große Probleme hat und verzweifelt ist. Seine Schwingung hat in uns also eine Resonanz erzeugt und wir haben denselben „Klang" empfunden.

Dieses Phänomen tritt sogar über große Distanzen auf: Es genügt, wenn jemand irgendwo auf der Welt intensiv an uns denkt, beispielsweise weil er gerade traurig wegen uns ist oder uns sehnsüchtig vermisst, schon springt seine momentane Stimmung auf uns über, wir halten sie für die eigene und wundern uns, woher sie denn so plötzlich stammt.

Empfindungen übernehmen wir mitunter auch von Menschen, die wir nicht kennen und nicht einmal in unserem Umfeld wahrnehmen, etwa in einem Restaurant, im Theater oder im Zug.

Gegen diese Resonanz können wir uns schlecht wehren, weil wir uns ihrer nicht bewusst sind. Deshalb ist es einerseits wichtig, unsere Umgebung und die Menschen, mit denen wir Beziehungen eingehen oder Kontakt haben, sorgfältig zu wählen; andererseits uns immer zu vergegenwärtigen, egal was wir gerade fühlen, dass es möglicherweise eine fremde Empfindung ist und mit uns selbst nichts zu tun hat.

In diesem Zusammenhang gebe ich noch einen Denkanstoß. Ebenso wie die Empfindungen anderer auf uns wirken, so wirken auch die unsrigen auf sie. Achten wir als spirituelle Menschen deshalb stets darauf, nur positive und wohlwollende Schwingungen auszusenden, und bemühen wir uns, die negativen nicht nur um unserer selbst, sondern auch um der Mitmenschen willen aus unserem Wesen zu verbannen.

Jesus stieg in das Boot und die Jünger folgten ihm. Plötzlich brach auf dem See ein gewaltiger Sturm aus, sodass das Boot von Wellen überflutet war. Aber Jesus schlief. Da traten die Jünger an ihn heran, weckten ihn und sagten: „Herr, rette uns, wir gehen zugrunde!" Er antwortete: „Was seid ihr feige, ihr wenig Vertrauenden!" Dann richtete er sich auf, herrschte die Winde und den See an, und eine große Ruhe trat ein.
Matthäus 8,23-26

[Jesus spricht:] „Deshalb sage ich euch: Sorgt euch nicht um euer Leben und darum, was ihr essen oder trinken werdet, noch um euren Körper, was ihr anziehen werdet. [...] Schaut die Vögel des Himmels an: Sie säen nicht noch ernten sie noch sammeln sie in Scheunen, und euer himmlischer Vater ernährt sie doch. Wer aber von euch kann trotz all seiner Sorge seine Lebenslänge auch nur um eine einzige Elle verlängern? [...] Sorgt euch also nicht, fragt nicht: Was werden wir essen? Oder: Was werden wir trinken? Oder: Was werden wir anziehen? [...] Euer himmlischer Vater weiß, dass ihr all das braucht. Kümmert euch vielmehr nur um das Himmelreich und das rechte Leben vor Gott, und alles andere wird euch dazugegeben werden. Sorgt euch also nicht über das Morgen, denn das Morgen wird für sich selbst sorgen.
Matthäus 6,25 ff.

Wenn du mit deinem Herzen und deinem Bewusstsein jederzeit eins mit mir bist, wirst du durch meine Gnade sicher durch jeden schwierigen und gefährlichen Engpass schreiten.
Bhagavadgita XVIII, 58

Da suchten sie ihn [Jesus] zu ergreifen; aber niemand legte Hand an ihn, denn seine Stunde war noch nicht gekommen.
Johannes 7,30

Gott fordert von niemandem mehr, als er zu tragen vermag.
Koran, Sure 2,286

Kein Unglück trifft jemanden, es sei denn mit der Erlaubnis Gottes. Und wer an Gott glaubt, dessen Herz leitet er recht.
Koran, Sure 64,11

✧ Alle kleinen und großen Ängste lassen sich auf die Angst vor dem Leiden zurückführen.

✧ Diese *Ur-Angst* kann ich nur durch *Ur-Vertrauen* besiegen: durch das Vertrauen, dass ich vom Göttlichen geführt und beschützt werde. Das absolute Urvertrauen wird mir durch Gnade geschenkt.

✧ Mein Urvertrauen sagt mir, dass ich immer bekomme, was ich brauche und mir guttut, und mir nur geschehen kann, was für mich bestimmt ist. Deshalb bin ich bereit anzunehmen, was auch immer auf mich zukommt, in der Überzeugung, dass es mich auf meinem Weg weiterbringt.

✧ Ich handle *trotz* Angst, ich übergehe sie, weil ich mich von ihr befreien will. Und ich fürchte das Leiden nicht länger, ich weiß, ich kann es aushalten.

✧ Die Unterscheidung zwischen Angst und Vorsicht ist wichtig: Von Angst lasse ich mich nie in meinem Tun einschränken, doch ich verhalte mich nicht unbesonnen.

✧ Ich bin mir bewusst, dass ich Angst auch aus meiner Umgebung aufnehmen kann und es nicht immer meine eigene ist, die ich spüre.

❖ Welche kleinen und großen Ängste quälen mich?

❖ Zögere ich einen fälligen Schritt hinaus, weil ich Angst vor den Folgen oder vor einer Veränderung habe?

❖ Zweifle ich daran, dass ich immer alles bekomme, was ich brauche und mir guttut?

❖ Vertraue ich gänzlich darauf, dass immer alles so kommt, wie es gut für mich ist?

❖ Habe ich konkret schon einmal etwas unternommen, um eine bestimmte Angst oder meine Ängste allgemein loszuwerden?

❖ Akzeptiere ich, was auf mich zukommt, oder hadere ich mit meinem Schicksal und versuche jemandem oder den Umständen die Schuld zuzuweisen?

❖ Habe ich den Mut und das Urvertrauen, einem psychischen Schmerz ins Gesicht zu blicken und ihn auszuhalten?

AUFGABE ZUR SELBSTVERÄNDERUNG

Entwicklungsziel

Ich stärke mein Urvertrauen: Ich weiß, dass ich alles bekomme, was ich brauche, und mir nur geschieht, was für mich bestimmt ist. Ich bin bereit, alles anzunehmen, was auf mich zukommt, und bin sicher, dass es zu meinem Besten ist und mich weiterbringt. Ich lasse meine vielen Ängste los, ich handle trotz der Angst und gebe dem Mut und der Zuversicht mehr und mehr Raum in mir.

→ Bitte beachte „Tipps zum Umgang mit der Sonnwandeln-Reihe" auf Seite 17 Ich schlage dir nachfolgend je eine Aufgabe vor, um Ängste abzubauen und um Urvertrauen zu gewinnen. Du solltest beide in Angriff nehmen; die erste besteht aus einer einmaligen Bemühung, während die zweite dich über längere Zeit begleiten wird.

Aufgabe A: Angst abbauen

• Leide ich unter einer irrationalen Angst, etwa vor dem Fliegen, vor Spinnen oder unter Höhenangst, setze ich mich darüber hinweg, indem ich beispielsweise mit einem kleinen Flugzeug einen Rundflug mache, Spinnen zuerst anschaue und dann so oft berühre, bis ich die Angst überwunden habe, oder mit einer Luftseilbahn fahre.

• Leide ich hingegen nicht an einer spezifischen Phobie, so mache ich etwas, was ich „eigentlich nie machen würde". Es handelt sich hierbei um eine Unternehmung, vor der ich Angst habe, obwohl sie objektiv selbstverständlich völlig ungefährlich ist, beispielsweise Bungee-Jumping; mich auf einem öffentlichen Platz hinstellen und laut ein Lied singen; an einem Feuerlaufen-Kurs teilnehmen; und mehr dergleichen.

Ich wähle jedoch nichts, was *wirklich* gefährlich ist, wie Free Climbing oder im Zoo in einen Raubtierkäfig steigen. Es geht nicht um eine waghalsige Mutprobe, sondern um das Überwinden von unbegründeten Ängsten.

Aufgabe B: Urvertrauen aufbauen

- Jedes Mal, wenn mir etwas widerfährt, das ich nicht mag (auch bei banalen Begebenheiten), mache ich mir bewusst: „Es hat bestimmt einen Sinn, auch wenn ich ihn nicht augenblicklich sehe. Ich akzeptiere es. Was kann ich daraus lernen?" Und auch: „Es ist doch nicht so wichtig. Ich habe getan, was ich konnte, nun ist es halt anders herausgekommen, es ist gut, wie es ist. Ich vertraue darauf, dass es für mich und alle Beteiligten das Richtige ist."

- Jedes Mal, wenn ein Ereignis mir gefällt, fühle ich Dankbarkeit und mache mir bewusst: „Es hat bestimmt einen Sinn, auch wenn ich ihn nicht augenblicklich sehe. Ich nehme es dankbar an. Was kann ich daraus lernen?" Und: „Es ist im Grunde nicht so wichtig, es wäre auch gut, wenn es sich anders ergeben hätte."

- Ich begebe mich in jede Situation, vor allem in solche, vor denen ich mich fürchte, die mir unangenehm sind, deren Folgen ich nicht abschätzen kann, mit der Überzeugung: „Egal wie es kommt, es ist gut, es ist das Richtige für mich. Ich werde daraus neue Erkenntnisse gewinnen, die mich in meiner Entwicklung voranbringen. Wie es auch ausgeht, ich mache niemanden dafür verantwortlich, weder mich noch andere Menschen oder die Umstände; ich verzichte auf jede Schuldzuweisung im Bewusstsein, dass nur geschehen kann, was für mich bestimmt ist."

AFFIRMATIONEN

→ Bitte beachte
die detaillierte
Anleitung
auf Seite 236

MIR WIRD ALLES GEGEBEN, WAS GUT FÜR MICH IST.

ALLES, WAS ICH BRAUCHE, BEKOMME ICH.

DER GÖTTLICHE PLAN FÜR MICH ERFÜLLT SICH UND ICH NEHME IHN DANKBAR AN.

ALLES, WAS MIR GESCHIEHT, HAT EINEN SINN.

ICH VERTRAUE IN DIE GÖTTLICHE VORSEHUNG.

ICH BIN MUTIG, ICH BIN VERTRAUENSVOLL.

ICH HABE DEN MUT, JEDE SITUATION ANZUGEHEN.

ICH FREUE MICH AUF DAS NEUE, ICH GEHE FURCHTLOS VORAN.

ICH GEHE MEINEN WEG MIT MUT, KRAFT UND VERTRAUEN.

ALLE TÜREN ÖFFNEN SICH VOR MIR, ICH HABE ALLE MÖGLICH-KEITEN.

ICH VERTRAUE IN DIE GÖTTLICHE WEISHEIT, SIE LEITET MICH.

MEINE ZUKUNFT IST VOLLER LICHT UND FREUDE.

ICH FREUE MICH AUF JEDEN TAG, WAS ER MIR AUCH IMMER BRINGT.

ALLES IST MÖGLICH, WENN DER GÖTTLICHE WILLE ES SO BESTIMMT.

IMAGINATION

- Ich befinde mich an einem vertrauten Ort; hier fühle ich mich sicher und geborgen, ich spüre die Ruhe um mich und in mir.

→ Bitte beachte die detaillierte Anleitung auf Seite 237

- Ich lasse mich in mich selbst fallen, richte meine Aufmerksamkeit nach innen, in den Bereich hinter dem Herzen, in der Mitte der Brust. Hier befindet sich mein Urvertrauen. Ich verweile mit meinem Bewusstsein still hier und genieße es, ohne zu denken.

- Dann lasse ich meine Aufmerksamkeit in mir herumschweifen auf der Suche nach einem kleinen dunklen Fleck und erkenne ihn als eine meiner Ängste.

- Sobald ich ihn entdecke, halte ich meine Aufmerksamkeit bei ihm und schaue ihn an, ich lasse ihn sich offenbaren, sodass er mir die konkrete Angst zeigt (beispielsweise vor Menschenansammlungen), und ich nehme sie zur Kenntnis. Ich schaue sie an, ruhig und unbeteiligt.

- Dann werfe ich den dunklen Fleck aus mir hinaus (bildlich mit der Hand oder einfach mit der Kraft des Denkens), schaue ihn an, wie er vor mir auf dem Boden liegt und sage zu ihm: „Du gehörst nicht zu mir." Daraufhin löst er sich in Nichts auf.

- Dann schweife ich noch einmal oder mehrmals durch meinen Körper auf der Suche nach weiteren dunklen Flecken und gehe mit ihnen gleich vor wie mit dem ersten.

- Wenn ich nicht mehr mag, konzentriere ich mich wieder auf den Bereich hinter dem Herzen und verweile nochmals in meinem Urvertrauen. Hier fühle ich mich wohl und geborgen, genieße den Frieden in mir und bin frei.

- Beginnt die Erfahrung zu verblassen, so atme ich tief in den Bauch, öffne die Augen, verharre noch eine Weile regungslos, schaue um mich, spüre meinen Körper und bewege mich langsam.

45

→ Bitte beachte
die detaillierte
Anleitung
auf Seite 240

Haupt-Blüten

Seelenzustand	Nr.
Ich habe unbestimmte Ängste und/oder grundlose Ängste und/oder böse Vorahnungen.	2
Ich bin schüchtern, ängstlich und/oder habe bestimmte konkrete Ängste.	20
Ich gerate schnell in Panik und/oder habe Angstzustände.	26
Ich vertraue meinen Entscheidungen nicht.	5

Gewählte Blüten:

☐ ☐ ☐ ☐

Zusatz-Blüten

Seelenzustand	Nr.
Ich habe *momentan* Angst, einer Aufgabe nicht gewachsen zu sein.	11
Ich habe *ständig* Angst, meinen Alltag nicht zu bewältigen.	17
Ich bin im Allgemeinen eher pessimistisch und/oder gebe schnell auf.	12
Ich habe Angst, unüberlegt zu handeln, etwas Schreckliches zu tun und/oder Angst vor dem eigenen Mut.	6
Ich lasse mich von anderen beeinflussen.	33

Gewählte Blüten:

☐ ☐ ☐ ☐ ☐

Empfohlener Heilstein: Bernstein

→ Bitte beachte
die detaillierte
Anleitung auf
Seite 243

Wirkung

Der Bernstein ist der Stein der Geborgenheit und des Vertrauens. Er schenkt Zuversicht, Optimismus, Lebensmut, weckt die Lebensfreude und sorgt für ein sonniges Gemüt. Er nimmt die Ängste, bringt Ausgeglichenheit und hilft auch bei Kummer und Sorgen.

Anwendung

Den Stein über längere Zeit direkt auf der Haut tragen, beispielsweise als Anhänger an einer Kette.

Reinigen und Aufladen

Einmal pro Monat unter fließendem lauwarmem Wasser reinigen; nicht an die Sonne legen.

RÜCKSCHAU UND VORSCHAU

*Nachdem du eine Weile – in der Regel mehrere Wochen – in deinem All-
tag zum Thema dieses Kapitels an dir gearbeitet hast, blickst du kurz
zurück und schaust, wo du stehst. Kreuze bei den untenstehenden Aussagen an, was auf dich zutrifft. Sei ehrlich zu dir selbst, ohne falsche
Bescheidenheit und ohne Selbstvorwürfe oder Entmutigung – es ist nur
eine Bestandesaufnahme, ohne Wertung, um zu erkennen, in welchem
Bereich du dich noch bemühen kannst... damit du wirst, was du bereits
bist.*

Lernziele dieses Kapitels Erreicht:	Ja	Nein
Ich habe eine oder mehrere konkrete Ängste über- wunden. Oder: Ich bin allgemein weniger ängstlich.	☐	☐
Meine Existenz- oder Zukunftsangst ist nicht mehr so dominant.	☐	☐
Ich habe erkannt, dass ich keine Macht über das Schicksal besitze, und nehme an, was mir zufällt. Oder: Es gelingt mir immer öfter, darauf zu vertrauen, dass was mir auch geschieht, am Ende gut für mich ist. Oder: Ich hadere nicht länger mit meinem Schicksal.	☐	☐
In neue Situationen/Herausforderungen gehe ich mit mehr Urvertrauen, dass es so kommt, wie es gut für mich ist.	☐	☐
Ich handle immer öfter mit/trotz der Angst. Oder: Ich gehe vermehrt das Risiko ein, ein bisschen zu leiden, um meinen Ängsten nicht nachzugeben.	☐	☐
Meine Zuversicht und mein Vertrauen ins Leben sind stärker geworden.	☐	☐
Ich benutze nicht mehr die Ausrede der Vorsicht, wenn es sich in Wahrheit um unbegründete Ängste handelt.	☐	☐

Mein weiterer Entwicklungsschritt

Notiere jetzt eine Einsicht/Herausforderung/Aufgabe, an der du arbeiten willst – aber nur eine!
Dann prägst du sie dir gut ein, bittest das Göttliche, dich dabei zu führen und dein Bemühen zu fördern, und lässt sie los. Du kannst jetzt mit dem nächsten Kapitel und dessen Aufgaben weiterfahren.

Den Entwicklungsschritt, den du hier aufgeschrieben hast, darfst du von Zeit zu Zeit nachlesen, gewissermaßen zur Erinnerung, aber beschäftige dich gedanklich nicht mehr damit. Den Impuls hast du nämlich gesetzt – überlass es dem Göttlichen, ihn so umzusetzen, wie es für dich gut ist.

....

....

....

....

....

....

....

....

....

....

....

....

....

....

....

....

Der Skarabäus rollt seine Dungkugel die steile Sanddüne hinauf; oft purzelt er wieder hinunter, wenn er fast auf dem Dünenkamm angelangt ist. Doch er gibt nie auf und versucht es immer wieder, bis es ihm schließlich gelingt. So sollten wir mit den Verhaltensmustern verfahren: Um sie abzulegen brauchen wir viel Geduld und dürfen uns von unzähligen erfolglosen Versuchen nicht entmutigen lassen.

2. Die Macht der Gewohnheit

Themen dieses Kapitels
• Woher kommen Gewohnheiten und Muster? • Programmierung und Auslöschen von Verhaltensmustern • Erkennen verborgener Muster • Wie lange dauert es, ein Muster abzulegen? • Nur die absolute Bestimmtheit ist stark genug • Gute Eigenschaften eingravieren • Wie entkomme ich der Frustration bei Misserfolg? • Freude am Lernen und an der Veränderung

Entwicklungsziel
Ich achte auf meine alltäglichen Gewohnheiten und ändere einige; dadurch verbessere ich meine Wahrnehmung für automatisches Handeln und erhöhe die Flexibilität und Bereitschaft. So kann ich zur richtigen Zeit auch die im Unbewussten eingeprägten Verhaltensmuster erfolgreich loswerden, beispielsweise diejenigen, die auf mangelndem Selbstwertgefühl und Ängsten beruhen.

Gewohnheiten und Verhaltensmuster

Gewohnheiten sind antrainierte Verhaltensweisen, die dadurch entstehen, dass wir etwas mehrmals in gleicher Weise tun, bis es dann automatisch abläuft. Viele unserer Gewohnheiten sind, wenn nicht nützlich, zumindest harmlos: Wir beginnen beim Zähneputzen immer oben links; wir trinken jeden Morgen um neun Uhr einen Kaffee; sind wir verlegen, drehen wir an einem Fingerring; wir spielen während des Lesens mit einer Haarsträhne; ...

Auch in Gesprächen unterliegen wir Gewohnheiten: Nicht nur bevorzugen wir gewisse Wendungen oder reagieren auf bestimmte Fragen und Äußerungen immer auf die gleiche Art; das lockere Daherreden über das Wetter und die Ärgernisse des Tages folgt oft ebenfalls eingeübten Standards, ebenso wie der Tratsch über Bekannte, Nachbarn, Arbeitskollegen. Selbst ernsthafte, gehaltvolle Gespräche gründen zum Teil auf Denkroutinen.

Während wir unsere Gewohnheiten selber annehmen, sie in der Regel kennen und sie auch wieder loswerden, sofern wir es wollen, steuern Verhaltensmuster uns von einer unbewussten Ebene aus, die wir willentlich nicht beeinflussen können; dem Handeln gehen weder ein Gedanke noch eine Entscheidung voraus, sondern es erfolgt als spontane Reaktion. Mustern liegt also eine im Unbewussten gespeicherte Programmierung zugrunde, die ich durchweg für unerwünscht, ja schädlich halte, weil diese „Software" von uns nicht freiwillig eingesetzt wird; ihr liegen viele Ängste, mangelndes Urvertrauen, ein schwaches Selbstwertgefühl zugrunde, zudem ein Wertesystem, das uns durch die Bezugspersonen aus unserer Kindheit aufgezwungen wurde. Dadurch hindert sie uns daran, wir selbst zu sein, indem sie unser Denken und Handeln in einer Weise steuert, die nicht unserem wahren Wesen entspricht.

Muster zu ändern, ist eine herausfordernde, meistens langwierige Aufgabe, denn erstens merken wir häufig gar nicht, wie sich Programme in uns abspielen, und zweitens ist es schwer, diesen Automatismus zu stoppen.

→ Vergleiche „Vertiefende Aspekte" auf Seite 56

→ Das Thema unseres inneren Kodex behandle ich ausführlicher auf Seiten 173/174

Gewohnheiten ablegen

Es ist wichtig, sowohl vom spirituellen als auch vom psychologischen Standpunkt aus, dass wir *bewusst und willentlich* handeln. Gewohnheiten sollen wir deshalb hinterfragen und nur beibehalten, solange wir sie als sinnvoll und nützlich erachten; Muster müssen wir unbedingt bewusst machen und überwinden.

Zuallererst bedarf es der Erkenntnis, dass eine Verhaltensweise überhaupt eine Gewohnheit oder ein Muster ist. Als Beispiel nehme ich unsere Unart, immer alles zu erklären, zu begründen und zu rechtfertigen. Konkret äußert sie sich in den vielen Weil-Sätzen unserer Aussagen oder in der mehrmaligen Wiederholung der gleichen Argumente. Damit wollen wir erreichen, dass die Mitmenschen die Motivation unseres Handelns verstehen, denn dann werden sie es eher akzeptieren. Dieses Muster beruht auf der Angst, für unser Tun verurteilt und deshalb nicht mehr geschätzt und geliebt zu werden.

→ Die Angst, nicht geliebt zu werden, ist eines der Hauptthemen meiner beiden Bücher über die Selbstliebe; Info siehe Seite 255

Haben wir eine Verhaltensweise einmal als Muster enttarnt, bedarf es der Achtsamkeit, in diesem Beispielfall der Achtsamkeit beim Reden und vorher schon beim Denken. Und wir brauchen Willenskraft, eine klare, eindeutige, feste Willenskraft, die wir wohl aufbringen *könnten*, aber nicht immer aufbringen *wollen*, weil etwas in uns sich nicht traut oder sich davor scheut, da es anstrengend und ermüdend ist. Die *absolute Bestimmtheit* ist jedoch unerlässlich für diese anspruchsvolle Aufgabe.

→ Siehe Seiten 58/59

Dann heißt es üben, üben, üben. Wir hören auf, jede Ansicht und jede Tat zu rechtfertigen, auch nicht vor uns selbst. Wir machen nur noch klare Aussagen, vermeiden Weil-Sätze und wiederholen uns nicht: „Ich fahre übers Wochenende in die Berge; am Dienstag bin ich zurück", anstelle von: „Ich fahre übers Wochenende in die Berge, weil das Wetter jetzt lange schlecht war und die Prognosen für die kommende Woche auch nicht besser sind, nur gerade am Wochenende soll es schön sein, und ich habe ja in letzter Zeit sehr viel gearbeitet und Stress gehabt, ich denke, ich habe einige Tage Erholung verdient, und mein Mann ist gerade auf Geschäftsreise und die Kinder sind sowieso bei der Oma."

Nur Hartnäckigkeit führt zum Erfolg

Bei jedem Bemühen, ein Verhaltensmuster loszuwerden, stellen wir bald fest, dass trotz der Erkenntnis und des klaren Entschlusses die gewünschte Änderung nicht unmittelbar eintritt. Bevor wir anders reagieren können, haben wir uns bei der ersten Gelegenheit schon wieder gewohnheitsmäßig verhalten. Erst im Nachhinein wird es uns bewusst. Wir sollen uns dann darüber nicht ärgern, nicht tadeln und einfach den Vorsatz mit aller Bestimmtheit nochmals fassen: „Das nächste Mal versuche ich es erneut!"

Bei diesem nächsten Mal werden wir die Chance möglicherweise wieder verpassen, danach gelingt es uns vielleicht einmal, vielleicht sogar zweimal, dann aber ein- oder mehrmals wieder nicht. Dabei kommt oft Entmutigung auf, bis hin zur Verzweiflung: „Warum schaffe ich es nicht? Ich weiß doch, dass ich mich nicht so verhalten soll, und ich will es auch nicht; trotzdem mache ich es ständig!" In dieser Situation müssen wir uns immer wieder sagen, dieses Muster sei tief in uns eingraviert und operiere von einer Ebene aus, die unserem Willen nicht zugänglich ist.

Wir können es mit den Rillen einer Vinyl-Schallplatte vergleichen: Die Nadel gelangt beim Abspielen von einer Rille zur nächsten. Ebenso mechanisch verhalten wir uns, statt bewusst und selbstbestimmt – dafür können wir nichts. Doch irgendwann sind diese Rillen alle abgespielt, irgendwann haben wir genug geübt. Oft geschieht es unbemerkt: Erst nach einer Weile – es mögen Wochen oder gar Monate sein – fällt uns plötzlich auf, dass wir uns nun schon länger nicht mehr in dieser bestimmten Weise verhalten haben. Dieses eine Muster haben wir uns abgewöhnt.

Das ist ein Grund zur Freude, aber auch zur Vorsicht: Das abgelegte Muster lauert weiterhin in unserer Nähe. Solange wir noch in diesem irdischen Leben weilen und die Gottesverwirklichung nicht erlangt haben, kann jedes Muster zurückkehren, beispielsweise wenn wir gerade nicht achtsam sind, in Extremsituationen, in denen wir an unsere Grenzen stoßen oder zulassen, dass unser spirituelles Bewusstsein auf eine egoischere Ebene sinkt, was in Umgebungen von Angst, mangelnder Energie, Begehren, niedrigen Schwingungen leicht passiert.

→ Siehe
Seiten 66/67

→ Egoisch: siehe
Glossar Seite 246

Die Muster erinnern uns deutlich daran, wie unser ganzes Leben eine Schule ist, ein Lernen und Üben ohne Ende auf dem Weg zur Vervollkommnung. Doch gestaltet es sich nicht erst dadurch immer wieder interessant und spannend?

→ Die Lebensschule ist das Thema des ersten Bandes der Sonnwandeln-Buchreihe; Info siehe Seite 250

Gute Gewohnheiten

Ich will in diesem Zusammenhang noch auf zwei positive Aspekte hinweisen:

• Gewohnheiten sind eine durchaus nützliche Errungenschaft der Evolution. Was wir automatisch tun, etwa Gehen, Autofahren, Schuhe binden, beansprucht keine Gedanken-, Willens- und Entscheidungsenergie. Müssten wir bei allen Detailaufgaben des Alltags bewusst denken, wäre unser Gehirn überfordert und könnte sich weniger gut auf die neuen und anspruchsvolleren Dinge fokussieren.

• Selbstverständlich gilt die Macht der Gewohnheit auch für alle guten Eigenschaften, wie Wohlwollen, Verständnis, Großmut, Empathie, Geduld und mehr. Sie gravieren sich umso stärker in uns ein und festigen sich, je mehr wir sie ausüben, bis sie zu gewohnheitsmäßigen Verhaltensweisen werden, die ohne zu überlegen spontan ablaufen.

Anfangsverhalten und Entstehung der Muster

Es leuchtet ein, dass es zur Gewohnheit wird, wenn wir uns immer wieder in der gleichen Weise verhalten. Aber: Warum verhalten wir uns exakt so? Irgendwann muss es ja seinen Anfang genommen haben.

Für dieses Erstverhalten gibt es mehrere Gründe und Erklärungen. Zum einen werden wir als Kinder sozusagen zwangsprogrammiert, indem Eltern, Lehrer und weitere Autoritätspersonen von uns ein bestimmtes Verhalten fordern und mittels Bestrafung oder Strafandrohung, auch durch Belohnung, erzwingen: „Das darfst du nicht", „Das macht man nicht", „Wenn du nicht gehorchst, dann ...", „Wenn du brav bist, bekommst du ...". Es versteht sich, dass die Forderungen der Erwachsenen nicht immer gut und richtig sind, denn sie sind ja nicht frei von Ego; zudem wurden sie als Kinder selber schon programmiert. Jedenfalls lernen wir dabei schnell, wie unser Wohlverhalten uns Vorteile, oder wenigstens keine Nachteile, verschafft, und wenden es immer wieder an – bis es schließlich unbewusst funktioniert.

Auch die Muster, die auf einem Mangel an Urvertrauen, einem schwachen Selbstwertgefühl und auf verschiedenen Ängsten, allen voran die Verlust- und die Existenzangst, beruhen, gehen oft auf Kindheitserfahrungen zurück. Aber selbst als Erwachsene erwerben wir noch neue Automatismen, aus den gleichen Gründen: Wir wollen die Liebe der Mitmenschen gewinnen oder nicht verlieren, wir wollen gefallen, akzeptiert werden, dazugehören.

Wer an die Wiedergeburt glaubt, findet eine plausible Erklärung auch darin, dass wir schädliche Eigenschaften aus früheren Existenzen mitbringen, um sie in diesem Leben auszumerzen.

Einiges führen Wissenschaftler heute auf die genetische Veranlagung und Vererbung zurück – doch diese biologische Betrachtungsweise hilft uns auf der spirituellen Ebene nicht. Die Frage „Warum habe ausgerechnet ich diese Gene auf meinen Lebensweg mitbekommen?" wird nämlich dadurch nicht beantwortet.

Schlussendlich können wir aber auf eine Erklärung verzichten: Die Situation ist, wie sie ist, und unsere Aufgabe besteht darin, sie zum Besseren zu wandeln, unabhängig davon, wann und warum sie zustande kam.

* * *

Ein ablaufendes Verhaltensmuster rechtzeitig erkennen und bewusst und willentlich reagieren

Beim Bemühen, ein bestimmtes Muster loszuwerden, liegt die größte Schwierigkeit darin, rechtzeitig zu erkennen, dass wir in dieses Muster fallen. Denn meistens merken wir es erst im Nachhinein – wenn überhaupt. Es ist tatsächlich nicht leicht, ständig die dafür nötige Wachsamkeit aufzubringen. Einfacher ist es in der Regel für uns, auf der körperlichen Ebene etwas wahrzunehmen. Diese Tatsache machen wir uns zunutze und programmieren uns darauf:

• Wir entspannen uns, lassen uns in eine Art meditativen Zustand fallen und gehen in Gedanken eine Situation durch, in der wir uns nach diesem Muster verhalten haben.

• Dabei achten wir darauf, welche Körperempfindung in diesem Moment auftritt und an welcher Stelle im Körper sie verankert ist; wir gehen bewusst in sie hinein und merken sie uns.

• Wir denken uns eine kleine, unauffällige Bewegung aus, die wir in Zukunft als „Notfallmaßnahme" zum Durchbrechen des Musters einsetzen wollen, beispielsweise die Hände falten, mit dem Zeigefinger die Nase berühren, einen Fuß vom Boden heben.

Geraten wir irgendwann in eine Situation, in der das betreffende Muster aktiv werden will, so nehmen wir die entsprechende Körperempfindung wie eine Warnung wahr und haben die Chance zu reagieren. Und zwar mit der gewählten kleinen Bewegung: Durch diese Handlung versetzen wir uns augenblicklich auf die rationale, bewusste Ebene. Anders als auf der unbewussten des Musters besteht auf der bewussten die Möglichkeit, willentlich über unser Verhalten zu entscheiden und so nicht dem Automatismus zu unterliegen. Dennoch: Nicht jedes Mal werden wir es rechtzeitig erkennen und selbst wenn, wird es uns nicht jedes Mal gelingen, unsere Reaktion zu ändern. Das ist völlig normal. Behalten wir die absolute Bestimmtheit bei, das Muster abzulegen, so wird es uns irgendwann gelingen – dann, wenn für uns die richtige Zeit gekommen ist und das Göttliche es will, nicht dann, wenn wir es wollen.

* * *

Klare Willenskraft und absolute Bestimmtheit, im Gegensatz zu einem vagen „Ich möchte"

→ Vergleiche Seite 21

Die Angst vor Veränderung ist eine weit verbreitete Eigenschaft. Was wir kennen, ist uns vertraut und wir können damit umgehen, selbst wenn es uns nicht guttut. Das Neue, Unbekannte ist hingegen immer mit Risiko behaftet: Wer weiß, ob es wirklich besser ist und wir dann damit zurechtkommen? Ferner zweifeln wir manchmal an unseren Fähigkeiten, unserer Willenskraft und Beharrlichkeit.

Unser Wunsch, etwas zu ändern, ist deshalb mitunter zwiespältig: Einerseits möchten wir, andererseits fürchten wir uns davor und/oder trauen es uns nicht richtig zu. Somit ist unser Entschluss nicht vollkommen ehrlich, unsere Willenskraft besitzt nicht die absolute Bestimmtheit, wir stehen, oft lediglich unbewusst, bloß halbherzig dahinter.

→ Vergleiche die Formulierung von Affirmationen, Seite 236

Manchmal verrät es bereits unsere Ausdrucksweise. In „Ich *möchte* mich ändern" schwingt ein Aber mit: „... aber ich habe Angst davor" oder „... aber ich weiß nicht, ob ich es schaffe". Wie anders hört sich doch an: „Ich *will* und ich *werde* mich ändern!"

Dabei sollten wir uns vor allem auf unser Urvertrauen stützen und uns dem göttlichen Plan überlassen, der uns zu dem führt, was gut für uns ist. Es ist nämlich eine tiefe Erkenntnis mystischer Wege, außer bei gewissen buddhistischen, dass sich der Mensch nicht (nur) durch eigenes Bemühen erlösen kann; er muss auf die göttliche Gnade vertrauen. Über die Wirkungsweise der Gnade existieren im Wesentlichen zwei entgegengesetzte Ansichten:

1. Sie ist mit der eigenen Willenskraft und dem eigenen Bemühen verknüpft: Mache ich einen Schritt auf das Göttliche zu, dann kommt mir das Göttliche zehn Schritte entgegen.

Allerdings genügt zuweilen der starke Wunsch oder eine unbestimmte Sehnsucht nach Veränderung.

2. *Sie hängt nicht von der eigenen Leistung ab*, sondern fließt nach göttlichem Ermessen, für den Menschen möglicherweise nicht nachvollziehbar; manchmal braucht es überhaupt nichts unsererseits, während ein anderes Mal die größte Anstrengung nichts zu bewirken scheint. Diese Ansicht findet sich bei fatalistischen Weltanschauungen und in der Prädestinationslehre.

→ Prädestination: siehe Glossar Seite 248

Wir brauchen uns aber nicht auf eine dieser beiden oder weiterer Hypothesen festzulegen, es ist nicht wichtig. Dass eine Veränderung früher oder später jedenfalls stattfindet, sofern wir uns zumindest Kraft unseres Willens darum bemühen, können die meisten Menschen aus eigener Erfahrung bestätigen. Es funktioniert also irgendwie, Verhaltensmuster abzulegen und Änderungen in uns zu vollziehen, sogar wenn es unmöglich scheint. Vielleicht weil wir gewissermaßen psychologische Tricks anwenden und das Unbewusste damit regelrecht überlisten... Vielleicht, weil die innere Entwicklung die Lebensaufgabe des Menschen ist und unbekannte Energien wirken, sodass vermeintliche Gesetzmäßigkeiten außer Kraft gesetzt werden... Vielleicht weil eine Programmierung von Natur aus nicht ewig hält oder ein kleiner „Softwarefehler" einmal eine andere Reaktion unseres Computers hervorruft...

Lebensgewohnheiten
Eine indische Geschichte

Ein junger Mann auf dem spirituellen Weg beschloss, sein reiches Elternhaus zu verlassen, um in der Einsamkeit der Wälder ein Leben in Meditation und Gebet zu führen. Er wollte nichts mehr besitzen und nichts mehr um sich haben, das ihn von seinen spirituellen Praktiken abhalten konnte.

So legte er seine wertvollen Kleider ab, band sich ein Lendentuch um und verließ die Stadt mit nichts als einer kleinen Schale, um das Regenwasser oder den Morgentau zu sammeln.

Nach einer langen Wanderung fand er eine neue Bleibe auf einem Hügel unter einem Baum, der ihm an heißen Tagen Schatten spenden konnte, und er fühlte sich glücklich.

Illustration:
Jakob Aerne

Doch schon in der ersten Nacht, während er tief schlief,
stahl ein Affe seine Wasserschale und eine Maus nagte Lö-
cher in sein Lendentuch, das über einem niedrigen Ast hing.

Er war enttäuscht und haderte mit Gott, dem er alles geop-
fert hatte und der ihm jetzt sogar noch das Allernotwen-
digste nahm.

Da kam ein Bauer aus der Umgebung vorbei, sah den be-
trübten Ausdruck des Eremiten und erkundigte sich nach
dem Grund. Nachdem er ihn erfahren hatte, sagte er: „Ich
komme morgen wieder und bringe dir eine Katze – sie wird
die Mäuse schon vertreiben! Ein neues Lendentuch und eine
Schüssel werde ich dir auch schenken." Somit war das Pro-
blem des Eremiten gelöst.

Von da an ging er jeden Tag zum Bauernhof, um etwas
Milch für seine Katze zu holen. Nach einiger Zeit war er es
jedoch leid und bat den Bauern um eine Kuh, die er gleich
geschenkt bekam und in seine Einsiedelei mitnahm.

Nun brauchte er aber jemanden, der auf die Kuh auf-
passte, während er weltabgewandt in Meditation saß. Der
Bauer sandte ihm einen seiner Söhne als Hirten, der fortan
mit dem Einsiedler auf dem Hügel lebte.

Als der Jüngling erwachsen wurde, heiratete er eine Frau
aus dem nahen Dorf und bald schon wurde das erste Kind
geboren, dem viele weitere folgten.

Die Eltern der Frau zogen daraufhin ebenfalls auf den
Hügel, um in der Nähe ihrer Enkel zu leben. Und weitere
Verwandte und Freunde...

Mit der Zeit wurde aus der Einsiedelei ein belebtes Dorf –
und der Einsiedler fand sich in der gleichen Lage wieder
wie vor seinem Auszug aus dem Elternhaus.

Existieren Erfahrungswerte, wie lange es dauert, um ein Verhaltensmuster loszuwerden?

Ich habe schon sagen gehört, es brauche ebenso lange, ein Muster abzulegen, wie wir dessen Prägung ausgesetzt waren; andere behaupten, es dauere viel länger.

Aber ich bin davon überzeugt, dass solche Aussagen nicht richtig sein können, denn es gibt für unsere innere Entwicklung kaum allgemeingültige Gesetzmäßigkeiten, zeitliche schon gar nicht.

→ Vergleiche Seiten 58/59

Wie lange wir für eine Veränderung brauchen, hängt vom ehrlichen Bemühen zur Wandlung ab und/oder von der göttlichen Gnade, die nicht nach menschlichem Ermessen funktioniert, sondern nach uns unbekannten und zum Teil nicht verständlichen göttlichen Kriterien, die wir nicht hinterfragen sollen.

So erreichen wir einmal ein Ziel überraschend schnell und ohne große Anstrengung, ein anderes Mal trotz starker Willenskraft und harter Arbeit erst nach langer Zeit. Wir kennen die höheren Zusammenhänge des Weltgeschehens

→ Vergleiche Seite 98

nicht – obwohl wir in unserer Verblendung gerne alles auf uns selbst beziehen – und können deshalb nicht beurteilen, wann der richtige Zeitpunkt für ein Ereignis gekommen ist, warum manches geschieht, anderes ausbleibt.

Grundsätzlich gilt: Es gibt so viele Wege zum Göttlichen, wie es Menschen gibt. Jeder hat seinen eigenen Rhythmus, seinen eigenen Plan. Deshalb ist es ungemein wichtig, uns von scheinbaren Misserfolgen nicht entmutigen zu lassen, sondern es beharrlich und gleichmütig weiterhin zu versuchen. Und deshalb sollten wir uns auch nie mit anderen vergleichen und messen.

*   *   *

Wie können wir verhindern, dass wir aus lauter Frustration, weil wir immer wieder in alte Verhaltensmuster fallen, unser Bemühen schließlich aufgeben?

Frustration, Entmutigung, Verzweiflung, Depression sind starke negative Kräfte, die lähmen und wodurch das Ego erreichen will, dass wir unsere innere Entwicklung aufgeben. Sie müssen mit all unserer Einsicht und all unserer Willenskraft überwunden werden.

Treten sie auf, sollten wir vorerst nicht mehr das alte Verhaltensmuster als das Problem betrachten, sondern die Frustration, die Entmutigung, die Verzweiflung. Um diese loszuwerden, gehen wir wie folgt vor:

→ Siehe auch Seiten 127ff. zur lähmenden Trägheit

• Wir besinnen uns auf unser Urvertrauen, im konkreten Fall auf unser Vertrauen in die göttliche Gnade. Erinnern wir uns selbst immer wieder daran: „Es besteht überhaupt kein Grund, deprimiert zu sein. Im Gegenteil: Ich habe mein Verhaltensmuster erkannt und ich bemühe mich, das ist der entscheidende Schritt. Das Göttliche wird mich davon befreien, wenn die richtige Zeit gekommen ist."

→ Vergleiche Kapitel 1 über das Urvertrauen, Seiten 19ff., ferner Seiten 58/59 und die vorangehende Frage

Ich glaube, es gibt nur ganz wenige Gesetzmäßigkeiten auf dem spirituellen Weg, doch eine, auf die wir uns absolut verlassen können, lautet: Sind der feste Entschluss und die Beharrlichkeit vorhanden, dann werden wir es irgendwann schaffen.

• Machen wir uns ferner klar: Es ist nicht so wichtig, *wie* wir handeln, sondern *in welchem Bewusstsein* wir es tun. Die Hauptsache ist also, dass wir die Willenskraft aufbringen, uns anders zu verhalten; was dann tatsächlich daraus entsteht, entzieht sich unserer Macht.

→ Die Thematik des Willens und der daraus resultierenden Ergebnisse behandle ich in den Kapiteln 4 und 5 des ersten Bandes dieser Buchreihe; Info Seite 250

• Schauen wir unser Verhalten distanziert und unbewegt an: *Es* hat so gehandelt, *nicht ich*. Je mehr uns gelingt, unser Verhalten als fremdgesteuert zu betrachten, desto weniger finden wir einen Grund, negative Empfindungen zuzulassen. Zudem verliert das Muster, wenden wir uns ihm nicht ständig emotional zu, an Gewicht und Macht und wird schneller verschwinden.

• Und schließlich, vielleicht das Hilfreichste: Halten wir uns an unseren Erfolgen fest, hören wir auf, den Blick auf das vermeintliche Scheitern zu richten. Erinnern wir uns daran, wie beglückend es war, als es uns *ein Mal* gelungen ist, und sagen wir uns: „Wer es einmal schafft, schafft es auch ein zweites und ein drittes Mal und immer wieder." Wie oft es uns dazwischen nicht gelingt und wie lange es dauert, ist völlig unbedeutend.

*   *   *

63

Wie schaffen wir es, die weniger offensichtlichen Verhaltensmuster aufzuspüren?

Es ist uns manchmal tatsächlich nicht klar, dass einer bestimmten Verhaltensweise ein schädliches Muster zugrunde liegt. Ein Beispiel dafür ist unsere Neigung, ungern um Hilfe zu bitten und angebotene Hilfe abzulehnen. Dies nehmen wir meistens nicht als ein Muster wahr und selbst wenn, betrachten wir es nicht als negativ und es stört uns nicht. Wir kommen nicht auf die Idee, dass es auf Angst zurückzuführen ist und wir es allein deshalb ablegen müssen.

Wir brauchen uns dennoch keine Gedanken und Sorgen zu machen über alle unerkannten Verhaltensmuster und schlechten Gewohnheiten. Wir werden im für uns geeigneten Moment darauf stoßen, denn das Leben selbst ist unser Lehrer und wird jeweils im für uns richtigen Zeitpunkt die richtige Aufgabe stellen. Oft werden wir von außen darauf aufmerksam gemacht: So kann uns ein Buch, das uns in die Hände fällt, ein Mensch, dem wir begegnen, eine Bemerkung eines Bekannten uns die Augen öffnen. Dazu müssen wir nichts weiter tun als einen grundlegenden Entschluss zur inneren Entwicklung fassen, zudem ehrlich zu uns sein und nicht zuletzt wachsam und offen für die Belehrungen des Lebens. Alles im Universum strebt nach Vollkommenheit und der ganze kosmische Plan setzt sich in Bewegung, um jedem einzelnen Teilchen, auch dem winzigsten, dazu zu verhelfen.

→ Vergleiche Seiten 145/146 und 203/204

Ich gebe aber zu, dass gerade die von unseren verborgenen Ängsten verursachten Verhaltensweisen relativ schwer zu entdecken sind, denn das Ego versteht es ausgezeichnet, sie zu maskieren. Weil ich nicht alle auflisten kann – es gibt wohl so viele hindernde Verhaltensmuster wie Menschen –, beschränke ich mich an dieser Stelle auf einen allgemeinen Hinweis. In der Regel spüren wir, falls wir in einer Weise handeln, die uns nicht guttut. Es äußert sich in gleichzeitigem oder unmittelbar nachträglichem Unbehagen, auch in Frustration oder einer nagenden Unzufriedenheit, bis hin zu Selbstvorwürfen und Depression. In einem solchen Fall sollten wir die Situation analysieren, um unser Verhalten erst einmal zu verstehen, und uns daraufhin bemühen, unsere Reaktion in Zukunft zu ändern.

→ Eine Liste mit Verhaltensweisen, denen Ängste wegen eines zu geringen Selbstwertgefühls zugrunde liegen, findet sich in meinem Buch „Ich liebe mich selbst und mache mich glücklich"; Info siehe Seite 255

Ich erläutere die Vorgehensweise am eingangs erwähnten Beispiel, angebotene Hilfe abzulehnen. Vorschnell sagen wir jeweils: „Nein, nein, danke, es geht schon" und begleiten unsere Absage gerne mit einer abwehrenden Geste, etwa die Arme heben, als wollten wir unser Gegenüber von uns fernhalten. Danach ärgern wir uns über uns selbst, fühlen uns nicht selten auch schlecht, weil wir erkennen, wie die Hilfe tatsächlich nützlich gewesen wäre und der Zurückgewiesene es zudem nur gut meinte und sich nach unserer harschen Reaktion vorkommen muss, als hätte er etwas falsch gemacht.

Falls wir uns unser Verhalten leicht erklären können, beispielsweise weil die Person, die ihre Hilfe angeboten hat, uns unsympathisch ist oder wir an dem Tag generell eine miese Laune haben, dann beruht es wahrscheinlich nicht auf einem Muster. Empfinden wir hingegen ein unbestimmtes Unbehagen, sollten wir davon ausgehen, dass irgendeine Angst dahintersteckt. Gehen wir der Sache also auf den Grund, indem wir Schritt für Schritt hinter die Reaktion schauen:

1. Schritt: Wovor habe ich denn Angst? Dass ich mich als bedürftig oder hilflos zeige, nehme ich Hilfe an; oder weil ich befürchte, in jemandes Schuld zu stehen; oder weil ich mich in meiner Ehre verletzt sehe, schaffe ich etwas nicht selbst; ...

Für die weiteren Erläuterungen gehe ich jetzt davon aus, die erste Möglichkeit träfe zu.

2. Schritt: Warum ängstigt es mich, als bedürftig oder hilflos betrachtet werden? Ich assoziiere Hilfsbedürftigkeit mit Schwäche, dies wiederum mit Wertlosigkeit: Entweder ich will nicht von anderen als schwach und wertlos angesehen werden, weil ich davon ausgehe, dann nicht mehr geschätzt und geliebt zu werden; oder ich will es mir selbst nicht eingestehen, um mich nicht so unvollkommen und daher wertlos zu fühlen.

3. Schritt. Ich bemühe mich, dieses Verhaltensmuster abzulegen, wie folgt:

• Ich arbeite an der Stärkung des Selbstwertgefühls. Ich mache mir bewusst, dass ich wertvoll an sich bin, unabhängig von Eigenschaften, Leistungen und Besitz; zudem versu-

→ Diesen und weitere Aspekte zum mangelnden Selbstwertgefühl erläutere ich ausführlich in meinen beiden Büchern über die Selbstliebe, in denen ich auch konkrete Wege aufzeige, um solche Verhaltensweisen zu verändern; Info siehe Seite 255

che ich, mich nicht davon berühren zu lassen, wie andere über mich denken, und mich von ihrer Anerkennung und Liebe unabhängig zu machen.

• Ich betrachte es auch von der anderen Seite und sage mir, dass ich den Mitmenschen meistens eine Freude bereite oder ihr Selbstwertgefühl stärke, wenn ich ihre Hilfe annehme; somit ist es ein Akt der Nächstenliebe.

→ Eine Methode zur höheren Achtsamkeit für auftretende Muster findest du auf den Seiten 57/58

• Darüber hinaus bin ich natürlich wachsam für das Muster als solches – diese schnelle abweisende Reaktion – und versuche in den jeweiligen Situationen, willentlich anders zu reagieren.

* * *

Ist ein abgelegtes Verhaltensmuster für immer weg?
Kein vermeintlich überwundenes Muster ist garantiert auf ewig verschwunden. Nachdem wir es abgelegt haben, lauert es noch in unserer Nähe und kann sich wieder manifestieren. Dennoch war unser Bemühen nicht vergebens, denn unser Bewusstsein hat sich verändert. Früher hatten wir überhaupt keine Macht über das Muster, es beherrschte unser Handeln, selbst dann noch, als wir es schon erkannt und den Entschluss gefasst hatten, es loszuwerden. Wir können sagen, das Muster war aktiv.

Durch unser Bemühen haben wir es gewissermaßen stillgelegt, es ist nur noch *passiv* vorhanden. Bildlich gesprochen haben wir es in eine Art Gefängnis verbannt, etwa in unsere Aura, die uns umgebende feinstoffliche Atmosphäre oder eine tiefere Schicht des Unbewussten. Tot ist es allerdings nicht, aus seinem Kerker kann es jederzeit ausbrechen und uns erneut befallen, sobald wir in der Wachsamkeit nachlassen oder geschwächt sind.

Dieses Phänomen beobachten wir bei Rauchern oder Alkoholikern, wobei hier neben der psychischen auch eine physische Abhängigkeit besteht, ja sogar eine durch die Sucht bedingte Veränderung der Gehirnstruktur: Ein ehemaliger Raucher und ein Ex-Alkoholiker sollten für den Rest ihres Lebens keine Zigarette beziehungsweise keinen einzigen Tropfen Alkohol konsumieren, sonst droht die Sucht wieder aktiv zu werden.

Wir können auch den Vergleich mit dem Herpes-Virus heranziehen: Es überlebt Jahre und Jahrzehnte lang im Körper, ohne sich symptomatisch zu zeigen; ist das Immunsystem jedoch einmal geschwächt, etwa bei Stress oder einer Erkältung, wird das Virus aktiv und bildet Fieberbläschen.

Der entscheidende Unterschied und Vorteil gegenüber unserer ursprünglichen Lage: Tritt ein vermeintlich abgelegtes Muster erneut auf, so erkennen wir es sofort als solches wieder und haben die Möglichkeit, es gleich wirksam zu bekämpfen, worin wir ja schon geübt sind.

* * *

Wie können wir uns immer wieder zu Achtsamkeit und Bemühen motivieren und nicht daran verzweifeln, dass das Leben einer nie endenden Schule gleichkommt?

→ Diese Aussage steht auf Seite 55

Zugegeben, manchmal scheint dieser Gedanke, das ganze Leben bestehe aus ununterbrochenem Lernen, beinahe unerträglich. Eine Ausbildung hört ja normalerweise irgendwann auf, wir besitzen ein Diplom und sind damit fertig. Die Vorstellung, dass kaum haben wir etwas abgeschlossen, es gleich mit etwas Neuem weitergeht und wir nie vollkommen sind, könnte schon zur Entmutigung und zum Aufgeben verleiten.

Dennoch scheint dies der Sinn des Lebens zu sein. Wahrscheinlich sind wir deshalb durch die Evolution neugierig, wissensdurstig und lernfreudig geworden. Beobachten wir doch nur den Entdeckergeist kleiner Kinder! Leider wird diese wunderbare angeborene Eigenschaft zuweilen schon in jungen Jahren abgetötet, zumindest eingeschränkt oder deformiert, durch Aussagen wie „Lass es, das kannst du nicht!", „Das verstehst du nicht!" oder, schlimmer, „Du bist dumm!", „Das wirst du nie begreifen!", „Aus dir wird nie etwas!"; ebenso durch Bewertung, egal ob mit Noten oder in anderer Form. Die Angst vor dem Versagen raubt uns die Freude am Lernen und lässt es uns als Bürde empfinden.

→ Zum Sinn des Lebens siehe Band I der Sonnwandeln-Reihe und mein Buch „Karma Yoga"; Info Seiten 250 und 254

Versuchen wir diese natürliche Freude in uns wiederzuerwecken. Wir werden für unsere Fortschritte in der Lebensschule nicht bewertet, für unsere vermeintlichen Fehler nicht verurteilt oder bestraft; wir sollen uns auch nicht selbst verurteilen oder minderwertig fühlen, wenn wir etwas nicht auf Anhieb begreifen oder können.

Vertrauen wir vielmehr für die innere Entwicklung und das spirituelle Lernen darauf, dass das Göttliche uns führt, begleitet, stützt und uns nie mehr auferlegt, als wir zu tragen vermögen.

→ Vergleiche Seite 22

Manchmal sieht es allerdings tatsächlich so aus, als stünde schon die nächste Aufgabe an, kaum ist eine Herausforderung bewältigt. Doch könnte es nicht daran liegen, weil wir dazu neigen, uns selbst zu überlasten, indem wir zu vieles gleichzeitig anpacken, zu ungeduldig sind, uns keine Ruhe gönnen wollen? Diese Geisteshaltung lernen wir ja in der heutigen rastlosen und über die Maßen fordernden Welt. So sind wir mitunter sogar unglücklich, wenn nach einem intensiven Lernprozess eine Zeit vermeintlichen Stillstands eintritt. Die verdiente Ruhephase, bevor es weitergeht, sollten wir hingegen dankbar annehmen und genießen.

* * *

Gibt es auch Verhaltensmuster und/oder Gewohnheiten mit Suchtcharakter?
Sucht ist ein komplexes Phänomen. Warum jemand süchtig wird, lässt sich nicht allgemein erklären; viele verschiedene Faktoren können dazu beitragen, beispielsweise mangelndes Selbstwertgefühl, fehlende Fähigkeit zur Konflikt- und Problemlösung, das soziale Umfeld und viele weitere. Die Wissenschaft denkt heute auch, gewisse Menschen wiesen ein genetisch bedingtes erhöhtes Suchtrisiko auf.

Auf die stoffgebundene Sucht (Tabak, Alkohol, Tabletten, Drogen und andere), bei der auch eine körperliche Abhängigkeit besteht, gehe ich hier nicht ein; ebenso wenig auf gängige nicht stoffgebundene Suchtphänomene (Geldspiel, Sex, Onlinechat und andere).

Ich befasse mich an dieser Stelle mit der Sucht nach Liebe, an der viele leiden, denen es an Selbstliebe und Selbstwertgefühl mangelt. Diese Menschen „sammeln" Liebe und Anerkennung – der „Sammelbehälter" wird dennoch nie voll, egal wie viel Liebe hineinfließt. Die Sucht äußert sich unter anderem in Verhaltensmustern, die darauf abzielen, zu gefallen und geliebt zu werden.

Jeder Raucher weiß aus eigener Erfahrung, wie oft er eine Zigarette anzündet, ohne zu überlegen, ob er wirklich Lust darauf hat. Die Handlung beruht auf einem Automatismus. Wie an einem Fließband, an dem der eine Vorgang den nächsten steuert, greift der Raucher zur Zigarette, sobald er einen Telefonanruf entgegennimmt, vor einem Glas Wein sitzt, ein problematisches Gespräch führen muss und bei anderen typischen Situationen.

Genauso ergeht es Menschen, denen das Wohlwollen und die Anerkennung anderer überaus wichtig sind: Sie reagieren auf bestimmte Reize reflexartig, ohne Nachdenken und willentliche Entscheidung. So sagen sie etwa immer Ja, sobald jemand sie um einen Gefallen bittet oder etwas von ihnen verlangt. Oder sie geben augenblicklich nach, falls ihre Meinung nicht geteilt wird. Oder sie verstricken sich in Ausreden und Lügen, wenn sie auf eine Schwäche oder einen Fehler hingewiesen werden.

Auf zwei Phänomene, die aus der Liebessucht resultieren können, will ich noch ausdrücklich aufmerksam machen:

• *Untreue dem Partner gegenüber und/oder oft wechselnde Partner.* Die Liebe des Partners genügt nach der ersten (unterschiedlich langen) intensiven Verliebtheitsphase nicht mehr; der Hunger nach „frischer" Zuneigung und Zuwendung kommt auf und muss von anderen Menschen gestillt werden.

• *Das Bemühen erwachsener Kinder um die Anerkennung und Liebe der Eltern.* Diese erwachsenen Kinder tun alles, von dem sie glauben, es könnte den Vater, die Mutter beeindrucken und ihnen endlich Lob, Wertschätzung und ein Zeichen der Zuneigung entlocken, nach denen sie als Kinder gedürstet haben und die ihnen stets versagt blieben.

Die Sucht nach Liebe werden wir los, indem wir unsere Selbstliebe stärken; dabei müssen wir uns in erster Linie über die Angst, nicht mehr geliebt zu werden, hinwegsetzen. Die von mir entwickelte Methode habe ich ausführlich in meinen Büchern über die Selbstliebe beschrieben.

→ Vergleiche auch Seite 31 zum Handeln trotz Angst

Angewohnheit ist niemals, selbst nicht in guten Handlungen, vollkommen zu billigen.
Immanuel Kant

Wenn man jedes Jahr eine bösartige Gewohnheit ausreißt, wird mit der Zeit der schlimmste Mensch gut.
Benjamin Franklin

Selbst das Unangenehme, woran wir uns gewöhnten, vermissen wir ungern.
Johann Wolfgang von Goethe

Die Tugenden werden uns weder von Natur aus noch gegen die Natur zugeteilt, vielmehr haben wir die natürliche Anlage, sie in uns aufzunehmen; Wirklichkeit wird diese Anlage aber durch Gewohnheit. [...] So wird man durch das Bauen ein Baumeister und durch das Zitherspielen ein Zitherspieler. Ebenso werden wir auch durch gerechtes Handeln gerecht, durch Einhalten der Mäßigkeit gemäßigt, durch mutiges Handeln mutig. [...] Zudem entsteht jede Tugend aus denselben Ursachen, durch die sie zerstört wird, wie es bei den Künsten auch der Fall ist. Beispielsweise wird man durch Zitherspielen ein guter ebenso wie ein schlechter Zitherspieler, und Entsprechendes trifft auf den Baumeister und alle anderen Handwerker oder Künstler zu. Wer gut baut, wird also ein guter Baumeister, und wer schlecht baut, ein schlechter. [...] So verhält es sich auch mit den Tugenden. Je nachdem, wie wir uns im Handeln verhalten, werden wir gerecht oder ungerecht; durch das Verhalten in Gefahren und die Gewohnheit, uns vor ihnen zu fürchten oder ihnen zu trotzen, werden wir tapfer oder feige. In einem Satz: Aus gleichem Verhalten entsteht die gleiche Gewohnheit.
Aristoteles

Ein Heiliger ist ein Sünder, der nie aufgab.
Paramahansa Yogananda

Es scheint wohl wahr zu sein, dass die zweite Hälfte des menschlichen Lebens sich normalerweise nur aus Gewohnheiten zusammensetzt, die man in der ersten Hälfte erworben hat.
Fjodor Michailowitsch Dostojewskij

Zuerst erschaffen wir unsere Gewohnheiten, dann erschaffen sie uns.
John Dryden

Man muss nicht ein Pflaster, weil es einmal gut getan hat, das ganze Leben aufgelegt lassen.
Rainer Maria Rilke

In den niedrigeren Ebenen unseres Wesens [...] sind es nicht Gedanken, mit denen wir es zu tun haben, sondern Emotionen, Wünsche, Antriebe, Empfindungen, vitale Bedürfnisse und Gewohnheiten der niedrigeren Natur. Weil sie weniger bewusst sind als Gedanken, sind sie uns weniger zugänglich und behaupten sich hartnäckiger; sie haben die gleiche oder größere Kraft zu widerstehen und wieder aufzutauchen, oder sie verbergen sich in der umgebenden universalen Natur oder in unseren niedrigeren Ebenen oder sozusagen als Samen im Unbewussten und können von dort machtvoll neu auferstehen und uns erneut überfallen.
Sri Aurobindo

Es ist in vielen Dingen eine schlimme Sache um die Gewohnheit. Sie macht, dass man Unrecht für Recht und Irrtum für Wahrheit hält.
Georg Christoph Lichtenberg

Machen die Menschen wirklich Erfahrungen? Sie sind die Vögel, die sich immer wieder in den gleichen Netzen fangen lassen, in denen man schon hunderttausend Vögel ihrer Art gefangen hat.
Bernard le Bovier de Fontenelle

Die Fesseln der Gewohnheit sind meist so fein, dass man sie gar nicht spürt. Doch wenn man sie spürt, sind sie schon so stark, dass sie sich nicht mehr zerreißen lassen.
Samuel Johnson

Die meisten Menschen leben in den Ruinen ihrer Gewohnheiten.
Jean Cocteau

Die einzige Gewohnheit, die man einem Kind erlauben soll, ist die, keine Gewohnheiten anzunehmen.
Jean-Jacques Rousseau

❖ Verhaltensmuster und Gewohnheiten hindern mich daran, in jedem Augenblick ganz ich selbst zu sein und selbstbestimmt zu handeln.

❖ Besonders Verhaltensweisen, die auf Ängsten beruhen, laufen oft ungewollt ab, beispielsweise nicht Nein sagen können, sich rechtfertigen, Hilfe ablehnen, Fehler vertuschen und viele, viele mehr.

❖ Um ein Muster loszuwerden brauche ich den absoluten Entschluss dazu und dann viel Geduld und stetes Üben. Von sogenannten Rückschlägen darf ich mich nicht entmutigen lassen, denn es liegt nicht allein in meiner Macht, mich zu ändern; ich vertraue vielmehr auf die göttliche Hilfe und Gnade.

❖ Habe ich ein Muster überwunden, bleibe ich wachsam, damit es mich in einem Augenblick der Schwäche nicht erneut unbemerkt befällt.

❖ Positive Eigenschaften kann ich einüben, damit sie zu guten Gewohnheiten werden.

❖ Welche meiner alltäglichen Handlungen beruhen auf reiner Gewohnheit und sind überholt?

❖ Welche meiner sogenannten Schwächen basieren auf alten Prägungen?

❖ Welche meiner Verhaltensweisen, die auf Angst gründen, laufen in entsprechenden Situationen automatisch ab, ohne dass ich bewusst und frei darüber entscheide?

❖ Welche meiner Muster will ich ernsthaft loswerden? Habe ich den Vorsatz mit absoluter Bestimmtheit gefasst?

❖ Welche guten Gewohnheiten möchte ich besitzen?

Entwicklungsziel

Ich achte auf meine alltäglichen Gewohnheiten und ändere einige; dadurch verbessere ich meine Wahrnehmung für automatisches Handeln und erhöhe die Flexibilität und Bereitschaft. So kann ich zur richtigen Zeit auch die im Unbewussten eingeprägten Verhaltensmuster erfolgreich loswerden, beispielsweise diejenigen, die auf mangelndem Selbstwertgefühl und Ängsten beruhen.

→ Bitte beachte „Tipps zum Umgang mit der Sonnwandeln-Reihe" auf Seite 17

Es geht bei dieser Aufgabe darum, alltägliche, eher banale Gewohnheiten zu beobachten und eventuell zu ändern und dadurch Wachsamkeit und Flexibilität zu üben. Das Ablegen unbewusster Verhaltensweisen gehst du in anderen Aufgaben der Sonnwandeln-Reihe an; da sie hauptsächlich auf einem schwachen Selbstwertgefühl und einem Mangel an Urvertrauen beruhen, ist es wirksamer, zuerst umfassender am Aufbau dieser Eigenschaften zu arbeiten.

Du solltest zumindest die Hauptaufgaben A und B während einiger Wochen bewusst praktizieren. Wenn du möchtest, kannst du die Aufgaben C und/oder D noch hinzunehmen und eine dauerhafte Änderung anstreben.

Hauptaufgabe A: Auf alltägliche Gewohnheiten achten
Ich achte darauf, welche Handlungen auf Gewohnheiten beruhen, und hinterfrage jede davon. Beispiele:
• Kaffeepause um zehn. Brauche ich wirklich um diese Zeit eine Pause? Oder möchte ich heute lieber etwas länger arbeiten und erst später unterbrechen? Und habe ich tätsächlich Lust auf Kaffee oder wäre mir Tee lieber?
• Ich sitze am Tisch jeweils am gleichen Platz. Könnte ich mich nicht auch auf einen anderen Stuhl setzen?
• Immer um acht Uhr schalte ich den Fernseher ein, um die Nachrichten zu sehen: Interessieren sie mich wirklich auch heute?
• Jeden Freitag kaufe ich mir die neue Zeitschrift X. Will ich sie überhaupt noch? Könnte ich vielleicht eine andere Zeitschrift kaufen?

- Auf meinem Weg nach X überquere ich die Straße immer an der gleichen Stelle. Gäbe es eine Alternative?
- Auf die Frage „Wie geht es dir?" antworte ich automatisch: „Danke, gut." Aber stimmt es wirklich, dass es mir gut geht? Und falls ja, könnte ich vielleicht eine andere Formulierung für meine Antwort wählen?
- Jedes Mal, wenn ich nach Hause komme, schaue ich in den Briefkasten. Habe ich das heute nicht bereits getan? Könnte es überhaupt sein, dass noch neue Post gekommen ist?
- Jeden Dienstag treffe ich mich mit Freunden am Stammtisch. Habe ich auch heute echte Lust hinzugehen?

Vielleicht wird mir durch das aufmerksame Beobachten einer Gewohnheit bewusst, dass eine andere Verhaltensweise besser wäre. Selbst wenn ich zum Schluss komme, mein bisheriges Verhalten sei angebracht, habe ich zumindest ausgelotet, dass es noch andere Möglichkeiten gibt, und für eine Weile nicht gewohnheitsmäßig, sondern bewusst gehandelt.

Hauptaufgabe B: Gewohnheitshandlungen ändern
Ich ändere bewusst Gewohnheitshandlungen und variiere jeden Tag. Beispiele:
- Ich halte die Zahnbürste nicht jedes Mal mit der gleichen Hand, sondern einmal mit der rechten und einmal mit der linken; ich beginne beim Putzen nicht immer an der gleichen Stelle, sondern einmal unten rechts, einmal oben in der Mitte, einmal unten links, ...
- Wenn ich meinen Computer hochfahre, checke ich gewöhnlich zuerst meine Mails, dann starte ich Anwendung X. Beim nächsten Mal mache ich es umgekehrt.
- Beim Tischdecken stelle ich immer zuerst die Teller hin, dann das Besteck und so fort. Ich wechsle jetzt jeden Tag die Reihenfolge.
- Wenn ich das Haus verlasse, ziehe ich zuerst die Schuhe an, dann die Jacke, dann prüfe ich, ob alle Fenster geschlossen sind, dann ... Ich ändere dieses Ritual bewusst jedes Mal.

Zusatzaufgabe C: Eine schlechte oder unnütze Gewohnheit loswerden
Beispiele:
- Ich lasse meine Kaffeetasse stehen, anstatt sie sofort in die Küche zu bringen und abzuwaschen.
- Ich schaue auf die Uhr, obwohl ich gar nicht wissen muss, wie spät es ist.
- Ich vernachlässige aus Faulheit manchmal das Blumengießen, den Hund auszuführen, das Fahrrad ordentlich hinzustellen und mehr.

Zusatzaufgabe D: Eine gute Gewohnheit annehmen
Beispiele:
- Ich esse jeden Tag einen Apfel.
- Ich grüße meine Nachbarn freundlicher und wechsle jeweils ein paar nette Worte, wenn sie mir begegnen.
- Ich lese jeden Abend ein anregendes Zitat.

Am Anfang braucht es Wachsamkeit und eine Willensanstrengung, um eine Gewohnheit loszuwerden oder anzunehmen, bis das geänderte Verhalten zur Selbstverständlichkeit wird. Dann heißt es einfach: dabei bleiben!

Durch diese Übung erfahre ich, dass es mir gelingt, im Kleinen etwas zu ändern – im Großen werde ich es dann ebenso schaffen, es wird nur mehr Zeit und Ausdauer erfordern. Auch werde ich mich nicht entmutigen lassen, sollte es mir nicht auf Anhieb gelingen oder ein Rückfall eintreten.

Nur Mut!

Du willst deine hinderlichen Gewohnheiten ändern, arbeitest an dir, bemühst dich – du machst es gut!

Sei dir bewusst, dass es viele Schritte braucht und du oft lange nichts Neues am Horizont erkennst, wie auf einem Weg durch die Wüste. Doch auch die Wüste hat ihren Reiz…

Erinnere dich an den Skarabäus, der es immer und immer wieder versucht, bis es ihm gelingt. Gib auch du nie auf. Lass jegliche Ungeduld los und verzage nicht, wenn du vermeintlich keine Fortschritte bei dir siehst.

Die Veränderung geschieht hinter einem undurchsichtigen Schleier – erst das fertige Kunstwerk wird dir enthüllt.
Vor allem vertraue darauf, dass du die Aufgabe bewältigen wirst, mit der Hilfe und dem Segen des Göttlichen.

Fällst du auch tausendundeinmal in alte Muster, ungewollt, beinahe unbemerkt: Tadle dich nicht und lächle dabei, schmunzle über dein widerspenstiges Ego.
Weder erntest du Verdienst noch trifft dich Schuld, gelingt es jetzt schon oder erst nach einer Weile. Schau nicht auf die Zeit. Lass dem Vorhaben seinen Lauf, bleib einfach stetig dabei, ohne Hast und Druck, sei liebevoll mit dir, voller Verständnis für deine Unzulänglichkeiten.

Es ist ja bloß eine Illusion, dass du zu überwindende Gewohnheiten besitzt – du bist bereits, was du werden willst.

AFFIRMATIONEN

→ Bitte beachte
die detaillierte
Anleitung
auf Seite 236

ICH LASSE DIE ALTEN GEWOHNHEITEN LOS, SIE GEHEN VON MIR.

ICH BIN … [EIGENSCHAFT, DIE ICH GERNE BESITZEN MÖCHTE].

JETZT NEHME ICH MEIN LEBEN SELBST IN DIE HAND.

ICH BIN IN JEDEM AUGENBLICK ICH SELBST.

JETZT LÖSE ICH ALTE PRÄGUNGEN AUF.

ICH BIN BEREITS, WAS ICH WERDEN WILL.

ICH ÄNDERE MICH MIT EINEM LÄCHELN AUF DEN LIPPEN.

MICH ZUM BESSEREN ZU WANDELN, IST DER SINN MEINES LEBENS.

BEI MEINER WANDLUNG VERTRAUE ICH AUF DAS GÖTTLICHE.

ALLES IST MÖGLICH, WENN DER GÖTTLICHE WILLE ES BESTIMMT.

ICH ÄNDERE MEIN VERHALTEN UND FÜHLE MICH DABEI GETRAGEN.

ICH HABE DIE WILLENSKRAFT, MICH ZU ÄNDERN, UND ICH SCHAFFE ES.

ICH HALTE AN MEINEN VORSÄTZEN FEST.

ICH ÖFFNE MICH DER GEDULD UND ERREICHE, WAS ICH MIR VORNEHME.

IMAGINATION

• Ich befinde mich an einem vertrauten Ort; hier fühle ich mich sicher und geborgen, ich spüre die Ruhe um mich und in mir.

• Ich erinnere mich an meine Kindheit, als meine Mutter (der Großvater, der Lehrer, …) mir Gebote und Verbote eintrichterte („Man sagt nicht, was man haben möchte!"; „Man zeigt seine Gefühle, seine … nicht!", „So etwas macht man nicht") – alle Gebote und Verbote, die bei mir zu einer gewohnheitsmäßigen Verhaltensweise geführt haben, die ich heute nicht mehr will.

→ Bitte beachte die detaillierte Anleitung auf Seite 237

→ Siehe auch die Imagination von Kapitel 5, Seite 195

Ich lasse mir viel Zeit, erlaube alten Erinnerungen aufzukommen, erlebe Situationen aus der Kindheit und Jugend (eventuell auch aus dem Erwachsenenalter) wieder. Jedes Mal, wenn ein Gebot oder Verbot auftaucht, sehe ich es als schwarze Kugel aus dem Mund meiner Mutter (Großvater, Lehrer, …) herauskommen, nehme diese Kugel und lege sie in eine Metallkiste.

• Das Gleiche tue ich mit gesellschaftlichen Prägungen, die mir mein soziales Umfeld auferlegen will („Man muss auch als Mutter weiterhin berufstätig sein", „Seine Meinung soll man nicht ständig ändern").

• Nachdem ich all diese schwarzen Kugeln in die Kiste gelegt habe, verschließe ich sie fest mit dem Metalldeckel und begebe mich auf eine hohe Brücke über einem tiefen Fluss. Ich werfe die Kiste ins Wasser hinunter und schaue zu, wie sie sinkt und von der Strömung fortgerissen wird. Ich weiß jetzt: Weg sind all diese Gebote und Verbote, die man mir eingepflanzt hat, für immer weg.

• Beginnt die Erfahrung zu verblassen, so fühle ich mich wohl und geborgen, genieße den Frieden und die Ruhe in mir. Dann atme ich tief in den Bauch, öffne die Augen, verharre noch eine Weile regungslos, schaue um mich, spüre meinen Körper und bewege mich langsam.

→ Bitte beachte
die detaillierte
Anleitung
auf Seite 240

Haupt-Blüten

Seelenzustand	Nr.
Ich mache immer wieder die gleichen Fehler, lerne nicht aus meinen Erfahrungen.	7
Ich lasse mich von anderen beeinflussen.	33
Ich lasse mich fremdbestimmen, kann mich schlecht durchsetzen.	4
Ich habe es aufgegeben, in meinem Leben etwas zu verändern.	37
Ich bin ungeduldig, ich kann den natürlichen Lauf der Dinge nicht abwarten.	18

Gewählte Blüten:

☐ ☐ ☐ ☐ ☐

Zusatz-Blüten

Seelenzustand	Nr.
Ich bin mit meinem momentanen Leben nicht zufrieden, ich fühle mich frustriert.	36
Die Gedanken über ein bestimmtes Thema kreisen unaufhörlich in meinem Kopf.	35
Ich habe Angst vor neuen Situationen.	20
Ich gebe schnell auf und/oder Rückschläge verkrafte ich schlecht.	12
Ich bekomme leicht Schuldgefühle und/oder kann mir etwas nicht verzeihen.	24

Gewählte Blüten:

☐ ☐ ☐ ☐ ☐

EMPFOHLENER HEILSTEIN: MALACHIT

→ Bitte beachte
die detaillierte
Anleitung auf
Seite 243

Wirkung

Der Malachit macht Unbewusstes bewusst, verbessert die Wahrnehmung und weckt das Verständnis. Er löst auch Erlebnisse aus der Vergangenheit auf, indem er Empfindungen und Bewertungen früherer Situationen erweckt und ihre Bewältigung fördert. Durch den Malachit erkennen wir belastende und hinderliche Lebensweisen, die wir mit seiner Hilfe beseitigen können.

Anwendung

Den Stein auf sich tragen, am besten mit direktem Hautkontakt.

Reinigen und Aufladen

Regelmäßig reinigen: in ein Taschentuch eingewickelt über Nacht in eine Schale mit Hämatit-Trommelsteinen legen. Danach in einer Bergkristallgruppe aufladen. Der Malachit sollte nicht der direkten Sonne ausgesetzt werden.

Rückschau und Vorschau

Nachdem du eine Weile – in der Regel mehrere Wochen – in deinem All-tag zum Thema dieses Kapitels an dir gearbeitet hast, blickst du kurz zurück und schaust, wo du stehst. Kreuze bei den untenstehenden Aus-sagen an, was auf dich zutrifft. Sei ehrlich zu dir selbst, ohne falsche Bescheidenheit und ohne Selbstvorwürfe oder Entmutigung – es ist nur eine Bestandesaufnahme, ohne Wertung, um zu erkennen, in welchem Bereich du dich noch bemühen kannst... damit du wirst, was du bereits bist.

Lernziele dieses Kapitels	Erreicht:	Ja	Nein
Ich habe die folgenden Gewohnheiten in mir erkannt:			
Davon habe ich die folgenden abgelegt oder in bewusste Handlungen verwandelt:			
Ich habe die folgenden guten Gewohnheiten ange-nommen:			
Es gelingt mir immer öfter, die notwendige absolute Bestimmtheit aufzubringen, um eine Gewohnheit zu ändern.		☐	☐
Ich versuche nicht mehr, mich verbissen kämpfend zu ändern, sondern bemühe mich darum und vertraue dabei auf die göttliche Gnade.		☐	☐
Ich gebe nicht mehr so schnell auf, wenn es nicht sofort klappt. Oder: Ich empfinde keine Frustration oder Traurigkeit, wenn ich es nicht sofort schaffe, unerwünschte Verhal-tensweisen loszuwerden.		☐	☐

Mein weiterer Entwicklungsschritt

Notiere jetzt eine Einsicht/Herausforderung/Aufgabe, an der du arbeiten willst – aber nur eine!
Dann prägst du sie dir gut ein, bittest das Göttliche, dich dabei zu führen und dein Bemühen zu fördern, und lässt sie los. Du kannst jetzt mit dem nächsten Kapitel und dessen Aufgaben weiterfahren.

Den Entwicklungsschritt, den du hier aufgeschrieben hast, darfst du von Zeit zu Zeit nachlesen, gewissermaßen zur Erinnerung, aber beschäftige dich gedanklich nicht mehr damit. Den Impuls hast du nämlich gesetzt – überlass es dem Göttlichen, ihn so umzusetzen, wie es für dich gut ist.

....

....

....

....

....

....

....

....

....

....

....

....

....

....

....

Der Apfel war und ist außerhalb des Christentums ein Sinnbild der Liebe, der Schönheit und der Fruchtbarkeit; er kommt in zahlreichen Mythen und Legenden vor. Im Christentum wurde er hingegen zum missverstandenen Symbol der Sünde. Betrachten wir es jedoch vertieft, steht er für die Erkenntnis, die weise Unterscheidung: Adam und Eva aßen „vom Baum der Erkenntnis des Guten und des Bösen" (Mose 2,17).

3. Sieben Sünden, sieben Tugenden

Themen dieses Kapitels
• Die Sünde: Trennung von unserem höheren Selbst • Sünde im Sinn des Karma-Gesetzes • Wiederkehrende Erfahrungen auf dem Lebensweg • Sieben wertvolle Tugenden: Demut, Freigebigkeit, Mitfreude, Milde, Sinneslust, Gelassenheit, Zuversicht • Askese als Weg? • Geizig ist auch, wer seine Gefühle nicht mitteilt • Trägheit und Traurigkeit: Verweigerung der Lebensfreude • Rückschritt in der spirituellen Entwicklung?

Entwicklungsziel
Ich verwandle meine negativen Eigenschaften in die entsprechenden positiven. Dabei kämpfe ich nicht gegen die negativen an, um sie zu verdrängen oder loszuwerden, sondern versuche ruhig und gleichmütig, die positiven in mir zu pflegen und wachsen zu lassen.

Sünde und Laster

Sünde wird im religiösen Sinn als Vergehen oder Zuwiderhandeln gegen Gottes Gebote, gegen seinen Willen und somit gegen Gott selbst verstanden. Sie muss durch Sühne, zumindest durch Reue wiedergutgemacht werden und/oder zieht Strafe nach sich. Aus einem mystischen, spirituellen Blickwinkel kann eine solche Auffassung von Sünde nicht existieren – sie widerspricht dem Sinn des Lebens und der göttlichen Barmherzigkeit. Auch das Konzept einer Erbsünde, die auf uns lastet, weil ein Vorfahre etwas Böses getan hat, und wofür jeder Nachkomme büßen muss, gehört in den Kontext von Stammesgesetzen und Kollektivschuld aus der biblischen Zeit und ist für unser Empfinden absurd.

→ Karma-Gesetz: siehe Glossar Seite 247

→ Warum das Karma-Gesetz in meinen Augen nicht uneingeschränkt wirken kann, habe ich in Kapitel 4 von Band I näher erläutert; Info siehe Seite 250

Einleuchtender scheint uns vielleicht das Karma-Gesetz, das wie ein physikalisches Gesetz auf Ursache und Wirkung beruht: Zwangsläufig bringt eine gute Tat Gutes, eine böse Tat Böses. Doch auch diese Schwarz-Weiß-Kategorisierung scheint mir nicht haltbar. Es hieße, das Göttliche auf unsere menschliche Ebene von Gerechtigkeit zu reduzieren. Doch der göttliche Wille und der göttliche Plan stehen jenseits unseres Wissens und Verstehens.

Eine volksetymologische Deutung führt das Wort Sünde auf das germanische *sund*, Trennung, zurück. Der griechische Ausdruck *hamartia* aus dem Neuen Testament bedeutet „Verfehlen des Ziels", und das lateinische *peccus* „unsicherer Schritt, schlechte Standfestigkeit". Alle drei Definitionen treffen den Kern wesentlich besser als diejenigen, die wir gewöhnlich mit dem Wort Sünde assoziieren. Verstehen wir als Sünde die Metapher des Fehltritts, durch den wir das Ziel – die Gottesverwirklichung – verfehlen, dann ist dieser Begriff aber durchaus brauchbar: Jedes egoische Handeln kann als sündhaft bezeichnet werden.

Die Grundelemente, die dafür verantwortlich zeichnen und uns im Ego gefangen halten, sind unser Begehren und unsere Angst; sie manifestieren sich in verschiedenen „sündigen" Verhaltensweisen.

Die katholische Doktrin kennt sieben Hauptlaster, die zu mehr oder minder schweren Sünden führen; im Volksmund werden sie auch als die sieben Todsünden bezeichnet, was theologisch jedoch nicht zutrifft, da der Begriff Todsünde besonders schwerwiegenden Vergehen vorbehalten ist, etwa einem Verstoß gegen die zehn Gebote.

Im 4. Jahrhundert nach Christus erstellte Euagrios Pontikos, ein christlicher Mönch und Wüstenvater, zum ersten Mal eine Liste von acht schlechten Charaktereigenschaften: Stolz, Ruhmsucht, Faulheit, Zorn, Traurigkeit, Habgier, Völlerei, Unkeuschheit. Zwei Jahrhunderte später fasste Papst Gregor I. Ruhmsucht und Stolz sowie Traurigkeit und Faulheit zusammen und fügte den Neid hinzu. Im 7. Jahrhundert wurde die Traurigkeit schließlich durch die Trägheit ersetzt. In dieser letzten Fassung, meistens noch mit den altertümlich anmutenden Begriffen, sind die sieben Laster bis heute Bestandteil der katholischen Lehre.

→ Die zehn Gebote: siehe Seite 189

Deren erweiterte, vertiefte und undogmatische Betrachtung scheint mir ein nützlicher Ansatz, um verschiedene Seiten des Ego zu erkennen. Dann können wir die Laster nach und nach durch die entsprechenden Tugenden ersetzen, die wesentlich zu unserer spirituellen Entwicklung und zur Zufriedenheit in diesem Leben beitragen. Entscheidend dabei ist, für unseren Wandlungsprozess den Blick von Anfang an ausschließlich auf die Tugend zu richten, nicht auf das Laster: Wir kämpfen beispielsweise nicht *gegen* den Geiz an, sondern *fördern* die Freigebigkeit, wir richten unsere Anstrengung nicht darauf, den Neid zu *besiegen*, vielmehr bemühen wir uns, Gleichmut und Nächstenliebe *aufzubauen*.

Stolz/Hochmut ⟷ Demut

Im Sprachgebrauch hat das Wort Stolz einen positiven und einen negativen Aspekt. Der gesunde Stolz eines spirituellen Menschen sollte nur auf seinen *nicht egoischen Eigenschaften* beruhen (Freisein von Angst und Begehren, Gleichmut, Hingabe an das Göttliche und mehr) und keinesfalls auf seinen Besitztümern, Fähigkeiten, Leistungen und weltlichen Tugenden.

Hochmut hingegen, die negative Form des Stolzes, äußert sich hauptsächlich darin, dass wir die positiven Eigenschaften, die wir uns zu Recht oder zu Unrecht zuschreiben, zum

Anlass nehmen, uns bedeutender zu fühlen als andere und uns über sie zu erheben.

So wie der Hochmütige seine vermeintlichen Werte erhöht, zuweilen in Selbstüberschätzung, so würdigt er die Werte anderer herab. In Wirklichkeit verrät dieses Verhalten ein niedriges Selbstwertgefühl: Wer seinen Wert kennt, hat es nicht nötig, ihn zur Schau zu stellen und zu beweisen, schon gar nicht indem er den Wert anderer schmälert. Arroganz zeugt immer von Unsicherheit und Minderwertigkeitsgefühlen.

Das Gegenteil des Hochmuts ist die Demut. Demut gegenüber dem Göttlichen ist eine Tugend, ja eine Bedingung für die spirituelle Entwicklung: Wir sind uns bewusst, dass alles, was wir sind und haben, nur dem göttlichen Willen entspringt und nicht unser Verdienst ist.

Hingegen ist es nicht angebracht, Menschen gegenüber Demut zu zeigen. Leiden wir nämlich unter einem geringen Selbstwertgefühl und Ängsten, artet sie in Unterwürfigkeit, Selbsterniedrigung und Abhängigkeit aus. Mit Bescheidenheit und Wohlwollen sollen wir den Mitmenschen begegnen, ohne uns ihrem Ego zu unterwerfen. Auch dürfen wir unser Licht nicht unter den Scheffel stellen: Wir stehen zu unserem Wert, unseren Tugenden und Fähigkeiten, ohne damit zu prahlen und Applaus dafür erheischen zu wollen, und machen uns nicht geringer.

Als „spirituell Aufwachende" müssen wir uns ganz besonders davor in Acht nehmen, nicht in eine Form von Überheblichkeit zu verfallen, die bis zum Größenwahn reichen kann, indem wir uns über jene stellen, die noch „schlafen" und den spirituellen Weg bisher nicht bewusst beschreiten oder sich auf einem – nach unserer Ansicht – falschen oder niedrigeren Weg befinden.

Geiz und Habgier ⟷ Freigebigkeit

Geiz und Habgier bedeuten, nicht teilen zu wollen und für sich selbst ein größeres Stück des Kuchens zu beanspruchen. Sie zeugen von mangelndem Vertrauen in die göttliche Vorsehung: Wir glauben offenbar nicht daran, dass wir immer genau das bekommen, was wir brauchen und uns guttut – nicht mehr, aber auch nicht weniger. Andernfalls würden wir freimütig weitergeben, was uns geschenkt wird, auch was wir unseres Erachtens durch eigenes Bemühen „verdient" haben, ohne je an etwas zu hängen oder es als Eigentum zu betrachten. Alles ist uns geliehen, nichts zum ewigen Besitz vermacht; wir sollen es gebrauchen, aber nicht horten.

→ Die Anhaftung behandle ich in Band IV; Info siehe Seite 252

Der Geizige und Habgierige ist sich ferner der Einheit aller Wesen im Göttlichen nicht bewusst – oder würde etwa eine Zelle unserer Lunge ihrer Nachbarin Sauerstoff wegnehmen oder mehr davon besitzen wollen? Dabei betrifft der Geiz nicht nur materielle Güter: Er verhindert auch, dass wir *mit-teilen,* namentlich Wissen und Können, Gedanken und Gefühle.

Eine besondere Form ist der Geiz sich selbst gegenüber: sich nichts gönnen, materiell und immateriell. Dahinter steckt ein Mangel an Selbstliebe und ein Minderwertigkeitsgefühl. Wir meinen, nicht wertvoll genug zu sein, um zu genießen.

Am anderen Extrem findet sich die Freigebigkeit, uns allen scheinbar ein klarer Begriff. Freigebig sein bedeutet indes nicht, wahllos zu verteilen, denn dadurch unterstützen und fördern wir oft nur das Ego anderer, die sich wegen unserer Hilfe nicht mehr ausreichend selbst bemühen. Zudem verbirgt sich hinter der Freigebigkeit, besonders bei materiellen Gütern, manchmal auch nur das Ego: Wir sind freigebig, damit man uns schätzt, bewundert, dankt, verpflichtet ist oder um uns von den wahren Pflichten freizukaufen. Und besonders wichtig: Das Gegenteil von Geiz und Habgier ist nicht Selbstlosigkeit in einem *aufopfernden* Sinne. Geben und helfen können wir nur, solange wir uns auch selbst Freude bereiten und gönnen und uns nicht über unsere Kräfte verausgaben.

Neid und Eifersucht ↔ Mitfreude

Auch wer neidisch und eifersüchtig ist, verleugnet die Einheit aller Wesen. Wie könnten wir sonst einem anderen etwas missgönnen, unabhängig davon ob wir selbst das Gleiche besitzen oder nicht?

Diese Eigenschaften zeugen von einem niedrigen Selbstwertgefühl, indem wir Besitz, in welcher Form auch immer, als Maßstab für den Wert eines Menschen betrachten; dies trifft übrigens auch auf die Habgier zu. Zudem weisen sie auf eine Überbewertung unserer Wünsche und Begehren für unser Glück hin.

Neid und Eifersucht beseitigen wir nicht, indem wir die Dinge, die wir anderen neiden, in unseren Besitz bringen; diese negativen Eigenschaften werden sich dann nur auf anderes verlegen. Wir überwinden sie, sobald wir lernen *wirklich* zu lieben, jedes andere Wesen als einen Teil der göttlichen Einheit so zu lieben wie uns selbst – und uns selbst wie jedes andere Wesen.

→ Die Liebe und verschiedene damit verbundene Aspekte, einschließlich der Eifersucht, sind das Thema von Band III; Info siehe Seite 251

Auf der Gegenseite von Neid und Eifersucht stehen Mitfreude, Großzügigkeit, Barmherzigkeit, Anteilnahme.

Zorn, Wut, Ärger ⟷ Freundlichkeit, Milde, Verzeihen

Zorn, Wut, Ärger empfinden und äußern wir, wenn Mitmenschen nicht so sind, wie wir sie haben möchten, oder sich in einer uns nicht genehmen Weise verhalten. Sie beruhen jedenfalls auf unseren persönlichen Wertmaßstäben und einem fehlendem Verständnis für die Verschiedenheit der Wesen. Es ist unser Recht, andere Meinungen nicht zu teilen und Taten nicht zu billigen – doch warum uns darüber ärgern oder wütend werden? Warum nicht in aller Gelassenheit die Andersartigkeit zur Kenntnis nehmen und als solche auf sich beruhen lassen, gar die eigene Anschauung hinterfragen und diese dann festigen, ändern oder gänzlich verwerfen? Wir haben das Recht auf unsere Ansichten, andere haben das Recht auf die ihrigen; ein absolutes Richtig oder Falsch existiert auf der menschlichen Ebene nicht.

Manchmal wird von einem „heiligen Zorn" gesprochen und behauptet, er sei berechtigt, entspringe er doch nicht dem Ego, also nicht Eigenschaften wie Rechthaberei, verletztem Stolz oder Bösartigkeit, sondern stamme aus der Seele; auch richte er sich stets gegen das *sündige Verhalten* und nicht gegen den *Sünder*, also gegen die Tat, nicht gegen den Menschen. Ich frage mich allerdings, warum Zorn, und sei er angeblich noch so heilig, überhaupt nötig sein soll – Missbilligung lässt sich auch ruhig und gleichmütig ausdrücken. Vermutlich ist es doch nur ein Deckmantel, um Wut und Unbeherrschtheit zu rechtfertigen.

Die Gegenspieler von Zorn, Wut und Ärger sind Freundlichkeit, Verständnis, Geduld, Toleranz, Akzeptanz, Milde. Mit solchem Verhalten erreichen wir, was Wut und Zorn nicht schaffen: Es ist eine ganz besondere Erfahrung zu erleben, wie aufgebrachte und aggressive Menschen auf unser Verständnis und unsere Offenheit reagieren und empfänglich werden für unsere Gedanken und Anliegen.

Sinneslust: Sünde und Tugend zugleich

Darunter verstehe ich nicht nur die sexuelle Lust, sondern jegliche Lust, die wir durch die Sinne genießen, also etwa auch Essen und Trinken, Düfte, Musik, alles, was uns eine Augenweide ist und was wir gerne berühren oder auf der Haut spüren. Nichts davon ist Sünde an sich. Im Gegenteil: Die Welt mit allem Schönen und Lustvollen, das wir schmecken, riechen, hören, sehen, spüren, wird uns geschenkt, damit wir uns daran erfreuen. Dies nicht zu genießen, hieße die göttliche Schöpfung nicht zu würdigen und nicht anzunehmen, was uns angeboten wird. Es zu schätzen und auszukosten ist unser Recht, ja unsere Pflicht.

→ Vergleiche Seiten 109/110

Erst die Überbewertung der sinnlichen Genüsse und die Anhaftung ist sündig, also Energie zum Erlangen sinnlicher Genüsse zu verschwenden und das Lustvolle zu vermissen, können wir es gerade nicht haben, denn das lenkt uns von unserer eigentlichen Lebensaufgabe ab und entfernt uns somit vom höheren Selbst.

Gier, Unmäßigkeit ←→ Gelassenheit

Die Unmäßigkeit bezieht sich einerseits auf das im vorangehenden Absatz erwähnte Streben nach Genüssen: immer mehr davon haben wollen, nicht zufrieden sein mit dem, was uns gegeben wird, und Denken und Bemühen auf das Erlangen von sexueller Befriedigung, Essen, Vergnügen, Geld, Macht, Ansehen ausrichten – „nicht genug davon bekommen", wie man so schön sagt.

Dahinter steckt der Wunsch nach Glück: Wir suchen Erfüllung in Materiellem und Immateriellem und erkennen nicht, dass die Gier nach Weltlichem unsere Sehnsucht nie stillen kann, da sie in Wahrheit nur eine Perversion des Strebens der Seele nach dem Göttlichen ist.

Der andere Aspekt der Unmäßigkeit besteht in der Verbissenheit: ein Ziel unbedingt erreichen wollen, den Kopf durchsetzen, egal wie viel Energie es uns kostet, anstatt loslassen, geschehen lassen, annehmen. Das bedeutet nicht, sich für eine Sache nicht einzusetzen oder nicht dafür zu kämpfen – die Grenze zwischen ernsthaftem Bemühen und Verbissenheit ist nicht deutlich definiert, wir müssen sie für jeden einzelnen Fall in uns selbst erspüren. Und „geschehen lassen" heißt keineswegs, in Trägheit oder Gleichgültigkeit zu verfallen.

→ Vergleiche
Seiten 112/113

Trägheit, Traurigkeit, Trübsinn ←→ Zuversicht, Vertrauen und Gleichmut

→ Siehe
Seite 116

Trägheit und Traurigkeit stehen für die Verweigerung der Lebensfreude, für die Ablehnung unseres irdischen Lebenswegs und hindern uns an der Selbstverwirklichung.

Unter Traurigkeit im Sinn einer Sünde ist nämlich nicht das Traurigsein wegen einer konkreten Ursache zu verstehen, sondern eine grundlegende negative Haltung, die mit Pessimismus und Antriebslosigkeit einhergeht.

Trägheit ist nicht zwangsläufig mit Faulheit gleichzusetzen, mit Nichtstun, Herumhängen. Hinter der größten Aktivität kann sich Trägheit verbergen, nämlich dann, wenn wir uns in Tätigkeiten stürzen, um unsere eigentliche Pflicht, also was im Moment tatsächlich zu tun wäre, vernachlässigen zu dürfen. Zwei Stunden Joggen, fanatisch die Wohnung putzen, bis weit in die Nacht der beruflichen Arbeit nachgehen kann größte Trägheit sein, sofern wir sie anderen anstehenden Aufgaben vorziehen, etwa einem unangenehmen Gespräch, das wir dadurch aufschieben. Auch äußere Aktivitäten als eine Flucht vor der inneren Entwicklung nenne ich Trägheit.

Die lähmende Trägheit, bei der wir tatsächlich nicht mehr aktiv sind, ist oft mit Traurigkeit gepaart. Sie verursacht diese und wird durch sie wiederum verursacht. Wir lassen uns gehen, wissen aber in unserem Inneren, dass es nicht richtig ist, oder wir handeln in einer Art und Weise, die wir für falsch halten: Das führt zu Traurigkeit über unser Fehlverhalten, die Traurigkeit mündet dann in Trägheit, diese wiederum in Traurigkeit – es ist ein Teufelskreis.

Auch ernsthaftes Bemühen um unser inneres Wachstum und dabei immer wieder feststellen, wie wir noch nicht an dem Punkt sind, an den wir gelangen möchten, uns deshalb für unfähig und wertlos halten, kann zu Traurigkeit und Trägheit führen, bis hin zur Verzweiflung: „Ich schaffe es nie! Ich komme überhaupt nicht weiter!" Mit dieser Haltung verleugnen wir aber unsere individuelle Entwicklung: Es gibt ja so viele Wege zum Göttlichen, wie es Menschen gibt. Jeder hat in seinem eigenen Tempo und Rhythmus zu gehen, kein Pfad ist gleich wie der andere, jeder Mensch hat seine spezifischen Aufgaben, Herausforderungen und Hindernisse. Deshalb sollten wir uns nie an anderen messen.

Auch ein Vergleich mit unserer Vergangenheit ist nicht sinnvoll: Oft meinen wir, immer noch an der gleichen Stelle zu stehen und immer wieder die gleichen Erfahrungen machen zu müssen, und übersehen dabei, dass das Leben wie eine Spirale verläuft, auf welcher wir uns wohl wieder mit ähnlichen „Fehlern" konfrontiert sehen, uns aber bereits eine Windung höher befinden. → Siehe Seiten 98/99 Einen Stillstand oder gar einen Rückschritt gibt es auf dem spirituellen Weg nicht: Jeder Augenblick, jedes Ereignis, jede Empfindung, jeder Schmerz, jede Freude, jeder „Fehler" bringen uns weiter, wenn auch manchmal nur ein unmerklich kleines Stück. Bestimmt ist sogar die Erfahrung der Trägheit sinnvoll, damit wir sie endgültig loslassen und uns daraus neue Kraft erwächst.

Zuversicht, Vertrauen und Gleichmut gehören zu den wichtigsten und hilfreichsten, ja unerlässlichen Eigenschaften auf dem spirituellen Weg; sie dienen bei Weitem nicht nur der Überwindung von Trägheit und Traurigkeit.

Das Zuwiderhandeln gegen die angeblichen Gebote Gottes ist keine Sünde.

Kennen wir denn die göttlichen Gebote wirklich? Gläubige Christen, Muslime und Angehörige anderer Religionen mögen zwar behaupten, diese Gebote stünden in der Bibel, im Koran oder in welcher heiligen Schrift auch immer, und der Papst, Imame, Gurus erläutern sie uns angeblich zweifelsfrei aufgrund der heiligen Schriften. Bücher sind aber von Menschen geschrieben und von ihnen interpretiert, und Menschen sind weder allwissend noch unfehlbar, was sich allein schon dadurch offenbart, dass die Gebote der verschiedenen Religionen sich nicht nur voneinander unterscheiden, sondern zum Teil sogar widersprechen; kämen sie alle direkt vom Göttlichen selbst, müssten sie zumindest inhaltlich übereinstimmen.

Die echten Gebote, die wir befolgen sollen, stammen aus der Wahrheit, dem Allwissen in uns. Wollen wir überhaupt von Sünde sprechen, so ist die einzige echte Sünde, die wir begehen können und die uns auf dem spirituellen Weg behindert: uns selbst nicht treu sein, also nicht auf die Seele hören, unserer Inneren Stimme nicht vertrauen.

* * *

Sieht man den ungeheuren Reichtum einzelner und das riesige Elend eines großen Teils der Menschheit, so ist es schwer an die Vorsehung zu glauben, daran, „dass wir immer genau das bekommen, was wir brauchen".

Brauchen und *bekommen* verstehe ich nicht materiell, sondern spirituell. Das Leben ist die Schule für unsere innere Entwicklung, die uns zum Sinn und Ziel der irdischen Existenz führt, nämlich zur Vollkommenheit im Göttlichen, wie auch immer man diesen Zustand nennt: Paradies, Nirwana, Erleuchtung, ...

Dazu brauchen wir „Lehrmittel" und „Übungen", und das ist es, was wir *bekommen* in Form von Herausforderungen, Erfahrungen und immer und immer wieder neuen Chancen. Dem, was uns als Lektion bestimmt ist, können wir

→ Diese Aussage steht auf Seite 88

→ Die Lebensschule erläutere ich in Band I; Info siehe Seite 250

→ Nirwana: siehe Glossar Seite 248

→ Vergleiche Seite 22

nicht entgehen. Dass dies nicht nur leicht und angenehm ausfällt, ist naheliegend.

Die vermeintliche Ungerechtigkeit auf dieser Welt, Armut, Krieg, Naturkatastrophen und mehr, welche Atheisten ein Argument für die Nichtexistenz einer höheren Macht liefern und selbst Gläubige manchmal an der Güte Gottes zweifeln lässt, ist von unserem menschlichen Empfinden her tatsächlich schwer einzuordnen und zu akzeptieren. → Vergleiche Seiten 171-173 Die östlichen Religionen Hinduismus und Buddhismus bieten Erklärungsmodelle, die sich plausibel anhören:

• *Das Karma-Gesetz*. Geht es uns in diesem Leben schlecht, ist dies eine Folge schlechter Taten in früheren Existenzen; → Vergleiche Seite 86 so werden wir schon in die entsprechende Umgebung geboren und machen daraufhin die Erfahrungen, die dazu geeignet sind, uns das zu lehren, was wir noch nicht verstanden haben, noch nicht können.

• *Die Vorstellung von Maya (= Illusion)*. Wir haben unsere → Maya: siehe Glossar Seite 247 wahre göttliche Identität nur vergessen, die Maya-Energie verschleiert unser Bewusstsein; deshalb identifizieren wir uns mit dieser Illusion, der Welt, und leiden, anstatt uns unserer Göttlichkeit bewusst zu sein und dadurch das Leiden zu transzendieren.

* * *

Warum wir uns an der Welt erfreuen sollen, anstatt uns von ihr abzuwenden

Die Vorstellung, die Welt sei Maya, Illusion, legt nahe, uns von ihr zurückzuziehen und die Wirklichkeit zu suchen, wie es bestimmte Richtungen des Hinduismus und des Buddhismus fordern.

Alles hängt aber an der Definition des Begriffs Illusion. Verstehen wir darunter, das Leben sei wie ein Traum, zeitweise ein Albtraum, so ist die logische Konsequenz, dass wir aufwachen und in die paradiesische Wirklichkeit zurückkehren wollen – durch das Transzendieren dieser Welt. Das ist der Weg des Buddha, in einem Satz zusammengefasst: Alles Leben ist Leiden, weshalb wir die Illusion unseres Ego und den Kreislauf der irdischen Wiedergeburten aufheben und ins Nirwana gelangen müssen. Dabei verab- → Vergleiche Seite 206 schieden wir als Individuen uns von der Welt und überlassen sie ihrem Leiden – das für jeden Menschen, der darin feststeckt, nicht Illusion, sondern schmerzhafte Wirklichkeit ist. Die Welt ändert sich aber nicht, wenn wir ihr zu Lebzeiten schon entfliehen. Der Vollständigkeit halber will ich noch erwähnen, dass nicht alle buddhistischen und hinduistischen Schulen diese radikale Lösung lehren; es gibt auch Richtungen, in denen die Erlösung *aller* Wesen das Ziel ist und Erleuchtete freiwillig auf der Welt wiedergeboren werden, um dabei zu helfen.

Unter Illusion können wir jedoch auch Folgendes verstehen: Es gibt ein Göttliches, das sich in der Materie, in allem Existierenden und somit auch in uns Menschen entfaltet hat (Schöpfungsakt). Die Welt, das Universum und alle Ereignisse in Raum und Zeit sind absolut real; die Illusion besteht darin, dass wir uns vom Göttlichen getrennt sehen und gewissermaßen vergessen haben, ein Teil von ihm zu sein. Anders ausgedrückt: Alles ist Eins, es gibt nichts außer dem Göttlichen. Die Schöpfung ist das Spiel des Göttlichen mit sich selbst (Sanskrit: Lila). Unser Ziel ist dann, uns dieser Einheit wieder bewusst zu werden – trotz oder gerade dank unseres Wirkens in dieser Welt. Betrachten wir die ganze Schöpfung als einen Teil des Göttlichen und nicht getrennt von uns selbst, so ist die logische Konsequenz, uns an der Welt zu erfreuen und auch an unserem Weg durch die Lebensschule, die der Wiederentdeckung unserer wahren Identität dient, mit all dem Schönen, das uns geschenkt wird, und all den Prüfungen und Stolpersteinen. Dabei ändern wir uns selbst in dieser Welt und dadurch verändern wir auch die Welt: Jedes Individuum ist zwar nur ein kleiner Teil davon, doch wenn es bewusster wird, wird die Welt als Ganzes ein klein wenig bewusster – mit jeder Blüte, die sich an einem Strauch öffnet, verschönert sich der ganze Strauch.

Welchem dieser oder weiterer Modelle wir folgen wollen, müssen wir in uns selbst erspüren. Denn alle sind Modelle, Erklärungsmodelle, die unser begrenztes menschliches Gehirn versteht. Das Göttliche ist indes weit mehr, als wir uns vorstellen können. Unsere Wahl oder Entscheidung ist allerdings nicht so bedeutsam, wie es von den Religionen und

→ Lila: siehe
Glossar Seite 247

Glaubensrichtungen gerne dargestellt wird, es gibt keine Auserwählten einerseits und auf ewig Verdammten andrerseits: Alle Wege führen zum Absoluten, kein Wesen ist davon ausgeschlossen, egal welchen Pfad es beschreitet, und jedes Wesen wird zur Einheit mit dem Göttlichen geleitet, entwickle es sich bewusst, willentlich, oder durch den göttlichen Plan getrieben. Wie Teilhard de Chardin sagte: „Eher hört die Erde auf sich zu drehen, als dass die Menschheit aufhört, sich auf eine Einheit hin zu entwickeln."

* * *

Gewisse religiöse Wege behaupten, der Mensch könne in seiner spirituellen Entwicklung stehen bleiben, zurückfallen, sogar als Tier wiedergeboren werden. Zweifellos ist nichts unmöglich für das Göttliche und wir sollten nicht unsere begrenzten menschlichen Vorstellungen anwenden. So ist auch meine Aussage: „Einen Stillstand oder gar einen Rückschritt gibt es auf dem spirituellen Weg nicht" nicht als absolute Wahrheit zu verstehen. → Seite 93 Alles, das Universum, die Erde und jedes Wesen, entwickelt sich zum göttlichen Bewusstsein hin; in diesem Sinne gibt es keinen Stillstand oder Rückschritt, es ist ein stetes Fließen in eine Richtung. Ob und warum einzelne Menschen nach unserem Dafürhalten scheinbar stehenbleiben, zurückfallen oder auf einer tieferen Bewusstseinsstufe wiedergeboren werden, weiß das Göttliche allein und wir dürfen uns niemals anmaßen, seinen Plan zu beurteilen, schon gar nicht aus der kurzen Zeitspanne, die wir überblicken und die nichts ist im Vergleich zur Ewigkeit. Und wer sagt uns, für die eine Seele sei die Reinkarnation als Tier nicht die optimale Möglichkeit, um eine bestimmte anstehende Lektion zu lernen?

Auf eines dürfen wir jedenfalls vertrauen: Solange wir den spirituellen Weg entschlossen gehen wollen, solange werden wir geführt und können nicht entscheidend davon abweichen – Umwege ja, langsameres Vorankommen ja, aber niemals unüberwindbare Hindernisse und einen echten Rückschritt.

* * *

Zu den schwersten „Sünden" zählt man im Buddhismus nebst Begehren und Hass auch die Verblendung.

Im Buddhismus wird Verblendung mit Unwissenheit beinahe gleichgesetzt; unter anderem ist es der Irrglaube, unser Selbst sei unvergänglich und die durch die Sinne wahr

→ Vergleiche
Seiten 95/96

genommene Welt eine Wirklichkeit und nicht bloß Maya, Illusion. Von den christlichen Hauptlastern können wir den Hochmut als Verblendung bezeichnen, handelt es sich doch um einen vergleichbaren Mangel an Erkenntnis. Der Hochmut gegenüber dem Göttlichen äußert sich darin, dass wir uns für eigenständige Individuen halten, mit einer gewissen Macht über das Geschehen. Wir meinen, Einfluss auf die Ergebnisse unserer Entscheidungen und Taten zu haben – dabei könnten wir nicht den kleinen Finger rühren, ließe das Göttliche es nicht zu. Wie es so schön in der Bhagavad

→ Bhagavadgita
II, 47

gita heißt: „Du hast ein Recht auf das Handeln, aber nur auf das Handeln, niemals auf dessen Früchte; lass nicht die Früchte deines Wirkens dein Beweggrund sein, noch sei der Tatenlosigkeit verhaftet."

* * *

→ Vergleiche
Seite 93

Ähnliche Erfahrungen auf verschiedenen „Spiralwindungen" des Lebenswegs

Manchmal meinen wir, überhaupt nicht (mehr) voranzukommen, weil wir scheinbar immer wieder den gleichen „Fehler" machen. Doch so ist es nicht: Obwohl wir denken, in der gleichen Lebenslektion steckengeblieben zu sein, vermeintlich daran zu scheitern, so sind wir doch auf unserem Lebensweg ein Stück weiter und stehen eine „Spiralwindung" höher. Von der ursprünglichen bloßen Erkenntnis über das Üben bis zum Gelingen sind es unzählige Schritte und Stufen, mit teilweise so unmerklichen Fortschritten, dass wir sie gerne übersehen. Zumal wir einen schärferen Blick für unsere Unzulänglichkeiten als für unsere Errungenschaften haben. Die nachstehende Abbildung verdeutlicht dies anhand eines konkreten Beispiels.

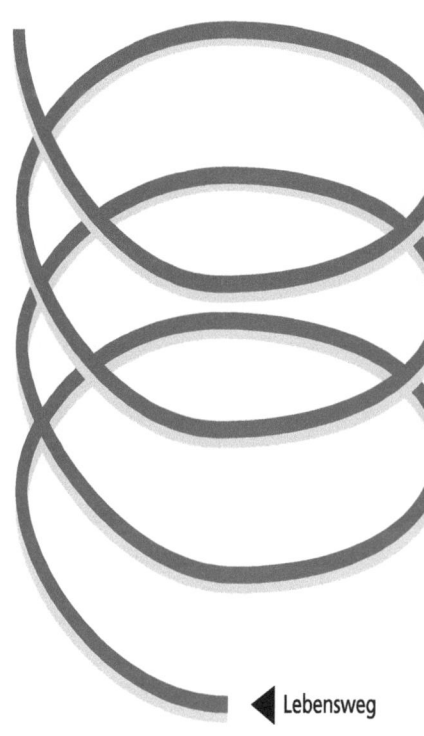

Ab August: *Ich komme immer wieder in Situationen, in denen ich* NEIN *sagen sollte; manchmal gelingt es mir, manchmal nicht.*

Mai: *Ich kann immer noch nicht* NEIN *sagen, akzeptiere mich aber inzwischen mit diesem „Makel" und arbeite an der Stärkung meines Selbstwertgefühls.*

März: *Ich erkenne, dass ich mich seit jeher von meinen Mitmenschen ausnutzen lasse, weil ich nicht* NEIN *sagen kann. Ich verstehe, dass meine Angst vor Liebesentzug und Verlust dafür verantwortlich ist, also mein mangelndes Selbstwertgefühl und meine schwache Selbstliebe.*

◀ Lebensweg

Noch ein Hinweis: Manchmal fragen wir uns, warum wir noch einmal in eine bestimmte herausfordernde Situation geraten, obwohl wir davon überzeugt sind, die Lektion beim letzten Mal gelernt zu haben. Das geschieht deshalb, weil wir auf einer „höheren Windung" beweisen können, die Lektion nach einer früher gemachten Erfahrung wirklich für die Praxis und nicht nur theoretisch begriffen und gelernt zu haben.

Das große Vergessen
Eine indische Geschichte

Am Ufer des Flusses Gomati lebte Kandu, der Einsiedler; er meditierte, hielt die Gelübde des Schweigens und Fastens ein, verehrte Gott in Ritualen und Gebeten, und durch seine Askese hatte er große Kräfte in sich gesammelt.

Die Himmelswesen begannen zu fürchten, er könnte ihnen gleich werden an Macht, und beschlossen, sein Bemühen zu stören. Sie schickten Pramloca, die schönste aller Himmelsfrauen, zu ihm mit dem Auftrag, ihn zu verführen, und gaben ihr den Wind, den Frühling und den Liebesgott zur Unterstützung mit. Während sie bei der Einsiedelei mit süßer Stimme zu singen begann, entfaltete der Frühling all seine Pracht, der Wind brachte den Duft der Blumen und der Liebesgott schoss seine Pfeile.

Von Lust betört, fragte Kandu: „Du raubst mir die Sinne, wer bist du?" Sie antwortete: „Deine Dienerin bin ich. Was soll ich für dich tun?"

Völlig verblendet, nahm er sie bei der Hand und führte sie in seine Hütte. Dank der angesammelten Kraft verwandelte er sich in einen wunderschönen Jüngling und gab sich Tag und Nacht nur noch dem Liebesspiel mit Pramloca hin; seine Andachten, Gelübde und Meditationen vergaß er.

Illustration:
Jakob Aerne

Er spürte nicht, wie Morgen und Abende dämmerten, wie die Jahre vergingen und auch nicht, wie seine große Kraft allmählich schwand. Kandu blieb ein ganzes Jahrhundert in Liebe mit Pramloca vereint, bis sie zu ihm sprach: „Ich möchte jetzt wieder in meine Heimat gehen."

Er aber bat sie, wenigstens noch ein paar Tage zu bleiben; sie gab nach und genoss ein weiteres Jahrhundert lang die Sinnesfreuden mit ihm.

Dann ersuchte sie ihn erneut, zu den Himmelswesen zurückkehren zu dürfen; er wollte sie abermals nicht gehen lassen und aus Angst vor seiner Verwünschung blieb sie. So ging das immer weiter.

Eines Tages schritt Kandu hastig aus seiner Hütte. Sie fragte ihn, wohin er denn gehe, und er antwortete ihr: „Es ist Abend geworden, ich will meine Andacht halten, damit es keinen Unterbruch in meinen Riten gebe."

Pramloca lachte hell heraus: „Wie kommt es, dass der Tag für dich erst jetzt endet? Er ist doch längst vorbei!"

Er sah sie verständnislos an und sagte: „Heute Morgen sah ich dich am Ufer singen, geleitete dich in meine Einsiedelei und nun ist es Abend und ich will Gott preisen."

Pramloca sprach: „Ich kam am Morgen, das ist wahr, aber seither sind viele Jahrhunderte vergangen."

Als Kandu diese Worte vernahm, brach die Erkenntnis über ihn herein und er verfluchte sich: „Weh über mich, der ich der Sinneslust verfiel! Weg ist meine frühere Kraft, zunichte meine Gelübde! Jemand schuf diese Frau, um mich zu verblenden, aber ich allein bin schuld, dass ich mich verführen ließ."

Er schickte sie weg, sie entschwand in die Lüfte. Auch er verließ die Einsiedelei und begab sich zur heiligsten Städte Gottes am Ufer des südlichen Weltmeers, brachte Gott seine Verehrung dar und bat ihn, die Leidenschaft und alle anderen Unvollkommenheiten von ihm zu nehmen. Als Gott diese Gebete hörte und Kandus grenzenlose Hingabe sah, war er von höchster Liebe erfüllt und offenbarte sich ihm.

Ist es nicht verständlich und legitim, dass in uns Wut auf-
kommt, wenn wir beispielsweise ungerecht behandelt oder
betrogen werden?
Verständlich ist es. Durch solche Verhaltensweisen anderer
Menschen uns gegenüber fühlen wir uns persönlich angegriffen, herabgewürdigt, gedemütigt, verletzt und reagieren
darauf gerne wütend.

Wir müssen aber zwei verschiedene Dinge unterscheiden.
Das eine ist, wie ein anderer sich verhält: Das liegt einzig in
seiner Verantwortung und dafür muss er vor sich selbst,
nicht vor uns, geradestehen. Das andere ist, wie wir empfinden und reagieren: Das ist unsere freie Entscheidung,
wir dürfen keinen anderen dafür verantwortlich machen.

Übrigens, dass Wut, Verletztheit und alle weiteren negativen Empfindungen uns selbst mehr schaden als dem Gegenüber, muss ich wohl nicht näher ausführen.

Das Geheimnis, uns vom Verhalten anderer nicht treffen
zu lassen, liegt darin, *es nicht persönlich zu nehmen*, nicht
als gegen uns gerichtet zu betrachten. Was jemand auch
sagt und tut: Es entspringt dem großen „Topf", in dem die
bewussten und unbewussten Erlebnisse, Erfahrungen und
sich daraus ergebenden Wertvorstellungen und Handlungs-
muster seines ganzen bisherigen Lebens gespeichert sind.
Damit haben wir nichts, aber auch gar nichts zu tun. Selbst
wenn es so aussieht, als ziele es auf uns persönlich ab, sind
wir dennoch nichts weiter als ein x-beliebiges Objekt, an
dem sich gerade eine Ausprägung seines Wesens abspielt.
Wieso sollten wir uns also getroffen fühlen und mit negativen Emotionen reagieren?

Was nicht bedeutet, wir dürften den anderen nicht auf
sein unseres Erachtens falsches Verhalten hinweisen. Allerdings ohne Wut, Ärger, Verletztheit.

Bedenken wir stets: Alle Menschen suchen nur eines im
Leben, nämlich glücklich zu sein, und um dieses Glück zu
erlangen, handeln sie, wie sie es gelernt haben und glauben, es sei dem Ziel förderlich. Überall und täglich sehen
wir viel Ego und Egoismus. Wir können aber auch sagen:
viel *Verblendung*. Es ist in der Tat die Unwissenheit darü-

ber, dass man sein Glück auch finden kann und soll, ohne andere den Preis dafür bezahlen zu lassen. Stellen wir uns nicht auf diese Stufe. Bemühen wir uns hingegen zu verstehen, warum Menschen in einer bestimmten Weise handeln, und versuchen wir, ihnen mit Worten, vor allem aber durch unser Vorbild, zu zeigen, wie es anders geht.

* * *

Wie können wir jemandem mit Verständnis und Offenheit begegnen, der sich egoistisch, verletzend oder niederträchtig benimmt?
Was ich bei der vorangehenden Antwort über die Grundlagen des Denkens und Verhaltens anderer erläutert habe, gilt auch in diesem Zusammenhang. Wir sollten immer versuchen zu verstehen, *warum* jemand auf eine bestimmte Weise denkt oder handelt. Entschuldigen und akzeptieren müssen wir es nicht, wir dürfen es durchaus beurteilen – nicht *ver*urteilen – und es als für uns nicht nachahmungswürdig werten.

→ Vergleiche Seite 176

Ich erinnere an dieser Stelle auch nochmals daran, dass wir mit unserer Reaktion auf das Fehlverhalten abzielen sollen und nicht auf den Menschen: Wir lehnen nicht ihn ab,

→ Vergleiche Seite 90

sondern seine Handlungsweise, und wir richten nicht über ihn, er ist allein sich selbst gegenüber verantwortlich. Diese Einsicht sollte uns ermöglichen, auch einem Menschen, der gerade sein Ego auslebt, mit dem grundlegenden Wohlwollen zu begegnen, das wir jedem Wesen dank seines göttlichen Kerns schulden – ohne ihm allerdings gleich die zweite Wange hinzuhalten. Uns mit aller Bestimmtheit und Konsequenz gegen Angriffe jeglicher Art zu wehren, ist unser Recht und unsere Pflicht.

* * *

Ist ein gesundes Maß an Eifersucht nicht etwa ein Zeichen von Liebe?
Das sagt sich so leichthin, und auf einer oberflächlichen Ebene mag es auch zutreffen. Da dieses Thema in den Zu-

→ Infos über die
Sonnwandeln-
Reihe siehe
Seiten 250 bis 253

sammenhang von Liebe und Partnerschaft gehört, behandle ich es eingehender in Band III der Sonnwandeln-Reihe, „Über allem die Liebe". An dieser Stelle deshalb nur die folgenden Denkanstöße, warum Eifersucht in keinem Fall und in keinem Ausmaß angebracht ist, ganz besonders nicht für Menschen auf dem spirituellen Weg:

• Mein Partner *gehört* mir nicht, streng genommen gehört er nicht einmal *zu mir,* wir gehen lediglich eine Weile Seite an Seite. Er hat seinen eigenen Lebensweg, seine Innere Stimme, die ihn leitet, sein Selbstbestimmungsrecht, seine Entscheidungsfreiheit, und wie er damit umgeht, liegt allein in seiner Verantwortung. Es betrifft mich nicht.

• Ist meine Liebe zu meinem Partner rein, so habe ich weder Besitzansprüche noch Erwartungen an ihn, sondern schenke ihm meine Liebe im wahrsten Sinne des Wortes *bedingungs-los* (= ohne Bedingungen), unabhängig von seinem Verhalten; ich freue mich aufrichtig, dass er glücklich ist, sogar wenn ich daran nicht teilhabe, er also mit einem anderen Menschen zusammen glücklich ist.

* * *

Wie sollen wir nicht wütend werden, wenn jemand bei einer Diskussion objektive Fakten leugnet und die Wahrheit verdreht?
Darüber, was „objektiv" ist, lässt sich geteilter Meinung sein. Wir können durchaus anzweifeln, die Sinne und das Gehirn garantierten uns eine *objektive* Wahrnehmung, geschweige denn Beurteilung. Was ist heiß oder kalt, was gerecht oder ungerecht?

→Vergleiche
Kapitel 5,
Seiten 167ff.

Oft ereifern wir uns bei Diskussionen, in denen es um Moral, Ethik, Gerechtigkeit und weitere Werte geht, die uns wichtig sind, und können nicht verstehen, wenn der Gesprächspartner unsere „logische", „offensichtliche", „objektive" Anschauung nicht anerkennt und teilt. Und doch ist für ihn seine Ansicht ebenso objektiv, offensichtlich und logisch! Verhielte es sich nicht so, gäbe es keine ideologischen Konflikte auf der Welt und weniger soziale Ungerechtigkeit und Unterdrückung, zumindest soweit sie nicht vom baren Egoismus verursacht werden.

So schwer es uns fällt, wir müssen akzeptieren, wenn andere eine eigene Meinung vertreten und entsprechend handeln, unabhängig davon wie viel Ego wir darin zu erkennen glauben.

Und so schwer es uns fällt, wir müssen versuchen, über der weltlichen Sicht zu stehen: Alle Verblendung, jegliches Unverständnis, im Kleinen wie im Großen, betrachten wir von einer spirituellen Warte aus und verzweifeln nicht daran. Vielmehr vertrauen wir darauf, dass eine höhere Instanz die Fäden in der Hand hält und alles – so unbegreiflich es uns scheint – einen Sinn hat.

→ Vergleiche Seiten 94/95

Wut und Ärger helfen jedenfalls nicht, ebenso wenig wie das unaufhörliche Hin- und Herschieben von Argumenten. Einen Gegner von unserer „objektiv" richtigen Meinung zu überzeugen, ist erfahrungsgemäß meistens nicht möglich. Was wir hingegen tun können: Selber so handeln, wie wir es für richtig halten, und hoffen, dieses Vorbild trage in unserem kleinen Kreis Früchte.

* * *

Wo liegen die Grenzen zwischen Geiz, Sparsamkeit und Verschwendung?

Die Grenzen sind fließend und jeder von uns muss sie in der jeweiligen Situation selbst ausloten. Am sichersten ist es, wie immer, auf die Innere Stimme zu hören. Sind wir ehrlich zu uns selbst, so spüren wir es, falls wir etwas nicht teilen wollen, um es für uns selbst zu behalten. Dann sind wir geizig.

Das Gleiche geschieht beim anderen Extrem, der Verschwendung, wobei hier die finanziellen Möglichkeiten des Einzelnen eine wesentliche Rolle spielen: Wer mehr hat, kann mehr ausgeben, auch für sich selbst. Das Argument, es wäre besser, das Geld für Wohltätigkeit zu spenden, anstatt sich beispielsweise eine kostspielige Uhr zu kaufen, ist nicht angebracht. Obwohl Wünsche und Begehren mehr und mehr verschwinden, je weiter wir in unserer inneren Entwicklung voranschreiten, sollten wir sie nicht gewaltsam unterdrücken: Dadurch verdrängen wir sie nur ins Unbewusste, von wo sie bei der erstbesten Gelegenheit (eine Schwächephase unsererseits, eine belastende Umgebung) mächtiger als vorher wieder auftauchen. Ist ein Verlangen sehr stark, so kann die Erfüllung nützlicher sein als die Repression, denn die Konsequenzen werden sich in der Weise entwickeln, dass wir daraus lernen. Das ist das Einzige, was zählt – es gibt keine Fehler, sondern nur Erfahrungen. Zudem dürfen wir nicht übersehen: Alles Schöne dieser Welt steht uns zur Verfügung und es ist nichts dagegen einzuwenden, es zu genießen. Auf die Motivation kommt es an: Selbstverständlich ist es egoisch, kaufen wir uns eine teure Uhr, um Neid zu wecken, um unseren Reichtum zur Schau zu stellen oder damit andere uns bewundern, nicht jedoch wenn wir es tun, um uns selbst daran zu erfreuen.

Das Thema Verschwendung hat für mich jedoch einen anderen, wichtigeren Aspekt: das in unserer Wohlstandsgesellschaft übliche Wegwerfen oder Nichtbenutzen von Brauchbarem. Jedes Ding hat seinen Zweck und will dazu genutzt werden. Wie vieles wandert hingegen in den Müll, weil wir es nicht mehr brauchen können! Wegwerfen ist eben einfacher als darüber nachdenken, wie wir etwas noch verwenden oder an wen wir es weitergeben könnten. Das Gleiche gilt für all die Dinge, die wir in einem Schrank oder auf dem Speicher verstauen und jahrelang nicht mehr hervorholen, bis wir sie vergessen und sie dort vermodern. Diese Verhaltensweisen sind eine „Sünde" gegen diesen Gegenstand, der dazu geschaffen wurde, benutzt zu werden. Spirituell gesehen geht es primär um diesen Aspekt und erst in zweiter Linie um die Verschwendung von Ressourcen, die Unterstützung von Bedürftigen und mehr dergleichen.

Die Sparsamkeit wird normalerweise als positive Eigenschaft zwischen Geiz und Verschwendung angesiedelt. In der spirituellen Welt hat dieser Begriff, wie die beiden vorerwähnten, keine Bedeutung, denn wir brauchen keine von anderen festgelegten Definitionen, Konventionen und Grenzen. Wir folgen stets der Inneren Stimme und handeln in jedem Augenblick, wie wir es spüren. Mögen andere unser Verhalten dann als Verschwendung, Sparsamkeit oder Geiz bezeichnen.

* * *

Wie können wir unterscheiden, ob unsere Freigebigkeit auf-
richtig ist und nicht etwa aus dem Ego stammt oder ob sie
möglicherweise gar nicht angebracht ist, weil sie das Ego
anderer unterstützt?
Die eigene egoische Seite der Freigebigkeit ist nicht so
schwer zu erkennen, sofern wir ehrlich zu uns selbst sind.
Wir spüren gut in uns, welche Gedanken und Gefühle aufkommen, wenn wir geben oder helfen: Enttäuschung, dass
der andere es als selbstverständlich annimmt oder sich
nicht überschwänglich bedankt? Erwartung einer Gegenleistung? Hochmut, Selbstgefälligkeit wegen der guten Tat?
Überlegenheitsgefühl, weil wir in der Lage sind zu helfen,
oder stille Verachtung des Hilfsbedürftigen? Jede Regung
ist egoisch, außer der reinen Freude, dass es dem Mitmenschen dank unser Unterstützung besser geht.

Auch was das Ego der anderen betrifft, kann uns nur die
Innere Stimme richtig leiten; je mehr wir auf sie hören und
ihr vertrauen, desto häufiger und deutlicher wird sie sich
melden. Manchmal widersetzt sich der Verstand und bringt
zur Rechtfertigung moralische und ethische Argumente vor.
Ich gebe nachfolgend ein Beispiel dafür.

→ Die Innere
Stimme ist das
Thema von
Kapitel 6 von
Band I; vergleiche
auch die entspre-
chenden Kapitel
in meinen
Büchern „Karma
Yoga" und „Ich
liebe mich selbst
und mache mich
glücklich"; Infos
Seiten 254/255

Deine beiden Freunde X und Y bitten dich um deine Hilfe,
finanzieller oder immaterieller Natur. Rationale Argumente, warum du dem einen helfen solltest und dem anderen
nicht, fehlen; es trifft demnach nicht zu, dass der eine sich
beispielsweise schon öfter an dich wandte, sich undankbar
zeigte, dich ausnutzte, du ihn weniger magst als den anderen oder Ähnliches. Somit müsstest du, von außen betrachtet, beiden in gleichem Maße beistehen. Und doch sagt dir
deine Innere Stimme, du sollst X helfen und Y nicht. Du
kannst dir nicht erklären wieso, du spürst es einfach.

Höre auf deine Innere Stimme! Sie stammt aus der höheren Weisheit, welche die Zusammenhänge des Weltgeschehens kennt und deshalb weiß, warum es für X gut ist, Hilfe
zu bekommen, nicht aber für Y. Solche Entscheidungen, die
wir der Inneren Stimme folgend fällen, wirken zuweilen ir-
rational und inkonsequent. Da wir sie nicht begründen können, stoßen sie auf Kritik seitens der Mitmenschen, die uns
als ungerecht bezeichnen, ebenso wie unseres eigenen Ver-
standes. Es braucht Mut, Selbstsicherheit, Unabhängigkeit

und Vertrauen ins Göttliche, dieser Verurteilung standzuhalten und uns nicht beirren zu lassen.

Zum Thema der viel gepriesenen Unparteilichkeit und Gleichbehandlung noch die folgenden leicht nachvollziehbaren Gedanken:

• Die Menschen *sind* nicht alle gleich, somit können wir sie nicht alle gleich *behandeln*.

• Verschiedene Situationen, selbst wenn sie sich ähneln, sind nie exakt gleich; deshalb muss unsere Handlungsweise jedes Mal neu erspürt und darf nicht einfach analog einer anderen übernommen werden.

• Betrifft es sogar die gleiche Person in einer haargenauen Wiederholung einer bestimmten Situation, so ist es nicht mehr der gleiche Zeitpunkt. Was gestern richtig war, kann heute falsch sein und umgekehrt.

→ Vergleiche Seite 65 Ein weiterer Gedanke zur Freigebigkeit: Geben und Helfen ist gut, doch wir sollten uns davor hüten, immer ungefragt einzugreifen oder unsere Hilfe beinahe aufzudrängen. Denn um etwas zu bitten, kostet manche Menschen Überwindung; geben wir stets, bevor wir gefragt werden, bringen wir sie um eine Gelegenheit, ihre Angst zu überwinden und innerlich zu wachsen.

* * *

→ Diese Aussage steht auf Seite 89 *Wieso gehört es in die Kategorie Geiz, wenn wir unsere Gefühle nicht mitteilen?*

Mit-teilen ist hier zu verstehen als „teilhaben lassen". Es bedeutet zwar nicht, wir müssten ständig und mit jedermann über all unsere Regungen und Gedanken sprechen, doch allzu oft verbergen wir Schmerz, Traurigkeit, Entmutigung, Verletztheit, seltener Freude und Glücklichsein, und verstellen uns, damit niemand merkt, wie es uns wirklich geht. Aus verschiedenen Gründen: Wir wollen Mitmenschen nicht damit belasten, uns keine Blöße geben, keine Schwäche zeigen, kein Mitleid erwecken, uns nicht aus unserer Opferrolle herausreißen lassen, wir fürchten, nicht verstanden oder belächelt zu werden, möchten weder Schadenfreude noch Neid hervorrufen, ...

Dass dahinter immer nur unsere Angst steckt und wir sie nicht gewähren lassen sollten, will ich an dieser Stelle außer Acht lassen. Es geht mir hier beim Thema Geiz um die *Auswirkungen* dieses Verhaltens für andere.

Durch Abkapselung und Unaufrichtigkeit berauben wir Mitmenschen der Möglichkeit, sich mit uns, der Situation und dadurch auch mit sich selbst auseinanderzusetzen, Erfahrungen zu sammeln und daraus zu lernen. Stellen wir uns den Extremfall vor, wenn sich niemand in Bezug auf seine Empfindungen je mitteilen würde: Einerseits wären wir mit den eigenen Gefühlen völlig isoliert und könnten sie überhaupt nicht einordnen, andererseits entginge uns die Möglichkeit, an der Konfrontation mit den Gefühlen anderer zu wachsen. Analog verhält es sich mit den Gedanken.

Deshalb sollten wir auch mit diesen Gütern nicht geizen und sie freigebig teilen.

*   *   *

Warum gilt die Sinneslust nicht ausschließlich als „Sünde", wird sie doch von mehreren Religionen und spirituellen Wegen radikal abgelehnt?

→ Die Aussage, die Sinneslust sei Sünde und Tugend zugleich, steht auf Seite 91

Asketisch und insbesondere sexuell enthaltsam zu leben, ist *ein* Weg, einer unter vielen. Seit Jahrtausenden wird er in verschiedenen Religionen praktiziert. Es handelt sich um eine alte Lehre, weshalb wir uns also durchaus fragen dürfen, ob sie auch heutzutage noch Bestand hat. Jede Zeit und jede Kultur hat ihre Propheten, die dem menschlichen Entwicklungsstand und den äußeren Gegebenheiten entsprechend das lehren, was in ihrer jeweiligen Zeit förderlich ist. Deshalb ist es nicht sinnvoll, alte heilige Schriften in ihrer *wörtlichen* Form als ewig gültig zu betrachten und ihren Geboten *buchstäblich* zu gehorchen.

In unserem westeuropäischen Kulturkreis beispielsweise haben sich die Menschen seit dem Mittelalter enorm entwickelt; wir leben heute in einem völlig anderen Zeitalter. Zugegeben, in einem, das inzwischen den Konsum und den Genuss beinahe zur Doktrin erklärt, was dem Seelenheil zweifellos nicht dient. Dennoch dürfen wir nicht übersehen, wie heilbringend das Ablegen der angsteinflößenden Irrlehre, welche die Lust als Sünde verdammte, für uns ist. Ob und inwieweit Askese heute noch sinnvoll ist, muss jeder für sich selbst entscheiden. Es soll asketisch leben, wer den Drang in sich verspürt; dann ist es sein richtiger Weg. Doch Askese als eine für alle seligmachende Disziplin zu betrachten, wäre engstirnig. Wollte das Göttliche, dass wir *alle* uns in eine Höhle zurückziehen und der Welt entsagen, hätte es dann nicht lauter Höhlen geschaffen anstelle dieser wunderschönen Erde mit all ihren Reizen und Freuden?

Ich wage noch einen weiteren Gedanken: Vielleicht ist Askese für gewisse Menschen auch bloß der Weg des geringeren Widerstands? Ziehe ich mich nämlich von allem zurück, gehe sinnlichen Genüssen aus dem Weg und lehne sie strikte ab, ist das möglicherweise einfacher, als *maßvoll* zu genießen.

Zudem dürfen wir nicht nur auf die Taten schauen, sondern sollten auch die Gedanken mit einbeziehen: Lehne ich ein Stück Kuchen ab, weil ich Askese üben will, denke dabei aber stundenlang daran und sehne mich danach, so bezeuge ich zwar eine starke Willenskraft im Verzicht, doch ich verschwende eine Menge Energie durch meine ständigen Gedanken an den Kuchen.

* * *

Da sinnliche Genüsse uns Freude schenken: Ist denn jedes Begehren wirklich so verwerflich?
Verwerflich sind die sinnlichen Genüsse, wie mehrmals gesagt, an sich nicht, im Gegenteil: Wir sollen uns an allem erfreuen. Der Fehler liegt darin, sie als eine Grundlage, gar eine Bedingung unseres Glücks zu betrachten, denn das schenken sie uns nur für eine kurze Weile. Zudem haben wir keine Garantie, das vermeintlich glücklich Machende immer wieder zu erlangen, streben wir es noch so sehr an.

Das anhaltende, tiefe Glück, vielleicht besser als Zufriedenheit bezeichnet, ist in jedem von uns vorhanden, wir müssen es nicht von außen zuführen: Es entstammt dem Bewusstsein, dass wir göttliche Wesen sind und irgendwann wieder mit dem Göttlichen – dem Allglücklichen – vereint sein werden.

In unserem irdischen Leben liegt die Zufriedenheit im Annehmen: annehmen, was uns an Schönem geschenkt wird, auch sinnliche Genüsse, ohne es zu begehren und zum Ziel zu haben; aber auch annehmen, was nicht angenehm ist, und stets das Gute darin finden.

Nachahmenswert ist in diesem Zusammenhang das *alhamdu lillah* gläubiger Muslime, wörtlich „Lob sei Gott", in der Bedeutung von „Gott sei Dank", das sie bei jeder Gelegenheit aussprechen, auch bei Unangenehmem und bei Schicksalsschlägen.

→ Vergleiche Kapitel 5 aus Band I; Info siehe Seite 250

* * *

Ist Sexualität generell ein Hindernis auf dem spirituellen Weg, wie östliche Gurus predigen?
Die Sexualität ist eine überaus starke Kraft. Wie bei allen Kräften kommt es darauf an, wie wir mit ihr umgehen. Als schöpferische Kraft dient sie auf der körperlichen Ebene dazu, Nachkommen zu zeugen; auf eine geistige Ebene erhoben, soll sie die spirituelle Entwicklung fördern. So viel zur Theorie.

→ Das Thema Sexualität erörtere ich ausführlicher in Band III „Über allem die Liebe"; Info Seite 251

Wo sexuelle Abstinenz gefordert wird, beispielsweise im Katholizismus von Mönchen und Priestern, in den östlichen Religionen von Mönchen, Gurus und ihren Schülern, betrifft dieses Gebot nur Menschen, die ihr Leben der Spiritualität geweiht haben. Dem scheint eine gewisse Logik innezuwohnen, denn sie sollen sich auf ein Ziel allein konzentrieren und keine Energie verschwenden an Partnerbeziehungen und Familie im Allgemeinen und an den Sexualtrieb im Besonderen.

Was aber für uns Normalsterbliche so pauschal nicht gelten kann. Jemandem vorzuschreiben, wie er mit seiner Sexualität umgehen habe, wäre anmaßend; ganz besonders, wollte *ich* es tun, da ich selbst in den letzten vier Jahrzehnten meine Einstellung zur Sexualität mehrmals radikal änderte. Deshalb gebe ich nachfolgend nur einige kurz gefasste Denkanstöße:
• Der Grundpfeiler der Sexualität soll der Wunsch nach Vereinigung mit dem geliebten Menschen sein, also die Liebe, und ihr erstes Prinzip ist der Respekt vor dem Partner.

- Eine Überbewertung der Sexualität ist eine „Sünde" gegen Maßhalten und Gleichmut, sie macht uns abhängig und hält uns im Ego gefangen.
- Die gewaltsame Unterdrückung eines Triebs, also einer Kraft, erzeugt eine ebenso starke Gegenkraft, der wir meistens nicht standhalten. Nur durch Erkenntnis und Voranschreiten auf dem spirituellen Weg gelangen wir irgendwann vielleicht dahin, auf das körperliche Ausleben der Sexualität verzichten zu wollen. Das schließt jedoch nicht aus, dass wir durch Willensanstrengung und Disziplin sofort beginnen, uns darin zu mäßigen, indem wir beispielsweise Promiskuität und Sex außerhalb einer Liebesbeziehung aufgeben.
- Sexuelle Gedanken und Handlungen verbrauchen Energie. Subjektiv wird dies zuweilen umgekehrt beurteilt – als gäben sie Kraft –, doch die vermeintlich nach einem befriedigenden Sexualerlebnis gespürte Energie ist auf anderes zurückzuführen, beispielsweise auf eine Erstarkung des Selbstwertgefühls, auf ein Empfinden von Wärme, Gemeinschaft, Innigkeit und mehr.
- Oft versuchen wir, unsere Sehnsucht nach Geborgenheit, Angenommensein und Liebe durch Sex zu stillen, oder verwechseln Sex mit Liebe; damit täuschen wir uns selbst, und das Erwachen aus dieser Illusion, das uns früher oder später ereilt, ist schmerzhaft.

* * *

Wie können wir zweifelsfrei unterscheiden, ob wir anderen gegenüber gleichmütig oder gleichgültig sind?
Durch absolute Ehrlichkeit uns selbst gegenüber. Gleichmut ist eine erstrebenswerte Eigenschaft, unerlässlich auf dem Weg zum Göttlichen, und beruht im Wesentlichen auf dem Urvertrauen, also der Erkenntnis, dass alles, was den Mitmenschen zufällt, einen Sinn hat und geschieht, um sie voranzubringen. Somit leiden wir nicht mit den Betroffenen, wir hadern nicht mit ihrem Schicksal, sondern empfinden Mitgefühl, spenden Trost und unterstützen sie.
Gleichgültigkeit gehört hingegen zum Ego. Den Gleichgültigen berührt nichts, solange es nicht ihn selbst betrifft, weil

→ Vergleiche
Seite 22

es ihm ja nicht wehtut. Es fehlt ihm oft die Empathie, vor allem aber die Einsicht, dass alles mit allem verbunden ist, jedes Wesen ein Teil des Ganzen ist und somit alles, was einem anderen geschieht, auch ihn selbst betrifft.

→ Vergleiche Seite 89

Gleichgültigkeit kann allerdings auch ein Schutzmechanismus sein, den wir bewusst oder unbewusst einsetzen: Wir ertragen es nicht, einen Mitmenschen leiden zu sehen, weshalb wir uns hinter eine Wand der Gleichgültigkeit verschanzen.

→ Vergleiche Seite 141

Nun dazu, wie wir konkret Gleichmut und Gleichgültigkeit auseinanderhalten. Die Form der Gleichgültigkeit, die sich auch äußerlich manifestiert, indem wir uns abwenden, nicht kümmern und Ähnliches, berücksichtige ich an dieser Stelle nicht, denn sie ist offensichtlich. Was uns Unterscheidungsschwierigkeiten bereitet, ist die subtile Ausprägung. Ich verdeutliche es an folgendem Beispiel: Einem Bekannten geht es schlecht, da ihm gekündigt wurde und er noch keine neue Stelle gefunden hat.

• *Verhaltensweise A.* Ich kann ihm mit Rat und Tat beistehen, seinen Klagen geduldig und verständnisvoll zuhören, ihm Mut machen und ihn aufrichten – mit Empathie, aber auch mit *Gleichmut.* Das bedeutet: Ich lasse mich nicht in sein Elend hineinziehen, was ohnehin niemandem nützt, weil ich weiß, dass die Arbeitslosigkeit einen Sinn hat, damit er etwas daraus lernt und/oder weil momentan etwas Wichtigeres ansteht, er vielleicht mehr Zeit für die Familie verwenden soll, und/oder etwas Besseres auf ihn wartet.

• *Verhaltensweise B.* Ich kann ihm aber gleichermaßen mit Rat und Tat beistehen, ihn aufmuntern, seinen Klagen zuhören, etwa weil ich mich nicht traue, ihn abzuweisen oder aus Sensationslust. Die Situation lässt mich jedoch kalt, ich empfinde keine Empathie, es ist mir in Wahrheit *gleichgültig*, schließlich betrifft es nicht mich. Möglicherweise empfinde ich gar Schadenfreude, wenn ich meine, er habe seine Lage selbst verschuldet.

Ist dieser Bekannte nicht feinfühlig genug, wird er beide Verhaltensweisen gleich werten, denn äußerlich wirken sie gleich. Der manchmal recht subtile Unterschied zwischen spirituellem Gleichmut und egoischer Gleichgültigkeit liegt also einzig in unserem eigenen Empfinden. Sind wir ehrlich mit uns und gewillt, die List des Ego zu durchschauen, so werden wir es objektiv betrachten und erkennen können.

Das wichtigste Anzeichen für Gleichmut ist eine innere gesetzte Ruhe und Stärke, zudem fühlen wir uns gut und zufrieden dabei, sicher und zuversichtlich, wir empfinden Wärme und Mitgefühl. Demgegenüber geht die Gleichgültigkeit mit einer kalten Gelassenheit und Teilnahmslosigkeit einher. Nicht selten spüren wir dabei jedoch ein unbestimmtes Unbehagen, vielleicht nur für einen kurzen Augenblick: Das ist die Innere Stimme, die uns meldet, dass wir nicht richtig handeln.

* * *

Wo liegt die Grenze zwischen einem gesunden Geschehenlassen und der Trägheit?

Das in verschiedenen Varianten viel zitierte Gebet: „Lieber Gott, schenke mir die Gelassenheit anzunehmen, was ich nicht ändern kann, den Mut zu ändern, was ich ändern kann, und die Weisheit, das eine vom anderen zu unterscheiden", gibt in einem Satz eine Grundanleitung, um zwischen Trägheit und klugem Loslassen zu unterscheiden, und sagt zugleich aus, wie schwierig es ist.

Befinden wir uns in einer Situation, die wir nicht mögen, so sollten wir immer dann etwas unternehmen, sobald eine Änderung im Bereich des Machbaren liegt. Andernfalls ist es ratsam, uns damit abzufinden und sie gleichmütig anzunehmen und zu ertragen im Bewusstsein, dass sie einen Sinn hat.

Bewegen wir uns hingegen nicht, wenn eine Maßnahme eindeutig erforderlich und möglich wäre, so handelt es sich um Trägheit, um eine Tatenlosigkeit, die auf mangelnden Mut, fehlende Einsicht und Ähnliches zurückgeht, nicht auf reine Faulheit.

Das wahre Problem liegt in der Wahrnehmung der Situation: Ist eine Veränderung überhaupt möglich oder nicht? Und falls ja, ist sie sinnvoll oder nicht? Diese Entscheidung können wir auf der egoischen oder auf der spirituellen Ebene treffen.

Vorausgesetzt wir bringen den Mut und die Kraft dazu auf, werden wir auf der egoischen Ebene immer dann das Handeln der Trägheit vorziehen, wenn wir uns davon einen (Lust-)Gewinn versprechen, der unseren Aufwand wert ist, oder wenn der gegenwärtige Zustand so unerträglich geworden ist, dass wir nicht mehr anders können.

Ist unser Lebensziel jedoch ein spirituelles und lassen wir uns nicht vom kurzfristigen Lust- und Glücksgewinn verführen, so machen wir uns die Entscheidung nicht leicht, denn wir möchten uns ja *von einer höheren Warte aus gesehen* „richtig" verhalten, aus der Situation lernen. Deshalb erachten wir es manchmal als besser, eine veränderbare Situation auszuhalten, anstatt durch Veränderung aus ihr zu fliehen. Ein anderes Mal bemühen wir uns und handeln, obwohl es aussichtslos scheint, weil wir es als richtig spüren und daran glauben, dass nichts unmöglich ist, sofern das Göttliche es will.

Dabei ist die Unterscheidung tatsächlich schwierig und einmal mehr müssen wir absolut ehrlich zu uns selbst sein: Handle ich, weil ich aus einer Situation fliehen will? Lasse ich es geschehen, weil ich Angst vor der Veränderung, der Unsicherheit habe? Bewege ich mich nicht, weil ich denke, meine Kraft reiche nicht aus? Will ich bloß meinen Kopf durchsetzen?

Bei einem spirituellen Freund von mir konnte ich diesen Konflikt jahrelang beobachten. Er lebte in einer äußerst unbefriedigenden Partnerschaft, seine Lebensgefährtin behandelte ihn oft schlecht und respektlos, war unfähig, ihm Zuneigung und Zuwendung zu schenken. Ich empfand seine Situation als würdelos und fragte ihn immer wieder, warum er nicht endlich auszieht. Er sah recht klar, wie ihn einerseits seine Angst vor dem Alleinsein und vor finanziellen Problemen davon abhielt, also den egoischen Aspekt, den er überwinden sollte. Andrerseits erkannte er aber auch, dass er in dieser schwierigen Beziehung mit vielen seiner „Lebensthemen aus der Kindheit", wie er sie nannte, konfrontiert wurde, und wollte sich dem Lernen dieser Lektionen nicht entziehen. Daher war er sich einfach nicht sicher, ob er die Situation verändern sollte oder nicht, und hielt sich an die Weisheit, die in Zweifelsfällen auch mich stets leitet: Solange ich nicht weiß, was richtig ist und was ich *genau* tun soll, bewege ich mich nicht.

Tatsächlich sollten wir uns nie verunsichern lassen und nicht daran verzweifeln, wenn wir den richtigen Weg nicht erkennen, denn wie wir auch entscheiden,

• es gibt keine Fehler, es gibt nur Erfahrungen – und sie bringen uns weiter;

• es gibt immer wieder eine Chance, nichts ist endgültig;

• alles geschieht, wie der göttliche Plan es vorsieht, wir können aus eigener Kraft und unserem Willen nichts bewegen, lässt das Göttliche es nicht zu.

* * *

→ Diese Aussage steht auf Seite 92

Dass Traurigkeit und Trübsinn einer Verweigerung der Lebensfreude gleichkommen, ist offensichtlich; doch warum trifft dies auch auf die Trägheit zu?

Der gleiche Mensch kann seinen Fuß nicht zwei Mal in den gleichen Fluss setzen, wie eine alte Weisheit aus verschiedenen Kulturkreisen sagt. Der Fluss ist mit seinem fließenden Wasser von einem Augenblick zum nächsten nicht mehr der Gleiche. Und der Mensch hat sich im selben Zeitraum ebenfalls verändert: Biologisch gesehen, sind tausende Zellen abgestorben und tausende neu entstanden, spirituell hat sich die Seele/die Bewusstheit, wenn auch lediglich unmerklich, ein klein wenig näher zum Göttlichen hin bewegt.

→ Die Evolution als Sinn des Lebens ist ein Thema von Band I; Info Seite 250

→ Ananda: siehe Glossar Seite 245

Das Universum, die Erde, jedes einzelne Wesen, ist in ständiger Entwicklung begriffen, von der Unbewusstheit zum absoluten Bewusstsein, vom Ego zum wahren Selbst. Die Wandlung ist der Sinn des Lebens. Das Ziel ist die Freude – die göttliche Glückseligkeit (Sanskrit: Ananda), unser angeborenes Recht als göttliche Wesen, an der Freude der Schöpfung teilzuhaben. Verweigern wir uns also aus Trägheit der Wandlung, so verweigern wir uns auch der Lebensfreude.

* * *

Woher kommt die Traurigkeit, die uns manchmal grundlos befällt?
Die Traurigkeit hat immer einen Grund; erkennen wir ihn nicht, so bedeutet es nicht, dass es keinen gibt. Oft wird sie ausgelöst durch etwas, das wir sehen, hören, berühren, riechen, schmecken, denken oder fühlen, durch eine äußere oder innere Wahrnehmung also, die eine Resonanz findet in einem traurigen Inhalt, der in uns gespeichert ist. Da er uns allerdings nicht bewusst ist, meinen wir, plötzlich ohne Ursache traurig zu sein. Nebenbei bemerkt: Das gleiche Phänomen betrifft auch andere Empfindungen wie Angst, Entmutigung, Sehnsucht und viele mehr.

Wir können nun versuchen, durch Introspektion, Meditation oder Analyse herauszufinden, welche in uns gespeicherten „Daten" die Traurigkeit ausgelöst haben. Manchmal ist dieses Vorgehen erfolgreich und es gelingt uns, die momentane Empfindung loszuwerden; tun wir das immer wieder, jedes Mal wenn sie uns befällt, so wird sie eines Tages ganz aus dem unbewussten Fundus gelöscht sein.

Wir müssen aber auch immer in Betracht ziehen, dass jede Emotion, wie Traurigkeit, Angst, Niedergeschlagenheit, sexuelle Lust auch *von außen* in uns eindringen kann, sind wir mit einem oder mehreren Menschen zusammen, welche gerade die entsprechende Emotion empfinden. Das passiert uns viel häufiger, als wir annehmen; ein eindrückliches Beispiel aus meiner eigenen Erfahrung habe ich in Kapitel 1 in Bezug auf die Angst erzählt.

→ Vergleiche Seiten 37/38

→ Seite 37

In diesen Fällen, und generell als erste Maßnahme, sollten wir die Traurigkeit, die sich scheinbar grundlos in uns breitmacht, als etwas Fremdes betrachten, nicht zu uns Gehörendes – was sie in der Tat auch ist, denn das höhere Selbst kennt nur Freude, die Traurigkeit ist *immer* ein Bestandteil des Ego – und sie bildlich hinauswerfen. Die Anleitung dazu findet sich in der Aufgabe zur Selbstveränderung.

→ Höheres Selbst: siehe Glossar Seite 246

→ Seite 127

Mönche, was ist die edle Wahrheit über die Ursache des Leidens?
Genau dieses Verlangen, das zur Wiedergeburt führt, begleitet von
Lust und Emotionen, und einmal hier, einmal dort Befriedigung zu
finden, besonders das Verlangen nach Sinneslust, das Verlangen nach
neuem Leben und das Verlangen nach Auslöschen.
Mönche, was ist die edle Wahrheit über das Ende des Leidens?
Nur die völlige Gleichgültigkeit gegenüber genau diesem Verlangen
und es zu beenden, davon abzulassen, es zurückzuweisen, frei von ihm
zu sein, sich dagegen abgeneigt zu fühlen. [...]
Mönche, was ist falsche Lebensweise? Betrügerische Rede, Wahrsage-
rei, Humbug, Gier nach mehr – das, Mönche, ist falsche Lebensweise.
Buddha

[...] und dich befreist von der Herrschaft der Begierde und des Zorns,
und zu erkennen versuchst, wozu die Triebe der Raubtiere und des
Viehs in dich gelegt wurden: ob sie erschaffen wurden, um dich zu
ihrem Sklaven zu machen, damit du ihnen Tag und Nacht dienen
musst, oder dazu, dass du sie zu deinen Sklaven machst und auf der
Reise, die dir auferlegt ist, dir von ihnen dienen lässt.
Al Ghasali

So sollten wir uns einem Mitmenschen gegenüber verhalten. Trage
ihm den Ärger nicht nach, den du gefühlt hast. Wenn du siehst, dass er
etwas gutmachen will, habe mehr Erbarmen und Liebe als vorher. [...]
Pflege eine engere Beziehung mit ihm als mit denen, die stets völlig
aufrichtig mit dir waren und dich nie beleidigt haben. [...]
Auch wenn du auf zornige Menschen triffst, beruhige und besänftige
sie mit deinem Wohlwollen. [...] Überhäufe sie mit deinem Wohlwollen, schöpfe aus der großen Weisheit, um ihren Ärger zu ersticken,
bevor er die Grenzen überschreitet und Schaden anrichtet.
Moses Cordovero

Wie die Elektrizität ein Gebäude sowohl erleuchten als auch zerstören
kann, so können die Kräfte des Menschen sein Leben verherrlichen
oder verwüsten. Lehre mich also meine Sinnesenergie, die du mir
anvertraut hast, richtig einzusetzen. Verwandle mein Sinnesverlangen
in Seelenverlangen!
Paramahansa Yogananda

Wenn es vorkommt, dass ich eine Tugend üben soll, so wende ich mich zu Gott und sage ihm: „Mein Gott, ich kann das nicht vollbringen, es sei denn, dass du es in mir und durch mich wirkst", und dann wird mir sofort Kraft gegeben, und zwar überfließend viel.

Habe ich gefehlt, so tue ich nichts anderes, als meine Schuld vor Gott zu bekennen und zu sagen: „Herr, ich werde niemals etwas anderes tun als fehlen, solange du mich bei meinem Tun allein lässt. Dein Werk ist es, zu machen, dass ich nicht falle, und zu bessern, was nicht gut in mir ist." Daraufhin bin ich nicht weiter über meine Fehler bekümmert.

Bruder Lorenz

O Kinder Adams, legt euren Schmuck bei jeder Moschee an, und esst und trinkt, aber seid nicht maßlos. Er [Gott] liebt die Maßlosen nicht. Wer hat denn den Schmuck verboten, den Gott für seine Diener hervorgebracht hat, und auch die köstlichen Dinge des Lebensunterhalts? Sie sind im diesseitigen Leben für die bestimmt, die glauben [...]

Koran, Sure 7,31f.

Versuche Freude zu finden in allem, was du tust, aber tue nie etwas um der Freude willen. [...] Bevor du isst, konzentriere dich einige Sekunden darauf, dass die Nahrung, die du gleich zu dir nehmen wirst, deinem Körper als Substanz diene, damit er eine gesunde Grundlage bilden kann für dein Bemühen um die große Entdeckung, und ihm die Energie gebe, damit du in deinen Anstrengungen beharrlich und ausdauernd seist.

The Mother

Dieser Yoga [= spiritueller Weg] ist in der Tat nichts für denjenigen, der zu viel isst oder zu viel schläft, auch ist er nichts für denjenigen, der auf Schlaf und Essen verzichtet. Der Yoga hebt jegliche Sorge auf für denjenigen, der beim Schlafen und Wachen, Essen und Spielen, auch bei seinem Bemühen im Wirken stets im göttlichen Bewusstsein weilt.

Bhagavadgita VI, 16f.

Es gibt nur eine Tugend und nur eine Sünde für eine Seele auf dem spirituellen Weg. Die Tugend: wenn sie im Gottesbewusstsein weilt. Die Sünde: Wenn sie nicht darin weilt.

Abu Hashim Madani

✧ Ein Verständnis von Sünde als „Vergehen und Strafe" ergibt spirituell keinen Sinn; „sündig" verhalte ich mich dann, wenn ich egoisch und deshalb von meinem höheren Selbst getrennt bin.

✧ Ich kämpfe nicht gegen meine schlechten Eigenschaften an, sondern bemühe mich, die entsprechende Tugend zu praktizieren. So verdränge ich beispielsweise meinen Neid nicht, sondern versuche, mich mit meinen Mitmenschen zu freuen.

✧ Ich darf und soll die Schöpfung durch meine Sinne genießen, alles, was mir gegeben wird; ich soll aber nichts Sinnliches vermissen, bekomme ich es gerade nicht, und keine Energie darauf verschwenden, es zu erlangen.

✧ Meine Triebe sollte ich nicht gewaltsam unterdrücken – außer dem Zorn –, sondern durch stetes Voranschreiten auf dem spirituellen Weg und insbesondere durch das Fördern des Gleichmuts mehr und mehr loslassen.

✧ Die Gier, mein Streben nach Sinnesgenuss, ist meine Suche, einer Sucht gleich, nach Glück. Die wahre, dauerhafte Zufriedenheit kommt indes nicht aus der Erfüllung meiner Wünsche und aus den sinnlichen Genüssen, sondern einzig aus mir selbst, durch mein Streben nach dem Göttlichen.

✧ Meine Sexualität lebe ich nur mit Liebe und Respekt.

✧ Hochmut ist ein Zeichen eines niedrigen Selbstwertgefühls. Ich habe es nicht nötig, hochmütig zu sein, denn ich bin wertvoll, allein durch die Tatsache, dass der göttliche Funke in mir ist.

⋄ Alle Wesen sind eins im Göttlichen: Gebe ich einem anderen, kommt es auch mir zugute.

⋄ Alles ist mir nur zum Gebrauch geliehen, nichts gehört mir als Besitz; ich bekomme in jedem Augenblick, was ich brauche, ich muss nichts horten. Deshalb gibt es auch keinen Grund, geizig, neidisch oder eifersüchtig zu sein.

⋄ Traurigkeit über sogenannte „Fehler", auch wiederholte, über einen vermeintlichen Stillstand auf meinem Weg, über Misserfolge, darüber, dass ich nicht so bin, wie ich sein sollte oder möchte, ist völlig überflüssig: Ich weiß ja nicht, was der göttliche Plan für mich vorsieht... ob meine Situation nicht etwa so ist, weil sie genau so sein soll.

⋄ Nicht nur die Faulheit im engeren Sinne ist ein Bestandteil meines Ego, sondern auch mich in Aktivitäten zu stürzen und dabei meine eigentlichen Pflichten zu vernachlässigen, nämlich das, was in dem Augenblick gerade zu tun wäre.

✧ Denke ich manchmal abschätzig über andere, etwa wenn sie sich in meinen Augen dumm verhalten, etwas falsch machen und Ähnliches?

✧ Behandle ich Menschen manchmal von oben herab, beispielsweise die Bedienung im Restaurant, aber auch Kollegen, Freunde oder Bekannte?

✧ Gebe ich ungerne oder unwillig einem anderen etwas ab von den Dingen, die ich mag?

✧ Geize ich mit meinen Gedanken, Gefühlen und meinem Wissen und teile sie anderen nicht mit?

✧ Missgönne ich anderen einen Erfolg, einen Besitz, einen glücklichen Moment? Verspüre ich dabei Neid oder Bedauern, nicht das Gleiche zu haben?

✧ Empfinde ich Schadenfreude, wenn einem Mitmenschen etwas zustößt, und denke ich, es geschehe ihm recht, weil er etwas falsch gemacht hat?

✧ Ärgere ich mich in Alltagssituationen über meine Mitmenschen, beispielsweise schlechte Autofahrer, Bekannte, die sich in meinen Augen unvernünftig verhalten, uneinsichtige Leute?

✧ Bin ich jähzornig? Habe ich meine Wutausbrüche nicht unter Kontrolle?

✧ Bin ich intolerant?

✧ Bin ich ungeduldig, wenn jemand zu langsam ist, nicht schnell genug begreift oder handelt?

✧ Schwelge ich in sinnlichen Genüssen, etwa durch übermäßiges Lob eines guten Essens, eines Konzerts?

❖ Bin ich ein Sklave meines Sexualtriebs und/oder anderer Lüste?

❖ Vermisse ich bestimmte sinnliche Genüsse, werden sie mir gerade nicht geschenkt, bin ich beispielsweise frustriert, gereizt oder wütend, wenn das Essen nicht so gut schmeckt, der Film nicht so interessant ist wie erwartet, ein Ausflug wegen des schlechten Wetters oder anderer Gründe ins Wasser fällt?

❖ Verwende ich viel Energie darauf, mir Sinnesgenüsse zu verschaffen, oder denke ich oft daran?

❖ Verwehre ich mir Schönes und Genussvolles?

❖ Wenn ich etwas mag und genieße: Habe ich den Drang, noch mehr davon zu bekommen?

❖ Kämpfe ich blind verbissen, sobald ich etwas (erreichen) will?

❖ Bin ich faul, verabscheue ich bestimmte Arbeiten oder versuche mich vor ihnen zu drücken?

❖ Stürze ich mich in Aktivitäten und vernachlässige dabei meine eigentlichen Aufgaben?

❖ Fühle ich mich frustriert bei sogenannten Misserfolgen oder falls ich meine, etwas falsch gemacht zu haben?

❖ Lasse ich schnell einmal den Kopf hängen und mache dann gar nichts mehr?

❖ Bin ich manchmal „grundlos" traurig?

> **Entwicklungsziel**
>
> Ich verwandle meine negativen Eigenschaften in die entsprechenden positiven. Dabei kämpfe ich nicht gegen die negativen an, um sie zu verdrängen oder loszuwerden, sondern versuche ruhig und gleichmütig, die positiven in mir zu pflegen und wachsen zu lassen. Das bedeutet, dass ich mich gedanklich nicht mit den negativen Eigenschaften auseinandersetze, mich wegen meines Verhaltens nicht verurteile oder ärgere. Ich richte meine Gedanken nur auf die Tugenden. Eine Ausnahme bildet die Wut, deren Ausleben ich immer sofort stoppe: Auch wenn ich sie in mir noch spüre, setze ich alles daran, mich zu beherrschen.

→ Bitte beachte „Tipps zum Umgang mit der Sonnwandeln-Reihe" auf Seite 17

Zu jedem der sieben Laster schlage ich dir eine Aufgabe vor, um es in sein positives Gegenteil zu verwandeln. Da dich bestimmt nicht alle in gleicher Weise betreffen und es dich überfordern würde, wolltest du an mehreren gleichzeitig arbeiten, wähle zuerst ein einziges davon. Entscheide dich für die Eigenschaft, unter welcher du am meisten leidest und die du gerne ablegen möchtest.

Erst wenn du die entsprechende Tugend fest in dir verankert hast, kannst du dich einer weiteren Aufgabe widmen. Und so fort, bis alle sieben Laster überwunden sind.

Aufgabe A: Stolz/Hochmut wird zu Wohlwollen

• Ich verhalte mich stets so, dass andere Menschen sich in meiner Gegenwart wohlfühlen; ich behandle sie also mit Respekt, ohne Arroganz, bin offen, freundlich und zuvorkommend. Das praktiziere ich mit Freunden, Bekannten, Familienmitgliedern ebenso wie mit Unbekannten, denen ich möglicherweise ein einziges Mal begegne.

• Das heißt nicht, ich dürfe meine Meinung nicht sagen, habe mich dem Ego anderer zu unterwerfen, soll nicht klare Grenzen setzen – aber eben: mit Respekt, freundlich, zuvorkommend und trotzdem bestimmt.

• Und vor allem: Ich empfinde mich durch mein wohlwollendes Verhalten nicht als unterwürfig oder würdelos, bin mir im Gegenteil stets bewusst, dass ich wertvoll bin, unabhängig von meinem Verhalten anderen gegenüber und von ihrem Verhalten mir gegenüber. Ich fühle mich in meinem Tun und Lassen sicher und standfest.

Aufgabe B: Habgier/Geiz wird zu Freigebigkeit
• Ich betrachte alles, was ich besitze, bekomme und benutze als Leihgabe: Ich mache mir ständig klar, dass mir nichts gehört, mir aber alles zusteht, um es sinnvoll zu gebrauchen, sei es die Wohnung, das Auto, ein Buch, das Essen.

• Ich bin wachsam, sobald ich den Begriff „mein" verwende; ich versuche ihn möglichst zu vermeiden oder mir zumindest bewusst zu sein, dass ich ihn nur benutze, weil es unserem Sprachgebrauch entspricht und um mich für andere verständlich auszudrücken.

• Ich teile mit anderen und gebe Materielles und Immaterielles, also Gefühle, Gedanken, Wissen und mehr, sooft sich die Gelegenheit bietet; dabei bemühe ich mich, Freude und Gemeinsamkeit zu empfinden.

Aufgabe C: Neid wird zu Mitfreude
• Ich freue mich aufrichtig über das Glück und die Besitztümer anderer Menschen, selbst wenn sie mir fehlen und ich sie gerne möchte; auch über ihre schönen Erlebnisse und alles, was sie genießen. Ebenfalls freue ich mich darüber, dass es ihnen gut geht, sogar wenn ich gerade unglücklich bin.

• Gelingt es mir nicht auf Anhieb, stelle ich mir vor, dass ich mit dem betreffenden Menschen eins bin; ich sehe ihn bildlich als Teil von mir, beispielsweise mit mir zusammengewachsen wie ein siamesischer Zwilling, und ich lasse die Empfindung in mir wachsen, wie sein Wohlbefinden sich in mir ausbreitet und mich erfüllt. Ich mache mir bewusst, dass auch ich in jedem Augenblick das bekomme, was ich brauche und mir guttut.

Aufgabe D: Wut wird zu Milde und Verständnis
• Kommen Ärger, Wut oder Zorn in mir auf, bremse ich mich sofort, ich zeige und äußere sie nicht. Ich atme mehrmals tief ein und aus, bringe meine Aufmerksamkeit an die Stelle hinter meinem Herzen, in der Mitte der Brust, und

spüre den Frieden und die Ruhe, die an diesem Ort in mir sind und zu mir gehören, und wie die vorherigen Empfindungen weichen. Auf keinen Fall lebe ich die Wut aus.

• Begegnet mir jemand mit Ärger oder Zorn, bilde ich in meiner Vorstellung augenblicklich einen weißen Lichtvorhang zwischen diesem Menschen und mir, sodass seine Empfindungen nicht in mich eindringen können. Ich lasse mich auf keinen Fall davon anstecken. Dann gehe ich mit Verständnis und Ruhe auf die Vorwürfe oder Anliegen dieses Menschen ein, ich blocke ihn nicht ab, sondern höre mir aufmerksam und ruhig an, was er mir mitteilen will; ich zeige ihm mein Verständnis und sage gleichmütig und aufrichtig, was ich zu sagen habe. Verfliegt sein Zorn dabei nicht, eröffne ich ihm, dass ich mit ihm dann weiterspreche, wenn er wieder ruhig ist, und wende mich ohne Überheblichkeit und ohne Verurteilung mit einem liebevollen Gedanken von ihm ab.

Aufgabe E: Gier/Maßlosigkeit wird zu gemäßigtem Genuss
• Der Drang, die Sinne zu befriedigen, ist oft eine Ersatzhandlung. Ich denke darüber nach, welcher meiner Sinne in mir nach Befriedigung strebt („Ich kann nicht sein, ohne Musik zu hören", „Ich liebe es zu essen", „Ich brauche mein tägliches Bier, Glas Wein, Schnäpschen", „Ich will Sex"), gehe in mich und spüre, was mir *wirklich* fehlt, beispielsweise Geborgenheit, Zuversicht, Zuwendung, ...

Ich bemühe mich, die Erfüllung dieser bestimmten Sinneslust während längerer Zeit einzuschränken, mindestens einen Monat lang, oder, je nachdem was es betrifft, vollständig darauf zu verzichten. Ich tue dies im Bewusstsein, dass es sich nicht um eine Unterdrückung vitaler Triebe handelt, sondern um den Versuch, während einer begrenzten Zeit Verzicht zu üben, um einmal zu erleben, wie ich frei und nicht der Sklave meiner Begierden bin.

Jedes Mal wenn mich also der Drang nach Befriedigung dieser bestimmten Sinneslust überkommt, gehe ich in mich, konzentriere meine Aufmerksamkeit in der Mitte meiner Brust, hinter dem Herzen, und nehme als hier anwesend wahr, was ich als wahre Sehnsucht erkannt habe (fehlende Geborgenheit, Zuversicht, Zuwendung, ...).

• Ich beobachte mich sorgfältig, falls ich „nicht genug bekommen kann". Es sind dies die Situationen, wenn ich bereits besitze, was ich brauche, oder etwas schon genossen habe, und mir trotzdem mehr nehme oder haben will, beispielsweise an Essen, Geld, Sex, Fernsehen, Vergnügen. Anstatt diesem Verlangen nachzugeben, gehe ich in mich und erlebe *in Gedanken und Empfindungen* den bereits erfahrenen Genuss nochmals, *ich genieße nochmals,* und verzichte darauf, es in der Wirklichkeit umzusetzen.

• Hingegen verwehre ich mir keinesfalls die Genüsse, die mir geschenkt werden, und würdige sie im Wissen, dass das göttliche Bewusstsein auch sie durchdringt. *Ich genieße bewusst,* indem ich ganz bei der Sache bin und es nicht beiläufig tue und mit den Gedanken anderswo weile.

Aufgabe F: Trägheit wird zu Gleichmut
• Ich nehme mindestens einen Monat lang alle oder zumindest einige Aufgaben in Angriff, die ich schon lange vor mir hergeschoben habe, und erledige sie ohne Zögern und weiteren Aufschub. Beispiele: eine unangenehme Aussprache mit dem Chef oder einem Kollegen; das Badezimmer neu streichen; eine Entscheidung treffen, bei der ich die Konsequenzen fürchte; mir selbst etwas Gutes tun, beispielsweise einige Tage Urlaub am Meer; die Zimmerpflanzen umtopfen; und viele andere. Bei all diesen Aufgaben pflege ich die Freude in mir.

Aufgabe G: Traurigkeit wird zu Gleichmut
• Allgemeine Maßnahme. Befällt mich Traurigkeit (oder Niedergeschlagenheit, Entmutigung) ohne erkennbare Ursache, bringe ich meine Aufmerksamkeit sofort an die Stelle hinter meinem Herzen, in der Mitte der Brust, spüre Frieden und Freude in mir und spreche mehrmals laut und bestimmt: „Traurigkeit (oder Niedergeschlagenheit, Entmutigung) geh hinaus aus mir, du gehörst nicht zu mir!"
• Maßnahmen-Katalog (Checkliste). Überfällt mich ein Zustand von Traurigkeit oder lähmender Trägheit, schaffe ich es oft nicht, mich daraus zu befreien. Manchmal will auch ein Teil in mir, eines meiner vielen Ichs, diesen Zustand gar nicht verlassen.

Dann hilft mir ein „Maßnahmen-Katalog", den ich anwenden kann, ohne zu denken: Ich brauche nur die minimale Willensanstrengung, die Checkliste zu lesen und automatisch einen Punkt nach dem anderen zu befolgen. Ich verfasse die Checkliste auf der nächsten Seite *jetzt gleich*. Gerate ich in eine Situation, in der ich sie brauche, ist es nämlich zu spät. Ich schreibe so viele Maßnahmen auf, wie mir einfallen, je mehr desto besser und die wirksamsten zuerst. Nachdem ich meine persönliche Checkliste zusammengestellt habe, wiederhole ich den folgenden Satz mehrmals mit Nachdruck, um ihn in mein Unbewusstes einzuprägen: „Wenn ich einmal traurig oder träge bin, dann nehme ich meine Checkliste und mache, was darauf steht."

Bei Bedarf wende ich die Checkliste an, so viel Willenskraft bringe ich auf, und führe die aufgelisteten Tätigkeiten eine nach der anderen aus, bis die Traurigkeit oder Trägheit verschwunden ist.

Nachfolgend ein Beispiel zur Verdeutlichung, wie eine solche Checkliste aussehen könnte:
1. Fühle ich mich traurig oder gelähmt, mache ich als Erstes: Ich höre die CD XY (aufputschende Musik, etwa Rockmusik, oder mystische, das Herz berührende Lieder – aber keine traurige oder meditative Musik).
2. Habe ich Punkt 1 ausgeführt, dann: Gehe ich in die Küche und mache mir einen Drink (Lieblingstee, feiner Kaffee, frischer Orangensaft – aber keine alkoholischen Getränke).
3. Ich nehme das Buch XY, schlage es wahllos auf und lese darin (ein Buch mit inspirierenden Texten oder eines, das mich früher schon von solchen Zuständen befreit hat).
4. Ich mache einen Spaziergang, allein, und schaue die Umgebung aufmerksam an.
5. Ich rufe meine Freundin X an und lade sie zum Essen ein.

Checkliste bei Traurigkeit und lähmender Trägheit

In dieser Checkliste sind in der Reihenfolge ihrer Wirksamkeit bestimmte Tätigkeiten aufgeführt, die für mich persönlich geeignet sind, mich aus diesem Zustand von Traurigkeit oder Trägheit herauszureißen. Ich denke sie mir aus und erinnere mich auch an die Maßnahmen, die mir in der Vergangenheit geholfen haben.
Ich schreibe so viele auf, wie mir einfallen, je mehr desto besser und die wichtigsten zuerst.

1. Fühle ich mich traurig oder gelähmt, mache ich als Erstes:

....

....

2. Habe ich Punkt 1 ausgeführt, dann:

....

....

3. Habe ich Punkt 2 ausgeführt, dann:

....

....

4. Habe ich Punkt 3 ausgeführt, dann:

....

....

5. Habe ich Punkt 4 ausgeführt, dann:

....

....

6. Habe ich Punkt 5 ausgeführt, dann:

....

....

7. Habe ich alle obigen Punkte ausgeführt und fühle mich immer noch traurig oder träge, fange ich wieder bei Punkt 1 an und arbeite die Liste so lange ab, bis sich mein Zustand bessert.

AFFIRMATIONEN

→ Bitte beachte
die detaillierte
Anleitung
auf Seite 236 ICH BIN EHRLICH ZU MIR SELBST UND LIEBE MICH, WIE ICH BIN.

ICH SCHAFFE ETWAS NEUES IN MIR.

ICH BIN VOLLER GUTER EIGENSCHAFTEN.

ICH HABE DIE WILLENSKRAFT, MICH ZU ÄNDERN.

ICH ÄNDERE MEIN LEBEN UND FÜHLE MICH DABEI GETRAGEN.

ICH TEILE, WAS ICH BESITZE, MIT FREUDE.

ICH TEILE MEINE GEFÜHLE MIT ANDEREN.

ICH BIN VOLLER MILDE FÜR MEINE MITMENSCHEN.

ICH ÖFFNE MEIN HERZ DEM WOHLWOLLEN FÜR ALLE WESEN.

ICH BEKOMME ALLES, WAS ICH BRAUCHE UND MIR GUTTUT.

ICH BEGNÜGE MICH MIT DEM, WAS MIR GEGEBEN WIRD.

MEINE ZUFRIEDENHEIT ENTSPRINGT AUS MIR SELBST.

ICH FÜHLE IN JEDEM AUGENBLICK MEINE LEBENSFREUDE.

ICH TUE IN JEDEM AUGENBLICK, WAS GERADE ZU TUN IST.

ICH VERZEIHE MIR ALLE MEINE UNZULÄNGLICHKEITEN.

→ Bitte beachte
die detaillierte
Anleitung auf
Seite 237

• Ich befinde mich an einem vertrauten Ort; hier fühle ich mich sicher und geborgen, ich spüre die Ruhe um mich und in mir.

• Ich denke intensiv an eine Tugend, die ich gerne besitzen möchte, und stelle sie mir bildhaft vor, in der Form und Farbe, die sich vor meinem geistigen Auge ausbreitet (es kann sich dabei um einen Lichtkreis, eine große blumige Wolke, aber auch um den Namen dieser Tugend in bunten Lettern und vieles mehr handeln). Ich schaue dieses Bild an, genieße den Anblick und spüre das Glücksgefühl, das es in mir auslöst.

• Dann lasse ich dieses Bild auf mich zuschweben, es umhüllt mich ganz und zieht daraufhin in mich ein, verdichtet sich in mir, bis es nur noch den Bereich hinter meinem Herzen, in der Mitte der Brust, ausfüllt. Dahin bringe ich nun meine ganze Aufmerksamkeit.

• Hier ruht diese Tugend, ich nehme wahr, wie sie zu mir gehört, immer in mir ist, mich ganz erfüllt. Ich verweile in der Stille in diesem Bereich hinter dem Herzen und in meiner Tugend.

• Beginnt die Erfahrung zu verblassen, so fühle ich mich wohl und geborgen, genieße den Frieden und die Ruhe in mir. Dann atme ich tief in den Bauch, öffne die Augen, verharre noch eine Weile regungslos, schaue um mich, spüre meinen Körper und bewege mich langsam.

EMPFOHLENE BACH-BLÜTEN

→ Bitte beachte
die detaillierte
Anleitung
auf Seite 240

Haupt-Blüten

Seelenzustand	Nr.
Ich bin eifersüchtig und/oder neidisch und/oder missgünstig.	15
Ich bin ungeduldig und/oder leicht reizbar.	18
Ich ziehe mich innerlich von meinen Mitmenschen zurück und/oder fühle mich ihnen überlegen.	34
Ich bin verbittert und/oder hege Groll gegen jemanden und/oder sehe immer zuerst das Negative.	38
Ich verurteile meine Mitmenschen ohne Nachsicht und/oder bin intolerant.	3
Ich fühle mich oft grundlos traurig und/oder empfinde Düsternis um mich.	21
Ich fühle mich innerlich müde, aber ich rapple mich immer wieder auf; und/oder ich neige dazu, mich zu überarbeiten.	22
Ich fühle mich lustlos, ohne Lebensfreude.	37
Ich bin bei Schwierigkeiten leicht entmutigt.	12
Ich kann nur schwer vergeben und/oder fordere von anderen zu viel.	8
Ich bin hart zu mir selbst, fordere erbarmungslos von mir und/oder unterdrücke meine berechtigten Bedürfnisse.	27
Ich mache immer wieder die gleichen Fehler, lerne nicht aus meinen Erfahrungen.	7
Ich mache mir oft Selbstvorwürfe und/oder habe Schuldgefühle.	24

Gewählte Blüten:

☐ ☐ ☐ ☐ ☐

EMPFOHLENER HEILSTEIN: JASPIS

→ Bitte beachte
die detaillierte
Anleitung auf
Seite 243

Wirkung

Der Jaspis verleiht in erster Linie die Willenskraft, etwas in Angriff zu nehmen (auch Unangenehmes), und das nötige Durchhaltevermögen, ferner schenkt er Vitalität und Dynamik und wirkt harmonisierend auf negative Schwingungen – die ideale Unterstützung, um sich neue gute Eigenschaften anzueignen.

Anwendung

Der Jaspis sollte mit direktem Körperkontakt getragen werden.

Reinigen und Aufladen

Ein- bis zweimal pro Monat unter lauwarmem fließendem Wasser reinigen. Dann in einer Bergkristallgruppe über Nacht aufladen; danach die Bergkristallgruppe unbedingt mindestens einen Tag lang an der Sonne wieder aufladen, da der Jaspis ihr viel Energie entzogen hat.

*Nachdem du eine Weile – in der Regel mehrere Wochen – in deinem All-
tag zum Thema dieses Kapitels an dir gearbeitet hast, blickst du kurz
zurück und schaust, wo du stehst. Kreuze bei den untenstehenden Aussagen an, was auf dich zutrifft. Sei ehrlich zu dir selbst, ohne falsche
Bescheidenheit und ohne Selbstvorwürfe oder Entmutigung – es ist nur
eine Bestandesaufnahme, ohne Wertung, um zu erkennen, in welchem
Bereich du dich noch bemühen kannst... damit du wirst, was du bereits
bist.*

Lernziele dieses Kapitels	Erreicht:	Ja	Nein
Kann ich mir meine Unzulänglichkeiten verzeihen?		☐	☐
Habe ich die religiöse Vorstellung von Sünde, Sühne und Strafe abgelegt?		☐	☐
Gelingt es mir besser, meinen Mitmenschen mit Wohlwollen, Milde und Verständnis zu begegnen?		☐	☐
Habe ich gelernt, mit meinen Mitmenschen zu teilen, auch Wissen, Gefühle, Gedanken?		☐	☐
Schaffe ich es leichter, mich mit anderen zu freuen und keinen Neid mehr zu empfinden?		☐	☐
Habe ich meine Wut unter Kontrolle?		☐	☐
Gelingt es mir zu genießen, was mir gegeben wird?		☐	☐
Kann ich mich mäßigen bei sinnlichen Genüssen?		☐	☐
Habe ich es geschafft, eine lange aufgeschobene Aufgabe in Angriff zu nehmen?		☐	☐
Bringe ich jeweils die Willenskraft auf, mich gegen meine Trägheit und/oder Traurigkeit zu wehren?		☐	☐
Habe ich mir eine oder mehrere neue Tugenden erworben? Wenn ja, welche:		☐	☐

....

....

Mein weiterer Entwicklungsschritt

Notiere jetzt eine Einsicht/Herausforderung/Aufgabe, an der du arbeiten willst – aber nur eine!
Dann prägst du sie dir gut ein, bittest das Göttliche, dich dabei zu führen und dein Bemühen zu fördern, und lässt sie los. Du kannst jetzt mit dem nächsten Kapitel und dessen Aufgaben weiterfahren.

Den Entwicklungsschritt, den du hier aufgeschrieben hast, darfst du von Zeit zu Zeit nachlesen, gewissermaßen zur Erinnerung, aber beschäftige dich gedanklich nicht mehr damit. Den Impuls hast du nämlich gesetzt – überlass es dem Göttlichen, ihn so umzusetzen, wie es für dich gut ist.

....

....

....

....

....

....

....

....

....

....

....

....

....

....

....

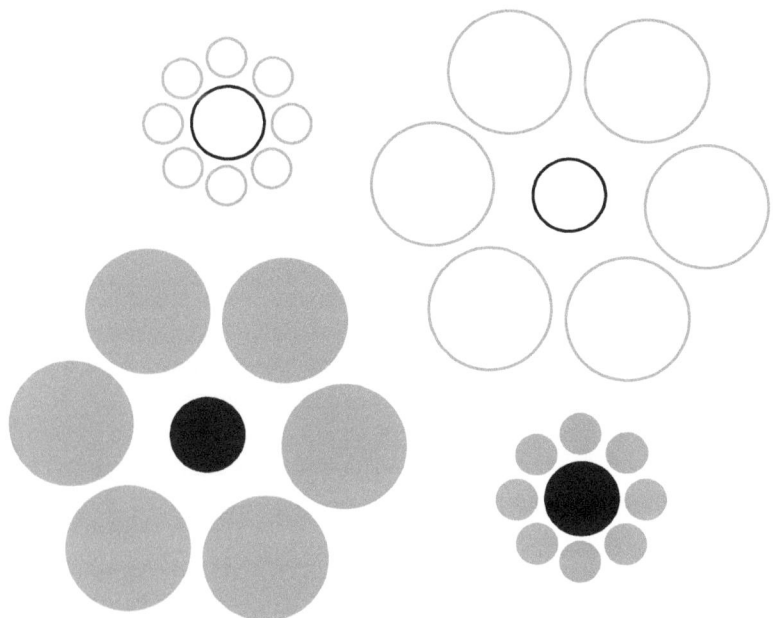

Wo liegt die Grenze zwischen Wahrheit und Lüge? Wie oft täuschen wir jemanden, ohne direkt zu lügen, lediglich indem wir die Wahrheit unklar, missverständlich oder verzerrt darstellen? Genauso, wie optische Täuschungen uns in die Irre führen: Die vier schwarzen Kreise sind alle gleich groß, doch die Darstellungsart, ob flächig oder als Linie, und vor allem die unterschiedliche Umgebung vermitteln uns einen falschen Eindruck.

4. Du sollst nicht lügen!

Themen dieses Kapitels
• Warum lügen wir überhaupt? • Die Grenze zwischen Wahrheit und Lüge • Das Ja ein Ja, das Nein ein Nein und die Schwüre • Geschickte Formulierungen, Andeutungen, Ironie • Gibt es berechtigte Lügen? • Ehrlichkeit gegenüber sich selbst: unerlässlich auf dem spirituellen Weg • Banale Lügen und harmlose Schwindeleien • Zum Lügen genötigt? • Aufrichtigkeit im Dienste der Mitmenschen

Entwicklungsziel
Ich verbanne die Lüge meinen Mitmenschen gegenüber aus meinem Leben. Deshalb achte ich bei meiner Rede darauf, nur die Wahrheit zu sagen, und verzichte auf absichtliche Irreführungen und erwünschte Missverständnisse.
Mit mir selbst bin ich schonungslos ehrlich und lasse die Rechtfertigungen und Verharmlosungen des Ego nicht zu.

Du sollst nicht lügen

→ Vergleiche
Seite 189

Das neunte der Zehn Gebote (das achte nach katholischer Lesung) steht gleichwertig neben anderen wie: „Du sollst nicht stehlen" und „Du sollst nicht töten". Während die meisten Menschen diese beiden auch außerhalb eines religiösen Kontextes für ethische Normen halten, nehmen sie es mit der Wahrheit oft nicht so genau. Woher stammt diese Ansicht, die Lüge sei ein Kavaliersdelikt? Vielleicht daher, dass wir dadurch keinen großen Schaden anzurichten meinen, eine Notlüge sogar für etwas Positives halten, um Mitmenschen nicht zu verletzen, nicht vor den Kopf zu stoßen oder falls die Wahrheit vermeintlich niemandem nützen und nur Unheil anrichten würde. Oder weil wir es als gegeben akzeptieren, dass kein Mensch es schafft, immer nur die Wahrheit zu sagen, und das Lügen somit für legitim halten. Das war offenbar seit jeher so, denn obwohl bereits das

→ Vergleiche
Seite 141

Alte Testament Unehrlichkeit verbietet, betonte Jesus die Bedeutung dieses Gebots nochmals ausdrücklich.

So sehr wir uns selbst das Recht herausnehmen, nach Bedarf zu lügen, so wenig akzeptieren wir es meistens bei den Mitmenschen, wir halten es für verwerflich und verzeihen es ihnen oft nicht. Auf die Situation käme es halt an, argumentieren wir. Doch wer bestimmt, wann das Lügen erlaubt, ja sinnvoll ist und wann nicht? Gibt es etwa einen objektiven Maßstab für die Berechtigung oder Schwere von Lügen?

Die Ursache des Lügens

Warum lügen wir denn überhaupt? Es wäre doch viel einfacher, immer bei der Wahrheit zu bleiben – bloß sagen, wie es ist, nichts erfinden müssen, uns nicht in Lügengebilde verstricken und das Risiko aufzufliegen nicht eingehen.

Meistens lügen wir, weil wir Angst haben. Wir stehen nicht zu uns selbst, zu dem, was wir denken, und zu dem, was wir tun. Aus Angst vor dem Urteil der Mitmenschen; Angst davor, ihre Wertschätzung, Anerkennung, Sympathie, Liebe zu verlieren; Angst vor Vorwürfen oder einem Konflikt; Angst, einen Nachteil in Kauf nehmen zu müssen oder einen Vorteil einzubüßen; Angst, den Ansprüchen anderer nicht zu genügen; Angst, jemanden zu enttäuschen oder zu verletzen; ...

Auch die vermeintlich harmlosen erfundenen oder geschönten, also doch erlogenen Geschichten, die uns interessant, stark, mutig darstellen sollen, beruhen nur auf der Angst, *nicht* interessant, stark, mutig zu wirken und folglich nicht geschätzt und geliebt zu werden.

Die Grenze zwischen Wahrheit und Lüge

Es ist allerdings nicht immer eindeutig, ob eine Aussage oder ein Verhalten eine Lüge darstellt. Einerseits hängt es von der Wahrnehmung des Einzelnen ab, von seinen Wertmaßstäben und Überzeugungen. Auf der anderen Seite ist die Grenze manchmal tatsächlich fließend. Lügt ein Mann mit gefärbtem Haar? Und falls er seine natürliche Farbe lediglich durch eine Tönung verstärkt? Oder eine Frau, die den Bauch einzieht, während sie am Straßencafé vorbeispaziert? Aber wie sieht es aus, wenn sie einen schlank machenden Body Shaper trägt? Und weiter: Ist jemand unehrlich, der eine Fangfrage stellt? Ein Verliebter, der beim ersten Rendezvous nur seine Sonnenseiten zeigt? Ein Musiker, der auf einer CD technisch erzeugte Klangeffekte einbaut, die er bei einem Live-Konzert nicht bieten kann?

Die schlimmste Lüge

Den größten Schaden richten wir an, sind wir mit uns selbst unehrlich. Viele Menschen würden das weit von sich weisen: „Ich belüge mich doch nicht selbst! Wieso sollte ich das tun?" Tatsächlich sind wir uns dessen oft nicht bewusst. Es handelt sich dabei um eine List des Ego, das uns entweder zu etwas ihm Genehmen verleiten will oder uns davor schützen, uns wegen einer Begebenheit schlecht, schuldig, wertlos zu fühlen. Dabei beschönigen wir Dinge, die wir getan haben oder zu tun beabsichtigen, wir bringen vor uns selbst Rechtfertigungen und Ausreden vor, messen mit ungleichen Ellen, blenden aus, was nicht in unser Bild passt, oder verdrängen, was zu schmerzhaft wäre.

Gelingt es uns auch, die Mitmenschen mit einer Lüge zu täuschen, so ist es bei uns selbst nicht möglich: Irgendwo in uns lauert die Wahrheit, ein Teil von uns kennt sie sehr wohl. Das führt zu inneren Konflikten – auch wenn sie zuweilen nicht bis in unser Bewusstsein dringen. Die Folgen können sich auf der psychischen Ebene manifestieren, etwa als Depression, aber auch als körperliche Krankheiten. Auf jeden Fall bremst diese Art von Unehrlichkeit unsere innere Entwicklung, und das ist das Schlimmste, was uns passieren kann.

„Ihr habt gehört, dass den Vorfahren gesagt wurde: Du sollst keinen Meineid leisten und den Eid gegenüber Gott halten. Ich hingegen sage euch, ihr sollt überhaupt nicht schwören! [...] Es sei vielmehr euer Wort: das Ja ein Ja, das Nein ein Nein." *(Matthäus-Evangelium, 5,33 ff.)*

Auch wenn wir immer wieder einmal für uns in Anspruch nehmen zu lügen, um einen Mitmenschen nicht zu verletzen, damit er sich nicht sorgt und mehr – scheinbar edle Motive –, entspricht dies nur selten der Wahrheit. Dahinter steckt meistens entweder unsere eigene Unfähigkeit, jemanden leiden zu sehen, oder unsere Angst, nicht mehr geliebt zu werden.

→ Vergleiche Seiten 150/151

In der Tat ist alles außer der blanken Wahrheit eine Lüge. Notlügen, harmlose Schwindeleien, gerechtfertigte Lügen, gibt es, spirituell gesehen, nicht. Eine Lüge ist immer eine Lüge. Und sie kommt uns so leicht über die Lippen! Dutzende Male jeden Tag, sei es wenn wir bewusst Fakten leicht verdrehen oder unpräzise formulieren, etwas Entscheidendes weglassen, sei es wenn wir Ja sagen und Nein meinen oder umgekehrt.

Jesus hat gelehrt, wir sollen keine Eide schwören – wieso eigentlich, was ist schlecht an einem Eid? Ganz einfach: Die Tatsache, dass wir bei bestimmten Gelegenheiten schwören, die Wahrheit zu sagen, impliziert doch – und legitimiert gewissermaßen –, dass wir für gewöhnlich *nicht* die Wahrheit sagen. „Das Ja ein Ja, das Nein ein Nein", forderte Jesus und meinte damit: „Sagt doch einfach, was Sache ist, sprecht *immer* die Wahrheit."

Aufrichtigkeit ist eine wichtige Tugend, um die Angst zu überwinden und unsere Selbstachtung zu wahren. Die Aufrichtigkeit dient aber besonders auch den Mitmenschen: Wie sollen sie sich entwickeln, wenn ihnen niemand sagt, woran es ihnen noch mangelt, und keiner ihnen die Chance gibt, mit einer bitteren Wahrheit, mit Verletzungen umzugehen und daran zu wachsen? *Auf-richtig sein* bedeutet wörtlich: Wir *richten* die Mitmenschen durch unsere Aussage *auf*, während eine Lüge sie weiterhin „unten", im Reich der Unwissenheit, hält.

Das Paradoxe ist, dass wir von anderen Aufrichtigkeit erwarten – selbst aber zu feige dazu sind. Wir billigen unserem Mitmenschen nicht zu, was wir für uns beanspruchen, und offenbar schätzen wir ihn so gering, dass wir ihm nicht zumuten, mit einer Kränkung fertig zu werden.

Ein weiteres Paradoxon unserer Gewohnheit zu lügen. Wir sagen X, meinen Y, erwarten aber, das Gegenüber müsse X erfassen, also was wir *tatsächlich* meinen: „Er sollte doch merken/wissen/spüren, dass ..." Wer sich auch nur ein wenig mit Kommunikationstheorien beschäftigt, kennt Modelle wie das folgende: Der Sender sendet eine Botschaft aus, die gemäß seiner bewussten und unbewussten Prägung codiert ist; der Empfänger empfängt die Botschaft und decodiert sie der eigenen bewussten und unbewussten Prägung entsprechend. In klaren Worten: Kein Mensch spricht die exakt gleiche Sprache wie ein anderer. Was dieser sagt und was jener versteht, sind bereits zwei verschiedene Dinge, sogar wenn der Sprechende wiedergibt, was er wirklich denkt. Wie viel verzerrter muss folglich eine Aussage ankommen, die noch nicht einmal so gemeint ist!

Auf Fehlinterpretationen und Missverständnissen beruhen viele zwischenmenschliche Schwierigkeiten und Beziehungsprobleme. Manche ließen sich vermeiden, fänden wir den Mut zu sagen, was wir tatsächlich sagen wollen, und begrüben die Erwartungen, wie das Gegenüber unsere Aussagen zu verstehen hat.

Vertrauen wir darauf, dass die Wahrheit uns guttut und dem anderen weiterhilft. Unser Ja ein Ja, unser Nein ein Nein, soll stets unser Motto lauten.

*   *   *

Die Grenze zwischen Wahrheit und Lüge

Es gibt eine offene Art und Weise, etwas zu sagen, klar und unmissverständlich. Und es gibt eindeutige Lügen. Dazwischen liegen unzählige Graustufen: Rechtlich betrachtet handelt es sich nicht um Lügen, de facto kommen sie aber solchen gleich. Dazu gehören:

• *Andeutungen.* Möchten wir etwas mitteilen, trauen uns jedoch nicht, so flüchten wir gerne zu Formulierungen, die

verschiedene Interpretationen zulassen und uns nicht fest-
nageln – wir können jederzeit behaupten, es ganz anders
gemeint zu haben.

• *Geschickte Formulierungen und Verschweigen.* Bei vielen
Aussagen lässt sich durch die Wortwahl oder das Auslassen
einzelner Fakten eine „richtige" Lüge vermeiden. In Reden
von Politikern finden wir gute Beispiele dafür.

• *Humor, Ironie.* Eine weitere Methode, etwas nicht klar zu
sagen, besteht darin, es scherzhaft oder ironisch zu äußern.
Den Angesprochenen versetzen wir dadurch in eine schwierige Lage: Er weiß nicht, ob er es ernst nehmen soll oder
nicht. Und wir können uns jederzeit herausreden mit einem
„Das war nur Spaß!" oder „Es war doch ironisch gemeint!".
Das ist eine unfaire Art der zwischenmenschlichen Kommu-
nikation.

Selbstverständlich lässt sich manchmal eine harte Aussage durch Humor entschärfen, was durchaus zu begrüßen
ist, doch über den Inhalt des Gesagten dürfen keine Zweifel
oder Missverständnisse entstehen.

• *Herausgerutschtes.* Sollten wir etwas, obwohl wahr, besser für uns behalten, beispielsweise weil es verletzend oder
beleidigend ist und dieses Wissen dem Mitmenschen nichts
nützt, so lassen wir es entschlüpfen. Danach können wir es
zwar nicht zurücknehmen, gesagt ist gesagt, doch wir können uns gewissermaßen reinwaschen – und darin liegt die
Lüge –, indem wir uns rechtfertigen: „Sorry, es ist mir einfach herausgerutscht" oder es scheinbar ungeschehen machen wollen: „Vergiss, was ich gesagt habe".

• *Nonverbale Lügen.* Wir versuchen einen Eindruck zu erwecken, der nicht den Tatsachen entspricht, beispielsweise
wenn wir einem Gast ein Gericht auftischen, das wie selbst
zubereitet aussieht, in Wahrheit aber aus dem Take-away
stammt.

Es geht hier nicht darum, ob und wie verwerflich diese Art
zu lügen ist, sondern darum, dass wir den Mut aufbringen,
zu dem zu stehen, was wir denken, sagen und tun, und uns
so zu zeigen, wie wir sind. Uns selbst schaden Lügen *immer.*
Schaden sie auch anderen, sind sie erst recht zu vermeiden.
Dazu ein Beispiel mit verschiedenen Varianten.

- Bei einer Bestellung habe ich einen Fehler gemacht, aber der Chef meint, meine Kollegin sei dafür verantwortlich. Muss ich mich jetzt dazu bekennen oder darf ich einfach schweigen? In diesem Fall sagt mein Gewissen bestimmt, ich müsse mich stellen, damit nicht jemand zu Unrecht beschuldigt wird. Jede andere Haltung beruht auf Angst, auch wenn ich vor mir selbst leicht Ausreden finde, wie: „Meine Kollegin hat auch schon einmal einen Fehler gemacht, für den ich den Kopf hinhalten musste, und jetzt ist es halt umgekehrt, das ist nur gerecht".

- Wie steht es hingegen, sofern sich nicht feststellen lässt, wer den Fehler gemacht hat? Das entspricht dem klassischen Fall in der Schule, wenn der Lehrer wissen will, wer den dummen Spruch an die Wandtafel geschrieben habe, und niemand sich meldet. Auch in dieser Situation sollte ich dazu stehen, denn der Verursacher wird gesucht, es wird nach ihm gefragt, und mein Schweigen kommt einer Lüge gleich, die auf Angst beruht. Das sollte ich mir zuliebe nicht dulden.

- Aber was, wenn außer mir niemand meinen Fehler bemerkt? Muss ich die anderen dennoch darauf aufmerksam machen? Nein, sofern der Fehler keinen Schaden anrichtet, darf ich darüber schweigen. Ich bin niemandem Rechenschaft schuldig über mein Tun. Oder anders ausgedrückt: Ich muss nicht *ungefragt* alles sagen, was ich denke, oder alles offenbaren, was ich gemacht habe.

- Zuweilen hängt es allerdings von der Definition von „ungefragt" ab: Nicht jede Frage wird mit Worten formuliert. Habe ich etwa irrtümlicherweise einige Akten weggeworfen und bemerke, wie mein Chef überall im Büro danach sucht, so kommt es einer Lüge gleich, falls ich so tue, als wüsste ich von nichts, und ihn weiter suchen lasse, anstatt ihm zu sagen, wie es sich damit verhält.

- Ein weiterer hypothetischer Sachverhalt: Soll ich meine Kollegin ungefragt auf einen Fehler aufmerksam machen, den sie gemacht hat, oder darauf, dass ihr das neue Kleid überhaupt nicht steht? Diese Frage lässt sich nicht pauschal beantworten. Zum einen kommt es auf meine Motivation an, ob ich mich dazu äußern soll oder nicht. Tue ich es aus einem Gefühl der Überlegenheit, aus Boshaftigkeit, Rache oder anderen niederen Instinkten, so ist die Wahrheit alles andere als edel.

Aber auch zu schweigen aus den gleichen oder ähnlichen Gründen ist nicht richtig – etwa falls ich die Kollegin nicht auf einen Fehler aufmerksam mache, damit der Chef ihn dann entdeckt und sie rügt.
Und was das neue Kleid betrifft: Verletzen wir jemanden mehr, wenn wir aufrichtig sind oder wenn wir schweigen und ihn der Lächerlichkeit und Kritik anderer preisgeben?

Begegnen wir allen Menschen mit einer wohlwollenden Haltung, die auf Respekt und Empathie beruht, und unterwerfen wir uns nicht unseren Ängsten, so können wir nichts falsch machen. Die Innere Stimme wird uns in jeder Situation leiten. Beherzigen wir dabei auch diese Weisheit: *Wir brauchen nicht alles zu sagen, was wahr ist; aber alles, was wir sagen, muss wahr sein.*

* * *

Ehrlichkeit gegenüber sich selbst: eine wichtige Eigenschaft auf dem spirituellen Weg
Bei anderen Menschen erkennen wir die Ursache von Problemen und deren Lösung oft recht klar; nicht selten wundern wir uns darüber, wenn die betroffene Person nicht von alleine darauf kommt. Stecken wir hingegen selbst in einer schwierigen Lage oder suchen wir nach Erklärungen für eigene Verhaltensweisen, Empfindungen und mehr, so scheinen wir völlig blind oder verfügen bestenfalls über ein eingeschränktes Sehvermögen. Dieses Phänomen geht im Wesentlichen auf zwei Ursachen zurück:
• *Wir sehen vor lauter Bäumen den Wald nicht.* Bei Situationen, in die wir selbst stark involviert sind, verlieren wir die mentale und emotionale Neutralität und Objektivität. Deshalb kann es vorkommen, dass unser Blick auf unwichtige oder zumindest nicht zentrale Details fokussiert ist. Vor allem aber ist das Ego direkt betroffen und strebt seinen eigenen Vorteil an, etwa die Nachgiebigkeit gegenüber eigenen Schwächen und Trieben oder eine Rechtfertigung für

begangenes Unrecht, und lässt uns nur das sehen, was ihm gerade nützt. In solchen Situationen sollten wir einen Schritt zurücktreten, gewissermaßen aus dem Wald hinaus, und das Ganze als unbeteiligter Zuschauer betrachten. Gelingt uns die Distanz zum eigenen darin verwickelten Ego mit seinen Wünschen und Ängsten, indem wir es ansehen, als wäre es eine fremde Person, so erkennen wir oft recht schnell, worum es wirklich geht und wie wir handeln müssen.

• *Wir verschließen die Augen oder schauen durch gefärbte Brillengläser.* Bei traumatisierten Kindern beobachten wir einen psychischen Schutzmechanismus, der allzu Schmerzhaftes in die Tiefen des Unbewussten verdrängt, damit es wie vergessen ist und nicht mehr wehtut.

Ähnlich verhalten auch wir Erwachsene uns zuweilen, und zwar nicht nur in schwerwiegenden, belastenden Situationen: nämlich immer dann, wenn wir nicht (genau) hinsehen. Dies betrifft mitunter auch Dinge außerhalb, vor allem aber die Regungen in uns selbst, denen wir nicht auf den Grund gehen wollen oder die wir nur durch eine verfälschende Linse betrachten.

→ Vergleiche Seite 32

Es ist wichtig, dass wir erkennen, welches unserer Ichs was sagt und will, und unterscheiden zwischen den Stimmen des Ego und der Stimme der Seele, also ehrlich hinschauen, wahrnehmen und Erkenntnisse daraus ziehen.

• *Wir verleugnen die dunklen Seiten.* Der vorangehende Punkt hängt auch mit dem zusammen, was in der Psychologie von C.G. Jung als Schatten bezeichnet wird. Bestimmte

→ Vergleiche Seite 52

Überzeugungen, die wir aus der Erziehung und dem sozialen Umfeld übernommen haben, prägen unser Bild, wie wir uns selbst sehen, und unsere Vorstellung, wie wir zu sein haben und sein möchten. Andere Seiten in uns, die nicht in unser idealisiertes Bild passen, gehören zum Schatten. Diese Aufteilung ist keineswegs objektiv, sondern beruht auf individuellen Wertmaßstäben. Je weniger wir die „dunklen" Seiten in uns akzeptieren und sie deshalb ins Unbewusste

→ Vergleiche Seite 169

verdrängen, umso stärker lehnen wir sie bei anderen Menschen ab und verurteilen diese manchmal gnadenlos dafür. Eine ausgesprochen intolerante Einstellung gegenüber bestimmten Wesensarten oder Verhaltensweisen deutet darauf hin, dass diese auch in einem verborgenen Winkel des eigenen Ich vorhanden sein könnten.

So mag beispielsweise ein Mann, der Homosexualität extrem anprangert und verurteilt, eine unterdrückte Neigung dazu haben, die er sich selbst niemals eingestehen und tatsächlich in sich gar nicht vermuten würde, da sie vollständig verdrängt wird.

Als ich in jungen Jahren, zu einer Zeit in der ich vermeintlich aus Überzeugung Askese praktizierte und Menschen, die in meinen Augen zu genusssüchtig lebten, verurteilte, besuchte ich an der Uni eine Grafologie-Vorlesung. Wir Studenten übten auch an Schriftproben unserer Kommilitonen; ich war ganz gut darin, ihre Wesenszüge anhand der Schrift zu erkennen. Als meine Banknachbarin meine Schrift analysierte und mir sagte, sie sehe eine stark lustbetonte Seite, verneinte ich dies vehement und hielt sie für grafologisch ziemlich unbegabt. Doch am Abend, als ich die Vorlesungsnotizen durchging und meine Schrift anschaute... Schockiert musste ich feststellen: Solche Elemente intensiver Lustbetonung waren tatsächlich in hohem Maße vorhanden. Damals nicht bereit, diese Schattenseite in mir anzuerkennen, konnte ich es mir nicht erklären und fühlte mich verwirrt.

Bei allem, was uns an Mitmenschen ärgert, nervt, entrüstet oder wofür wir sie verurteilen, müssen wir uns bewusst sein: Wir blicken dabei gewissermaßen in einen Spiegel und es besteht Grund zur Annahme, dass exakt diese Eigenschaften auch zu uns gehören. Wollen wir an unserer inneren Entwicklung arbeiten, sollten wir unseren Schatten in ehrlicher Innenschau aufspüren und ihn auf jeden Fall als Teil von uns annehmen – halten wir ihn auf den ersten Blick für noch so schlecht und verwerflich.

Erst wenn wir die dunklen Seiten objektiv betrachten, können wir lernen, damit umzugehen. Dann werden wir uns entweder bemühen, sie zu verwandeln, falls wir sie immer noch als negativ beurteilen, oder uns mit ihnen versöhnen, weil wir erkennen, dass es sich dabei gar nicht um „schlechte" Seiten handelt.

Der Wahrheitsliebende, der in die Hölle kam
Eine indische Geschichte

Ein Einsiedler saß unter einem Baum und meditierte, als eine Stimme ihn plötzlich aus seiner Versenkung riss. Er öffnete die Augen und sah, wie ein Mann mit angstverzerrtem Gesicht den Baum hochkletterte. „Banditen sind hinter mir her!", erklärte er. „Ich verstecke mich jetzt im dichten Laub, bitte sag ihnen nicht, wo ich bin."

Kurz darauf trafen die Verfolger beim Einsiedler ein und fragten ihn, ob er wisse, wo der von ihnen Gesuchte sei. Der heilige Mann, der niemals gelogen hätte, bejahte es. Natürlich bedrängten ihn die Banditen, ihnen das Versteck zu nennen. Als der Asket sich weigerte, schlugen sie ihn und drohten ihm, ihn umzubringen, falls er nicht redete.

Nun geriet er in einen Gewissenskonflikt. Da erinnerte er sich an eine Passage aus den heiligen Schriften: „Du musst deinem Körper Sorge tragen, denn er ist dein Instrument für die Gottesverwirklichung." Um nicht zu sterben, musste er also tun, was man von ihm verlangte. Er zeigte mit dem Finger nach oben in den Baum.

Augenblicklich holten die Banditen den Mann herunter und schnitten ihm die Kehle durch.

Viele Jahre später starb der Eremit und seine Seele stieg zum Himmel hoch. Doch da wartete Yama, der Herrscher der Hölle, auf ihn und sagte: „Bevor du endgültig in den Himmel darfst, musst du die Grauen der Hölle sehen."

Der Heilige war empört und erwiderte: „Ich habe immer gerecht gehandelt! Ich verdiene es nicht, auch nur eine Sekunde in der Hölle zu verbringen."

Yama erinnerte ihn an jenen Tag, als er den Mann auf dem Baum verraten hatte, und erklärte: „Du missverstehst, was Wahrheit bedeutet. Aus einer wahrhaftigen Tat entsteht immer Gutes. Doch dein Verhalten hat das Leben eines Unschuldigen gekostet. Dabei lag es in deiner Hand, euch beide zu retten: Du hättest mit dem Finger doch einfach in eine andere Richtung zeigen können."

Gibt es auf dem spirituellen Weg nicht wichtigere Prioritä-
ten, woran wir arbeiten sollten, beispielsweise am Urver-
trauen und an der Hingabe an das Göttliche, als die Energie
dafür einzusetzen, nicht zu lügen?

Wir sollen nicht lügen, steht in der Bibel als neuntes Gebot → Vergleiche Seite 189
(achtes in der katholischen Version), nach Geboten wie: „Du
sollst den Namen des Herrn, deines Gottes nicht missbrauchen" und „Du sollst deinen Vater und deine Mutter ehren",
aber vor „Du sollst nicht begehren die Frau deines Nächsten".

Es stellt sich die Frage, ob die Reihenfolge der Gebote von
1 bis 10 eine Rangfolge nach Priorität darstellt oder ob alle
zehn gleich wichtig und gleichermaßen einzuhalten sind.

In den östlichen Religionen ist das Phänomen bekannt,
wie immer wieder auch alles andere als vollkommene, also
„unwürdige" Menschen trotz ihrer Mängel die Gottesverwirklichung erfuhren; ein Beispielfall aus dem Christentum
ist Saulus, einer der gefürchtetsten Christenverfolger, dem
sich Jesus unerwartet offenbarte, worauf er sich zum Christentum bekehrte und zum Apostel Paulus wurde.

Es scheint also auf dem Weg zum Göttlichen keine allge-
meingültigen Regeln zu geben, wonach eine bestimmte Stufe erreicht sein muss, bevor wir zur nächsten fortschreiten.
Folglich gibt es wohl auch keine bestimmte Reihenfolge für
unser Bemühen. Zudem unterscheiden sich die Menschen
in Bezug auf ihre Unzulänglichkeiten stark voneinander,
sodass jeder einzelne an dem arbeiten muss, was er bei sich
selbst gerade als unvollkommen erkennt. Ich will einmal
mehr festhalten: Es gibt so viele Wege zum Göttlichen, wie
es Menschen gibt.

Worauf ich auch immer wieder gerne hinweise: Wir sollen uns nicht überfordern, nicht meinen, wir müssten sofort
und gleichzeitig alle sogenannten Fehler und schlechten
Eigenschaften loswerden. Es ist besser, uns auf eine, höchstens zwei Aufgaben zu konzentrieren, denn schon dafür die
Achtsamkeit im Alltag aufrechtzuerhalten, ist äußerst an-
spruchsvoll. In diesem Sinne ist es durchaus vernünftig,
wenn jeder für sich selbst die Prioritäten setzt.

Noch etwas sollten wir aber bedenken, falls wir meinen, das Urvertrauen aufzubauen sei wichtiger, als darauf bedacht zu sein, nicht zu lügen. Was heißt denn konkret, das Urvertrauen aufbauen? Diese Aufgabe besteht aus vielen kleinen Puzzleteilen des Alltags, wir können ja nicht abstrakt, gewissermaßen theoretisch darin wachsen. Und eines dieser Puzzleteile ist auch das Bemühen, nicht zu lügen, denn dazu benötigen wir unter anderem das Urvertrauen: Wir haben keine Angst, die Wahrheit zu sagen, weil wir darauf vertrauen, dass die Folgen unserer Rede immer so ausfallen, wie es gut für uns selbst und für alle Beteiligten ist.

Das Gleiche gilt für die Hingabe ans Göttliche: Wie wollen wir uns dem Göttlichen ganz ergeben, solange wir noch Angst haben, die Wahrheit zu sagen?

Doch wie oben erwähnt: Wir können unsere Achtsamkeit im Alltag nicht gleichzeitig darauf richten, nicht zu lügen, uns nicht ständig zu erklären und zu rechtfertigen, keine Schuldgefühle zu empfinden, die Gedanken nicht ziellos herumwandern zu lassen, jede Tat dem Göttlichen zu weihen und ganz bei der Sache zu sein, den Gleichmut gegenüber Unangenehmem zu praktizieren, die Wut, Überheblichkeit, Eifersucht und mehr im Zaum zu halten und und und. Eine Aufgabe aufs Mal ist genug – und im vorliegenden Kapitel ist es nun die, nicht zu lügen.

*   *   *

Ist eine Lüge nicht besser als die Wahrheit, wenn wir dadurch verhindern, jemanden zu verletzen oder zu belasten?
Dieses Thema, andere nicht verletzen oder belasten zu wollen, gehört im Grunde genommen in den Zusammenhang des Urvertrauens und des Selbstwertgefühls.
• *Urvertrauen.* Ich vertraue darauf, dass ich niemanden verletzen könnte, ließe das Göttliche es nicht zu; ich bin lediglich sein Werkzeug.

→ Wie wir mit Verletzungen umgehen lernen, siehe Seiten 32 und 102

Es ist ja so, dass wir in der Lebensschule am meisten lernen, wenn wir in schwierige oder schmerzhafte Situationen geraten; eine davon, unter welcher viele Menschen leiden, ist die eigene Verletzlichkeit. Wir tun deshalb niemandem einen Gefallen, falls wir ihn – um den Preis einer Lüge unsererseits – davor bewahren, sich dieser Unzulänglichkeit zu stellen. Nur wer immer wieder mit solchen Situationen konfrontiert wird, kann daran wachsen, bis er schließlich nicht mehr so verwundbar ist.

Ich will hier aber in aller Deutlichkeit daran erinnern, dass wir für unsere Handlungsweise immer die Verantwortung tragen: Haben wir jemanden leichtfertig oder mutwillig verletzt, so können wir es nicht damit entschuldigen, das Göttliche habe es wohl so gewollt, sonst wäre es nicht geschehen. Doch zu glauben, wir seien verpflichtet zu lügen, um jemanden zu schonen, ist gewiss falsch.

→ Vergleiche Seite 178

• *Selbstwertgefühl.* Oft schrecken wir davor zurück, jemanden durch die Wahrheit zu verletzen, weil wir befürchten, dadurch seine Sympathie, Wertschätzung, Anerkennung, Liebe zu verlieren. Dieses Verhalten beruht also auf unserer Angst, nicht auf unserer Nächstenliebe – und Angst sollten wir in jedem Fall und in jeder Situation überwinden.

Doch die Frage, ob es gerechtfertigt sein kann zu lügen, lässt sich nicht allgemeingültig beantworten. Das Göttliche und der Weg zu ihm sind nicht so starr und gesetzmäßig, wie wir es gerne hätten. Nicht ist absolut richtig und nichts absolut falsch. Ein Bekannter von mir, der geschäftlich oft auf Reisen war, schickte seiner überbesorgten Frau jeweils ein SMS, er sei gut am Ziel angekommen, obwohl er noch in einem Stau steckte. Dadurch wollte er ihr ersparen, sich noch ein paar Stunden länger um ihn zu sorgen. Wer will sich ein Urteil anmaßen, was in diesem Fall richtiger ist: Die Frau aus Liebe anlügen oder ihr die Chance bieten, sich mit ihrer Sorge, die auf mangelndem Urvertrauen beruht, auseinanderzusetzen.

Unser einziger zuverlässiger Wegweiser ist unsere Innere Stimme: Rät sie uns zu einer Lüge, so dürfen, ja sollen wir ihr auch darin vertrauen.

In diesem Zusammenhang will ich dir noch einen Denkanstoß geben: Fühlst du dich nicht verletzt oder erniedrigt, wenn du angelogen wirst? Wahrscheinlich schon. Warum glaubst du dann aber, das treffe für andere nicht zu und sie wollten lieber eine Lüge hören als die Wahrheit?

→ Vergleiche Seite 138

* * *

Wie verhält es sich, wenn wir für andere lügen, beispiels-
weise im Geschäftsleben einem Kunden gegenüber an erlo-
genen oder übertriebenen Werbeaussagen der Firma fest-
halten müssen?

→ Siehe die
indische
Geschichte auf
Seite 148

Das Lügen für andere ist ein komplexes Thema. Bittet uns jemand darum, ihm zuliebe die Unwahrheit zu sagen, was geht dann vor: das Prinzip, nicht zu lügen, oder die Nächstenliebe? Und im Geschäftsleben, falls wir um unseren Arbeitsplatz und somit um die eigene Existenz und das Wohlergehen der Familie bangen?

→ Vergleiche
auch die nächste
Antwort

Besäßen wir genügend Urvertrauen, stellte sich uns dieses Problem nicht. Wir würden immer die Wahrheit sagen und darauf vertrauen, dass alles so kommt, wie es gut und richtig ist. Und täten das alle, wäre das Geschäftsleben viel einfacher. Doch da dies eine Utopie ist, bleibt uns nichts anderes übrig, als in jeder einzelnen Situation nach unserem eigenen Gewissen zu handeln.

Die einzuhaltenden Grenzen müssen wir in jedem Fall so stecken, dass niemand gravierend zu Schaden kommt; es wäre paradox, zum Vorteil des einen zu lügen, wenn daraus einem anderen oder uns selbst ein erheblicher Nachteil erwächst.

* * *

Es gibt doch Situationen, in denen die Wahrheit ausschließ-
lich Schaden anrichtet und eine Lüge in jedem Fall besser
ist?

Ein klassisches Beispiel dafür ist der Seitensprung. Betrügt jemand den Partner und handelt es sich um einen einmaligen, rein sexuellen Ausrutscher, von dem der Partner nie erfahren wird: Wozu soll er es ihm dann beichten, ihm Schmerz zufügen und die glückliche Beziehung aufs Spiel setzen?

Aber: Wie gut ist eine Beziehung denn wirklich, können wir dem Reiz eines Seitensprungs nicht widerstehen oder befürchten, der Partner würde uns vielleicht nicht verzeihen? Zugegeben, das sind provokante Fragen. Wir sind alle nicht vollkommen und handeln von Zeit zu Zeit unredlich, oft nur aus einer *momentanen* Schwäche.

Es wäre vermessen, für diese und ähnliche Situationen → Vergleiche Seiten 143 bis 145 generell festzulegen, wir müssten immer die Wahrheit sagen. Klar scheint mir der Fall zu liegen, wenn der Partner Verdacht schöpft und uns zur Rede stellt: Dann ist es wichtig, zu uns selbst und zu unserem Verhalten zu stehen und bei der reinen Wahrheit zu bleiben.

Andernfalls dürfen wir es vielleicht dem Göttlichen überlassen: Soll der Seitensprung ans Licht kommen, weil diese Erfahrung uns selbst und unseren Partner etwas lehren will, dann wird es geschehen. Da spielen ja manchmal ganz dumme „Zufälle" mit. Geht die Beziehung daraufhin auseinander, so ist diese Erfahrung gleichermaßen für beide Partner vom Göttlichen bestimmt.

Was ich hingegen als ein egoisches Verhalten betrachte: den Seitensprung beichten, weil ich mein schlechtes Gewissen nicht mehr ertrage, also den Partner belasten, um mir selbst Erleichterung zu verschaffen.

Im Grunde genommen spielt bei all diesen Unsicherheiten, sowohl im Privat- als auch im Geschäftsleben, ob denn die Wahrheit oder eine Notlüge besser sei, das Urvertrauen → Vergleiche Seite 22 die entscheidende Rolle. Sind wir zutiefst davon überzeugt, dass wir einer für uns bestimmten Erfahrung nicht ausweichen können und uns nichts zustoßen kann, was nicht in unserem Lebensplan für uns vorgesehen ist, so können wir in jeder Lage die Wahrheit sagen. Dann ließe sich dieses ganze Kapitel 4 auf die Titelaussage reduzieren: Du sollst nicht lügen. Nie, unter keinen Umständen.

* * *

Wie können wir uns die banalen Lügen und harmlosen Schwindeleien, die uns ständig ungewollt herausrutschen, abgewöhnen?

Abgewöhnen, das trifft exakt zu: Es handelt sich tatsächlich oft nur um eine schlechte Gewohnheit, es mit der Wahrheit nicht allzu genau zu nehmen, sodass uns Lügen ganz spontan und leicht über die Lippen kommen. Es sind dies meistens keine schwerwiegenden Unwahrheiten, sondern eine Übertreibung hier, eine Auslassung dort, Ungenauigkeiten, erfundene Ausreden, ...

→ Vergleiche
Kapitel 2,
Seiten 51ff.

→ Den Energie-
verlust durch
unsere Maske
erläutere ich in
Kapitel 5 von
Band IV; Info
siehe Seite 252

Dennoch ist es eine schlechte Gewohnheit, und wir sollten uns darum bemühen, sie loszuwerden. Selbst wenn wir anderen Menschen dadurch keinen Schaden zufügen, so ist das Lügen nachteilig für uns selbst. Wir zeigen uns dabei nämlich nicht, wie wir sind, wir halten eine Maske aufrecht, was uns unnötig Energie kostet.

Wie bei allen Gewohnheiten bedarf es der Achtsamkeit. Anfänglich werden wir es meistens erst merken, wenn wir die Lüge bereits geäußert haben; dann sollten wir sie zurücknehmen und berichtigen. Dadurch stärken wir auch das Selbstwertgefühl und unseren Mut. Tun wir das immer wieder, bleibt die Lüge mit der Zeit auf der Zungenspitze kleben, bevor sie uns herausrutschen kann, und irgendwann kommt sie nicht einmal mehr so weit. Wir werden in Gedanken und mit Worten ausschließlich bei der Wahrheit bleiben.

WEISHEITEN

Wahrheit ist, was anderen hilft. So ist Falschheit das, was anderen nicht hilft.
Nagarjuna

Wenn jemand lügt, ist es, als würde er seine eigene Zunge mit einer Axt abschneiden. Lügen sind die Banner des Bösen und binden uns an Böses. Sie sind die Quelle von Unwissenheit und Dunkelheit.
Hsing Yun

Eine Wahrheit, die Frieden und Harmonie beeinträchtigt, ist schlimmer als eine Lüge.
Hazrat Inayat Khan

Die meisten menschlichen Wesen besitzen die tief verwurzelte Gewohnheit, sich selbst zu betrügen. Das tun sie auf hundert verschiedene Arten, eine trickreicher, listiger und raffinierter als die andere, und immer mit vollkommener Unschuld und vollkommener Unehrlichkeit zugleich.
The Mother

Diese Art von Schwindel, bei dem man zwar die Kühnheit besitzt, die Wahrheit einzugestehen, aber doch nur, indem man sie großenteils mit Lügen versetzt, die sie verfälschen, ist verbreiteter, als man denkt.
Marcel Proust

Nicht dass du mich belogst, sondern dass ich dir nicht mehr glaube, hat mich erschüttert.
Friedrich Wilhelm Nietzsche

Einen Fehler durch eine Lüge zu verdecken heißt, einen Flecken durch ein Loch zu ersetzen.
Aristoteles

Was du teurer bezahlst, die Lüge oder die Wahrheit? Jene kostet dein Ich, diese doch höchstens dein Glück.
Christian Friedrich Hebbel

◇ Grundsätzlich gilt: Ich soll nur die Wahrheit sagen, klar und unmissverständlich – außer meine Innere Stimme meldete sich, um mich daran zu hindern.

◇ Will ich etwas nicht sagen, so teile ich es deutlich mit und schweige, anstatt mich in eine Lüge zu flüchten.

◇ Auch Notlügen, Halbwahrheiten, vermeintlich harmlose Schwindeleien und mehr dergleichen sind Lügen.

◇ Nur durch Aufrichtigkeit helfe ich den Mitmenschen bei ihrer inneren Entwicklung, nicht hingegen wenn ich lüge aus Angst, sie zu verletzen.

◇ Mir selbst gegenüber soll ich stets schonungslos ehrlich sein. Auf die Dauer kann ich mich ohnehin nicht täuschen, denn die Wahrheit lauert immer in mir. Meine Schattenseiten sollte ich gleichmütig anschauen, mich mit ihnen versöhnen und sie dann verwandeln, sofern ich sie tatsächlich für schädlich halte.

❖ Lüge ich manchmal aus Angst, jemanden zu verletzen?

❖ Zeige ich mich nicht, wie ich wirklich bin, aus Angst, von meinen Mitmenschen nicht anerkannt und geliebt zu werden?

❖ Stehe ich nicht immer zu dem, was ich denke, sage und tue?

❖ Missbrauche ich den Wahrheitsanspruch, um andere bewusst zu verletzen oder ihnen zu schaden?

❖ Lasse ich mich von meinem Ego zu Lügen verleiten, um mir einen Vorteil zu verschaffen oder einen Nachteil zu vermeiden?

❖ Lüge ich aus Gewohnheit?

❖ Scheue ich mich, in mich hineinzuschauen und hineinzuhorchen, um die Wahrheit nicht erkennen zu müssen?

Entwicklungsziel

Ich verbanne die Lügen meinen Mitmenschen gegenüber aus meinem Leben. Deshalb achte ich bei meiner Rede darauf, nur die Wahrheit zu sagen, und verzichte auf absichtliche Irreführungen und erwünschte Missverständnisse. Mit mir selbst bin ich schonungslos ehrlich und lasse die Rechtfertigungen und Verharmlosungen des Ego nicht zu.

→ Bitte beachte „Tipps zum Umgang mit der Sonnwandeln-Reihe" auf Seite 17

Du kannst beide Aufgaben gleichzeitig in Angriff nehmen, da sie im Prinzip die gleiche Anforderung an die Achtsamkeit und Wahrhaftigkeit stellen.

Aufgabe A: Aufrichtigkeit gegenüber Mitmenschen.

Die Aufrichtigkeit soll zu einer eingeübten Gewohnheit werden, sodass jedes Mal, wenn ich eine Unwahrheit äußere, meine innere Warnlampe aufleuchtet – so oft und so lange, bis mir nur noch die Wahrheit über die Lippen kommt.

• Ich bin wachsam, damit alles, was ich sage, der Wahrheit entspricht. Dabei achte ich besonders auf Unter- und Übertreibungen; auf Formulierungen, die falsche Schlüsse zulassen; auf Aussagen, die gewollt unpräzis sind oder Wesentliches verschweigen; auf Lügen, die mir unüberlegt, voreilig entschlüpfen; auf Notlügen und harmlose Schwindeleien.

• Auf Fragen antworte ich ausschließlich mit der reinen Wahrheit. Will ich eine Frage nicht beantworten, so kommuniziere ich das klipp und klar; es ist immer besser zu schweigen als zu lügen.

• Habe ich eine Unwahrheit geäußert und merke es, berichtige ich den Sachverhalt sofort. Ich scheue mich nicht zuzugeben: „Was ich soeben gesagt habe, stimmt nicht. Es ist in Wirklichkeit …"

• Ich beherzige diese Weisheit: Ich brauche nicht alles zu sagen, was wahr ist; aber alles, was ich sage, muss wahr sein.

Aufgabe B: Ich bin ehrlich zu mir selbst.
Bei dieser Aufgabe geht es darum, die eigenen inneren Regungen zu beobachten und zu analysieren.

Dabei achte ich ganz besonders darauf, absolut ehrlich zu mir selbst zu sein, auf die Entschuldigungen, Rechtfertigungen, Ausreden des Ego nicht hereinzufallen. Es geht dabei um eine offene Kritik an mir selbst, ich gestehe mir ein, was nicht gut oder falsch ist. Doch niemals verurteile oder erniedrige ich mich wegen meiner Unzulänglichkeit. Vielmehr schaue ich sie einfach an und mache mir bewusst, dass sie nicht zu mir gehört: Ich bin die reine Seele, alles Unvollkommene gehört zum Ego. Und ich nehme mir vor, diese Unvollkommenheiten zu verwandeln.

Affirmationen

→ Bitte beachte die detaillierte Anleitung auf Seite 236

ICH ÖFFNE MICH DER EHRLICHKEIT.

ICH HALTE MEINE GEDANKEN STÄNDIG AUF DIE WAHRHEIT GERICHTET.

ICH WAGE DEN SCHRITT IN EIN AUFRICHTIGES LEBEN.

ALLES, WAS ICH SAGE, ENTSPRICHT DER WAHRHEIT.

ICH SAGE IMMER SOFORT, WAS ICH ZU SAGEN HABE.

ICH HABE DEN MUT, ZU DEM ZU STEHEN, WAS ICH DENKE, SAGE UND TUE.

ICH BIN ABSOLUT AUFRICHTIG ZU MEINEN MITMENSCHEN.

ICH BIN ABSOLUT EHRLICH ZU MIR SELBST.

ICH SUCHE UND FINDE DIE ANTWORTEN IN MIR.

ICH SCHAUE MUTIG IN MICH HINEIN.

MEINE WAHRHEITSLIEBE IST STARK.

ICH VERTRAUE DER WAHRHEIT IN MIR.

ICH NEHME MICH MIT ALL MEINEN SCHATTENSEITEN AN.

MEDITATION

• Ich schließe die Augen und werde innerlich still, indem ich mich auf den Atem konzentriere, ohne seinen Rhythmus zu beeinflussen. Bei dieser Übung verbleibe ich, bis ich innerlich ruhig bin und die Gedanken einigermaßen schweigen.

→ Bitte beachte die detaillierte Anleitung auf Seite 237

• Wenn ich ruhig und still bin, stelle ich mir die erste Frage: *Welche ist meine Lebenslüge?* Ich kann die Frage in Gedanken formulieren oder sie mir bildlich auf einer Wandtafel oder einer weißen Wand geschrieben vorstellen. Vielleicht wiederhole ich sie auch mehrmals. Dann schweige ich innerlich und lasse geschehen: Es können Bilder aufkommen, Intuitionen, eine Art Wissen und mehr. Ich versuche, nicht zu denken oder zu analysieren, sondern nur zu schauen und wahrzunehmen.

• Ist diese Erfahrung verblasst, stelle ich mir in der gleichen Weise eine zweite Frage: *Was ist meine Lebenswahrheit?* Wieder lasse ich geschehen, schaue, was in mir aufkommt.

• Beginnt die Erfahrung zu verblassen, so fühle ich mich wohl und geborgen, genieße den Frieden und die Ruhe in mir. Dann atme ich tief in den Bauch, öffne die Augen, verharre noch eine Weile regungslos, schaue um mich, spüre meinen Körper und bewege mich langsam.

EMPFOHLENE BACH-BLÜTEN

→ Bitte beachte
die detaillierte
Anleitung
auf Seite 240

Blüten bei Lügen anderen gegenüber

Seelenzustand	Nr.
Um die Aufmerksamkeit und Zuwendung anderer zu bekommen, neige ich zu Übertreibungen und Lügengeschichten.	14
Weil ich zu wenig Selbstvertrauen habe, greife ich zu Ausreden und Notlügen, um Aufgaben und Erwartungen aus dem Weg zu gehen.	19
Um meinen Willen durchzusetzen, benutze ich auch Mittel wie Manipulation, Lüge, Intrige usw.	32

Gewählte Blüten:

☐ ☐ ☐

Blüten bei Lügen sich selbst gegenüber

Seelenzustand	Nr.
Ich vermeide es, ehrlich in mich hineinzuschauen, indem ich mich mit Äußerlichkeiten ablenke.	1
Weil ich nicht absolut ehrlich zu mir selbst bin, lerne ich zu wenig aus den gemachten Erfahrungen.	7
Bei meinem Blick auf die Vergangenheit bin ich nicht kritisch und ehrlich genug und glorifiziere sie deshalb.	16

Gewählte Blüten:

☐ ☐ ☐

EMPFOHLENER HEILSTEIN: LAPISLAZULI

→ Bitte beachte
die detaillierte
Anleitung auf
Seite 243

Wirkung

Der Lapislazuli fördert die Ehrlichkeit und Wahrheitsliebe und vermittelt mehrere Eigenschaften, die uns dazu verhelfen: Integrität, Konfliktbereitschaft, zu unserer Meinung zu stehen, unsere Bedürfnisse schonungslos auszudrücken. Er drängt zudem zur Innenschau, indem er uns den Spiegel vorhält. Je dunkler die Farbe des Lapislazuli, desto stärker ist seine Wirkung.

Anwendung

Auf dem Körper tragen.
Warnhinweis: Auf keinen Fall verwenden bei niedrigem Blutdruck.

Reinigen und Aufladen

Einmal pro Monat in einer Schale mit Hämatit-Trommelsteinen entladen; in einer Bergkristallgruppe aufladen. Nicht an die Sonne legen, sie macht den Stein brüchig.

Nachdem du eine Weile – in der Regel mehrere Wochen – in deinem Alltag zum Thema dieses Kapitels an dir gearbeitet hast, blickst du kurz zurück und schaust, wo du stehst. Kreuze bei den untenstehenden Aussagen an, was auf dich zutrifft. Sei ehrlich zu dir selbst, ohne falsche Bescheidenheit und ohne Selbstvorwürfe oder Entmutigung – es ist nur eine Bestandesaufnahme, ohne Wertung, um zu erkennen, in welchem Bereich du dich noch bemühen kannst... damit du wirst, was du bereits bist.

Lernziele dieses Kapitels Erreicht:	Ja	Nein
Habe ich verstanden, dass ich, spirituell gesehen, jede Lüge, auch die sogenannt harmlosen, vermeiden sollte? Oder: Gelingt es mir besser, auf die sogenannt harmlosen Lügen, Notlügen, Übertreibungen und Ähnliche zu verzichten?	☐	☐
Erkenne ich jeweils, wenn ich die Grenze zwischen Wahrheit und Lüge überschreite, indem ich Tatsachen verschweige, etwas nur andeute oder geschickt formuliere oder hinter Humor/Ironie verstecke?	☐	☐
Wenn ich lüge, ist mir bewusst, welche meiner Ängste mich dazu treibt?	☐	☐
Bemühe ich mich vermehrt um Aufrichtigkeit meinen Mitmenschen gegenüber, im Bewusstsein, ihnen dadurch zu helfen?	☐	☐
Vertraue ich in Bezug auf das Lügen meiner Inneren Stimme?	☐	☐
Bin ich mir selbst gegenüber ehrlicher geworden? Oder: Schaue ich in mich hinein, auch wenn es schmerzhaft ist? Oder: Wage ich es, meinen Schatten zu erkennen, und mich mit ihm zu versöhnen?	☐	☐
Lasse ich mich inzwischen weniger häufig von meinem Ego verführen, wenn es mir Rechtfertigungen suggeriert für meine Unzulänglichkeiten?	☐	☐

Mein weiterer Entwicklungsschritt

Notiere jetzt eine Einsicht/Herausforderung/Aufgabe, an der du arbeiten willst – aber nur eine! Dann prägst du sie dir gut ein, bittest das Göttliche, dich dabei zu führen und dein Bemühen zu fördern, und lässt sie los. Du kannst jetzt mit dem nächsten Kapitel und dessen Aufgaben weiterfahren.

Den Entwicklungsschritt, den du hier aufgeschrieben hast, darfst du von Zeit zu Zeit nachlesen, gewissermaßen zur Erinnerung, aber beschäftige dich gedanklich nicht mehr damit. Den Impuls hast du nämlich gesetzt – überlass es dem Göttlichen, ihn so umzusetzen, wie es für dich gut ist.

165

Übernehmen wir kritiklos Normen, Regeln, Konventionen, ohne über ihren Sinn nachzudenken, ergeht es uns wie einem Fluss, der begradigt und eingedämmt sich nicht mehr seinen eigenen Lauf suchen darf und durch künstliche Katarakte an der natürlichen Fließgeschwindigkeit gehindert wird, sodass aus ihm ein träger Strom wird.

5. Ethik und Moral – Normen, Regeln, Konventionen

Themen dieses Kapitels
• Der Wert von Geboten und Verboten • Die Spiritualität steht über der Moral • Kavaliersdelikte • Mehr Schein als Sein • Den inneren Verhaltenskodex prüfen • Kinder brauchen klare Grenzen • Wir erlassen ständig Verbote und Gebote • Machen, was wir wollen, solange wir niemandem schaden? • Über andere richten

Entwicklungsziel
Ich achte auf die Normen, Regeln, Konventionen, Wertmaßstäbe, denen ich unterworfen bin, und hinterfrage sie, und zwar die allgemeinen gesellschaftlichen ebenso wie die mir von meinem Umfeld (Familie, Freunde) auferlegten. Über jene, die ich als nicht sinnvoll erachte, setze ich mich mutig hinweg.

Der Wert von Normen und Regeln

Es gibt wohl kaum jemanden, der *nie* ein Verbot missachtet, etwa bei Rot die Straße überqueren oder im Krankenhaus das Handy eingeschaltet lassen, und immer alle Vorschriften befolgt, wie jedes Mal vor dem Fußgängerstreifen anhalten oder den Müll konsequent trennen. Wir sind uns wohl bewusst, dass es sich bei den erwähnten Beispielen um Übertretungen handelt, doch wir betrachten sie als Kavaliersdelikte und empfinden dabei kein schlechtes Gewissen. Dies trifft nicht nur auf den rechtlichen Bereich zu, sondern auch auf manche Normen des moralischen und ethischen Verhaltenskodex unserer Gesellschaft und ebenso auf die Gebote und Verbote von Religion und Kirche.

→ Das Lügen betrachten wir auch als Kavaliersdelikt; vergleiche Seite 138

Einige Verbote empfinden wir zwar als überflüssig und ungerechtfertigt, beispielsweise gewisse Geschwindigkeitsbegrenzungen im Straßenverkehr. Beachten wir sie dennoch, dann nur widerwillig, weil wir die Strafe fürchten. Oder wir setzen uns darüber hinweg und hoffen, nicht erwischt zu werden. Dennoch gibt es nur wenige überzeugte Anarchisten; die meisten Menschen glauben, keine Gemeinschaft könne ohne Gesetze funktionieren und würde im Chaos, mit Mord und Totschlag enden.

Gebote, Verbote, Normen und Regeln waren und sind tatsächlich alles andere als sinnlos: Sie hindern das Individuum daran, sein Ego hemmungslos walten zu lassen, und ermöglichen erst das Zusammenleben in einer Familie, Sippe, Nation. Doch wir müssen uns bewusst sein, dass alle Vorschriften zeit- und ortsabhängig sind und nicht einem in aller Ewigkeit und überall gültigen, sakrosankten Gesetz entsprechen. Auch was wir als ethisch und moralisch bezeichnen, ist nicht minder auf Region und Epoche beschränkt: So galt und gilt etwa die Blutrache in gewissen Gegenden als ehrbare Pflicht, während wir in der heutigen westlichen Welt sie als barbarische Sitte verurteilen. Ähnliches trifft, um ein anderes Beispiel zu nennen, auf die Homosexualität zu, die in Deutschland bis in die zweite Hälfte des 20. Jahrhunderts noch strafbar war, in einigen Bundesstaaten der USA gar bis vor wenigen Jahren, genau wie es derzeit noch in muslimischen Ländern der Fall ist; bei uns sind gleichgeschlechtliche Beziehungen inzwischen hingegen zu einer normalen Erscheinung geworden, an der sich nur Fundamentalisten noch stoßen.

Mehr Schein als Sein

Die Gebots- und Obrigkeitshörigkeit ist oft anerzogen und kulturell bedingt. Ein gutes Beispiel dafür sind die heutigen religiös geprägten Gesellschaften ohne Trennung von Staat und Kirche, die sich strikte an den Buchstaben der heiligen Schriften halten und fanatisch darüber wachen wollen. Dieses Phänomen gehört aber auch in unserer christlich-abendländischen Kultur noch nicht lange der Vergangenheit an: Bis Ende des 19. Jahrhunderts, in manchen Regionen sogar bis weit ins letzte hinein, übte die Kirche eine bedeutende Macht auf die Menschen aus und machte ihnen mit Drohungen von Fegefeuer und Hölle Angst, sodass sie sich den sittlichen und moralischen Vorschriften und Konventionen fügten. Zumindest in der Öffentlichkeit.

Denn das Ego war immer schon stark und ließ sich durch Vorschriften nicht von seinem Begehren abhalten, höchstens zuweilen durch die Angst vor Bestrafung. Es gab in der westlichen Welt damals nicht weniger „Sünder" als gegenwärtig, ebenso wie es derzeit in religiösen Ländern nicht weniger gibt als bei uns.

Wo Gebote und Verbote mächtig und gefürchtet sind, geben die Menschen sich zwar gegen außen gläubig, angepasst und genormt und verurteilen die „Sündigen" mitunter gnadenlos, doch im Verborgenen missachten sie Vorschriften – ein heuchlerisches und verlogenes Verhalten. Dennoch fühlen die meisten sich dabei wahrscheinlich sicherer, denn es ist genau bekannt, was sich gehört und was man nicht tut, die Grenzen ihrer jeweiligen Lebensgemeinschaft sind klar definiert – und ebenso klar ist, dass sie alles Verbotene im Geheimen machen müssen. In liberalen Gesellschaften wie der unsrigen brauchen wir uns zwar nicht zu verstecken und Strafe zu befürchten, was jedoch nicht bedeutet, „Sünder" gegen die expliziten und impliziten Normen und Regeln der Mehrheit seien nicht der Kritik der angeblich Rechtschaffenen ausgesetzt.

→ Vergleiche Seiten 183 und 184

169

Im Schutz des Gesetzes

Viele Menschen wünschen sich tatsächlich klare Normen und Regeln auch für ihr individuelles Leben. So erstaunlich ist es nicht: Würden nicht wir alle in jedem Moment gerne verbindlich wissen, was „richtig" und was „falsch" ist, was wir dürfen und was nicht, was wir tun und was wir lassen sollen, um glücklich zu werden? Wünschten nicht wir alle uns unmissverständlich definierte Grenzen, innerhalb derer wir uns sicher bewegen können? Ist der Entscheidungsspielraum klar abgesteckt, so wird der freie Wille eingeschränkt, was uns im Grunde genommen nicht gefallen sollte. Aber – es gefällt uns doch, meistens unbewusst, denn es nimmt uns einen Teil der Verantwortung ab. Solange wir nur das machen, „was man darf", und unterlassen, „was man nicht darf", müssen wir keine Verurteilung durch unser Umfeld befürchten. Wir haben ja das „Richtige" getan, wir können nichts dafür, falls das Ergebnis nicht den Erwartungen entspricht oder etwas schiefgeht. Das bewahrt uns auch vor Selbstvorwürfen und Schuldgefühlen.

Daher ziehen manche Menschen ein Fremdbestimmungs-Gefängnis der Eigenverantwortungs-Freiheit vor. Es sind diejenigen, die sich selbst nicht vertrauen und die Konsequenzen ihres Tuns und Lassens fürchten. Wie Konstantin Wecker es treffend in einem seiner Lieder ausdrückte: „Nur die sich misstrau'n, brauchen Normen zum Sein".

Das darf auf spirituell Suchende mit dem Ziel, das Ego zu überwinden, nicht zutreffen. Wir sollen uns nicht scheuen, auch die allgemein anerkannte Ethik und Moral, bestehende Gebote und Verbote, festgeschriebene oder stillschweigende Normen, Regeln und Konventionen zu hinterfragen. Unser einziger Gesetzgeber ist unsere Innere Stimme, die Stimme der Seele, die ohne jeglichen Zweifel weiß, welches Verhalten im jeweiligen Augenblick für uns und die Mitmenschen richtig ist. Und unser alleiniger Richter sind wir selbst.

Die Spiritualität steht über der Moral.

Als spirituelle Menschen wissen wir, dass wir unser Verhalten nicht dem egoischen Wollen, eigenem oder des Kollektivs, dem wir angehören (Familie, Gemeinde, Staat), unterwerfen, sondern aus dem Gefühl der Einheit mit der ganzen Schöpfung handeln sollen. Ferner spüren wir, wie wir in einem kosmischen Plan eingebettet sind, in welchem das Geschehen von einem Höheren bestimmt und gelenkt wird, nach Kriterien, die wir nicht (immer) verstehen und beurteilen können.

→ Vergleiche Kapitel 5 von Band I; Info siehe Seite 250

Wollen wir wirklich frei sein, uns also ausschließlich dem Göttlichen unterordnen, müssen wir uns von jeglichen ethischen, moralischen und sonstigen gesellschaftlichen Geboten und Verboten lossagen, ja auch von idealistischen Vorstellungen, beispielsweise wie eine bessere Menschheit und eine lebenswertere Welt zu sein hat.

Keines der je erlassenen Gesetze, der gegenwärtig geltenden Normen und Regeln ist absolut wahr oder ewig während. Erst wenn wir verstehen, dass selbst eine allgemein anerkannte Unterscheidung von Gut und Böse lediglich auf der illusorischen Dualität beruht, die das Göttliche nicht als das Eine und Ganze sieht, werden wir die *einzig wahre* Unterscheidung erkennen: Alles, was uns dem göttlichen Ziel näher bringt, ist gut; alles, was uns vom göttlichen Ziel entfernt, ist böse.

→ Dualität: siehe Glossar Seite 245

Dann leuchtet uns auch ein, dass aus höherer Sicht etwas zu einer bestimmten Zeit seine Berechtigung haben mag, damit wir, als Individuum und/oder als Kollektiv, etwas lernen, uns weiterentwickeln. Später ergibt es jedoch keinen Sinn mehr und muss aufgegeben werden. Als Beispiel nenne ich die Sklaverei und Leibeigenschaft. Seit der Antike bis in die Moderne war die Vorstellung, gewisse Menschenrassen oder -gruppen seien minderwertig und man könne sie besitzen und willkürlich über sie verfügen, gar über ihr Leben und Sterben entscheiden, völlig legitim und allgemeines Gedankengut. Fast niemand, auch bei uns in Europa, fand daran etwas Anstößiges; die Leibeigenen selbst glaubten mehrheitlich daran, dies sei göttliche Ordnung.

Die Erkenntnis, dass alle Menschen gleich sind, musste sich erst entwickeln, denn sie war – und ist! – im Großen wie im Kleinen keine Selbstverständlichkeit. Sie gehört zum geistigen Evolutionsprozess der Menschheit und ist noch lange nicht überall gefestigt. Bis heute werden in vielen Gesellschaften Frauen oder Minderheiten unterdrückt, und Rassismus ist auf der ganzen Welt weit verbreitet.

Die Versklavten selbst mussten zuerst akzeptieren, nicht minderwertige Menschen zu sein, um sich dann aufzulehnen und für ihre Menschenwürde und -rechte zu kämpfen – was durchaus gegen die damaligen gesellschaftlichen Wertvorstellungen verstieß. Nach und nach sah die herrschende Klasse ein, dass es ein Unrecht ist, andere zu versklaven. Ein nächster Entwicklungsschritt bestand darin, die immer noch durch Gesetze festgeschriebene und von breiten Kreisen nicht als unmoralisch betrachtete Rassentrennung aufzuheben, was in den USA und in Südafrika erst in der zweiten Hälfte des letzten Jahrhunderts gelang. Zumindest de jure; de facto sind Farbige und Weiße noch nicht gleichgestellt.

Das Phänomen der Sklaverei diente im kosmischen Plan also dazu, die Menschen über ihre Gleichwertigkeit zu belehren – vielleicht als eine Vorstufe der Erkenntnis, dass alles eins ist? Selbstverständlich maße ich mir nicht an zu wissen, was der göttliche Plan mit der Sklaverei tatsächlich bezweckte. Ich habe lediglich einen Erklärungsversuch unternommen, um aufzuzeigen, wie ethische und moralische Werte zeit- und ortsgebunden sind, keinesfalls der absoluten Wahrheit entsprechen und zuweilen missachtet und überwunden werden *müssen*.

Schauen wir nun auf heutige Missstände, beispielsweise auf die Armut und die Umweltzerstörung, um nur zwei zu nennen. Viele Menschen betrachten sie als etwas, das es endlich zu verändern gilt, und bemühen sich darum – doch ebenso viele kümmert es immer noch nicht, weil sie entweder einen finanziellen Nutzen daraus ziehen oder einfach zu gleichgültig und nachlässig sind, solange es sie nicht unmittelbar und sofort betrifft. In der Umverteilung des Reichtums und dem Umwelt- und Artenschutz erkennen wir also gegenwärtige Lektionen der Menschheit.

Nach diesen ausführlichen Erörterungen will ich Folgendes festhalten: Die Sklaverei und die Rassentrennung waren früher etwas allgemein Akzeptiertes, sie entsprachen der damaligen Moral. Hätte es keine Menschen gegeben, Versklavte ebenso wie spirituell bereits weiterentwickelte Mitglieder der herrschenden Klassen, die diese Moral hinterfragten und bekämpften, wären wir heute noch keinen Schritt weiter.

Warum sollten wir demnach alle von der gegenwärtigen – größtenteils unspirituellen – Gesellschaft sanktionierten Normen und Wertvorstellungen kritiklos annehmen? Warum uns nicht vielmehr auf die spirituelle Ebene begeben und einzig auf die Innere Stimme hören, selbst gegen alle Stimmen unseres Umfelds? Nur unserer inneren Wahrheit vertrauen, wenn auch im Bewusstsein, dass sie bestimmt noch lange nicht die letzte, absolute Wahrheit darstellt? Darauf vertrauen und lernen, aus unseren Fortschritten und unseren „Fehlern".

* * *

Den inneren Verhaltenskodex prüfen und verändern
Gesetze sind schriftlich festgehalten, Verbote werden öffentlich bekannt gemacht, auch ethische und moralische Konventionen unseres sozialen Umfelds gehören zum Allgemeinwissen. Unbekannt sind uns hingegen viele Vorschriften, die wir im Unbewussten aufbewahren und die von hier unser Denken und Handeln steuern. Gerade weil sie uns nicht bewusst sind, können wir sie nicht hinterfragen und nicht frei entscheiden, ob wir sie (noch) als sinnvoll erachten und befolgen wollen.

Dieser innere Kodex ist also weitaus mächtiger als alle äußeren Gebote und Verbote. Ihn ins Bewusstsein zu holen und kritisch zu durchleuchten, ist aus den folgenden Gründen wichtig: → Vergleiche Seiten 52 und 56

• Wir haben ihn nicht freiwillig gewählt, vielmehr wurde er in uns „eingepflanzt"; er enthält die Vorschriften, die wir als Kinder befolgen mussten, um uns angenommen und geliebt zu fühlen („Das darfst du nicht tun", „Das musst du machen"), wovon manche nie nützlich waren und nur den persönlichen Vorlieben unserer Bezugspersonen entstammen, andere längst überholt sind.

• Dadurch beeinflusst dieser innere Kodex unser Wertesystem, also was wir für schön oder hässlich, für gut oder böse, für erstrebenswert oder unerwünscht halten. Zusammen mit den in uns gespeicherten Urteilen, die Menschen über uns gesprochen haben („Dafür bist du zu unbegabt", „Du bist zu dick", „Du bist ein Angsthase"), prägt er unser Bild eines „perfekten Menschen". Dieses Vollkommenheitsideal verfolgen wir, um denjenigen zu gefallen, von denen wir geliebt und angenommen werden wollen. Unnötig zu sagen, dass wir es niemals erreichen können.

• Somit zeichnet der innere Kodex verantwortlich für viele Selbstvorwürfe, Schuldgefühle, Versagensängste und andere negative Empfindungen.

• In der Folge führt er ebenfalls dazu, dass wir uns durch unseren inneren Richter selbst verurteilen und bestrafen für unsere Unvollkommenheit: Wir halten uns für wertlos, lieben uns selbst nicht und können die Liebe und Zuwendung anderer nicht annehmen.

• Durch dieses innere Glaubenssystem sehen wir nicht die Wirklichkeit unseres Selbst und unseres Umfelds, sondern stützen uns auf ein im Unbewussten konstruiertes Bild, das weitgehend unsere Einstellung und unser Urteil über andere prägt. Folglich auch unser Verhalten ihnen gegenüber – ohne dass wir willentlich etwas daran ändern könnten. Und dann wundern wir uns zuweilen darüber, warum wir durch Forderungen, Nörgelei und ähnliche Unarten immer wieder Konflikte provozieren und Beziehungen sogar zerstören...

Wollen wir absolut authentisch sein – selbstbewusst, selbstbestimmt, selbstverantwortlich –, müssen wir uns den inneren Kodex vor unser geistiges Auge holen, ihn anschauen und dann konsequent daran arbeiten, unser unfreiwillig geprägtes Denken und Handeln zu verwandeln. Dazu dient die Aufgabe zur Selbstveränderung dieses Kapitels, vor allem die „Innere Erfahrung".

→ Seite 192ff.

* * *

Auch wir selbst erlassen Gebote und Verbote.

Unsere zwischenmenschlichen Beziehungen sind davon geprägt, dass wir uns gegenseitig gewisse Dinge verbieten und andere fordern, manchmal nur unausgesprochen oder nicht mit klaren, unmissverständlichen Worten. Erwarten wir beispielsweise Treue von unserem Partner und Loyalität von Freunden, von den Eltern Hilfe und Unterstützung, vom Chef Fairness, von den Kollegen Solidarität, von den Nachbarn Rücksichtnahme, so sind dies alles Gebote, die wir explizit oder stillschweigend erlassen. Auch wenn sie natürlich teilweise auf allgemeinen moralischen und ethischen Wertvorstellungen oder Konventionen beruhen.

Ebenfalls stark von Geboten und Verboten geprägt sind viele banale Alltagssituationen: „Lass nicht immer überall das Licht brennen!"; „Trink nicht so viel!"; „Zieh dir etwas Anständiges an".

Dabei halten wir diese Regeln, die wir manchmal verniedlichend als Wünsche oder Bitten bezeichnen, stets für gerechtfertigt, logisch, richtig, wichtig. Meistens versuchen wir, sie als allgemein anerkannt darzustellen, oder begründen sie damit, wir seien schließlich mit betroffen, beispielsweise wenn wir im Auto des Partners mitfahren, der zu viel Alkohol getrunken hat. Befolgen die Mitmenschen unsere Regeln nicht, verurteilen wir sie und machen ihnen Vorwürfe. Daraus kann ein Konflikt entstehen. Nicht selten fühlen wir uns auch persönlich angegriffen, verletzt, nicht ernst genommen, falls sich jemand über unsere Verbote oder Gebote hinwegsetzt.

Es ist gerechtfertigt, ja wichtig, mitzuteilen, was uns am Herzen liegt, was wir möchten, was wir als richtig erachten. Doch wir haben kein Recht darauf, dass ein anderer Mensch das tut, was wir wollen. Jeder soll und muss für sich selbst entscheiden, denn er allein trägt die Konsequenzen seines Handelns. Selbst wenn wir meinen, darin verwickelt zu sein, so trifft es nicht wirklich zu: Bei uns liegt ja die Entscheidung, ob wir beispielsweise in ein Auto steigen, dessen Fahrer zu viel getrunken hat; wie lange wir auf einen Unpünktlichen warten; ob wir jemandem beistehen, der seine Gesundheit leichtfertig ruiniert hat, ...

→ Siehe
Seiten 185/186

Natürlich ist es in der Praxis nicht immer so einfach, wie ich es hier darstelle, vor allem dann nicht, wenn es sich um Menschen handelt, die wir lieben. Doch wir sollten uns stets bewusst machen, dass wir durch Gebote und Verbote, und insbesondere durch die Konflikte, die wir bei deren Nichteinhaltung heraufbeschwören, nichts ausrichten. Wir können keinen anderen Menschen ändern; nur er selbst kann es, sofern er es will. Zudem haben wir nicht die Macht, etwas abzuwenden, was in der Lebensschule als Lerneinheit für uns oder einen anderen vorgesehen ist.

→ Vergleiche Seite 22

Deshalb sollen wir uns zwar nicht zurückhalten, unsere Ansicht kundzutun, doch dann loslassen, uns auch nicht verletzt fühlen oder uns ärgern, keine Vorwürfe aussprechen. Halten wir uns an die schöne Weisheit: informieren anstatt zu belehren, mitteilen ohne zu fordern, lieben ohne zu erwarten. Und bleiben wir uns dabei stets selbst treu, lassen wir uns nicht von der Angst, jemanden zu verlieren, Liebe und Anerkennung aufs Spiel zu setzen, verunsichern und davon abhalten, für uns selbst eigene Entscheidungen zu treffen.

→ Vergleiche Seite 101

Hüten wir uns auf alle Fälle davor, andere aufgrund ihres Verhaltens zu verurteilen, dazu haben wir kein Recht. Das Neue Testament ermahnt mehrmals, nicht über andere zu richten:

• Richtet nicht, und ihr werdet nicht gerichtet. Verurteilt nicht, und ihr werdet nicht verurteilt. (Lukas 6,37)

• Darum gibt es keine Entschuldigung für dich, Mensch, wer immer du bist, der du urteilst. Worin du über einen andern urteilst, darin verurteilst du dich selbst; denn du, der du urteilst, tust ja dasselbe. (Römer 2,1)

• Richtet nicht, damit ihr nicht gerichtet werdet! Denn wie ihr richtet, so werdet ihr gerichtet, und mit dem Maß, mit dem ihr messt, wird euch zugemessen. Was siehst du den Splitter im Auge deines Bruders, den Balken in deinem Auge aber nimmst du nicht wahr? (Matthäus 7,1-3)

Genaue Vorschriften
Eine indische Geschichte

Ein spiritueller Meister war mit seinen Schülern unterwegs auf einem offenen Ochsenkarren. Er wollte sich etwas ausruhen und legte sich hin, nachdem er den Jüngern aufgetragen hatte: „Achtet darauf, falls wegen der holprigen Landstraße etwas vom Wagen fallen sollte."

Als er nach einer Weile aufwachte und um etwas zu trinken bat, teilten die Schüler ihm mit, der Wasserbehälter sei vor einiger Zeit schon hinuntergefallen.

Der Meister schimpfte mit ihnen, aber sie erwiderten: „Wir haben doch gemacht, was du uns befohlen hast: Wir haben darauf geachtet! Es passierte genau an der letzten Weggabelung."

Geduldig erklärte ihnen der Meister, wenn etwas hinunterfalle, sollten sie es aufheben und mitnehmen, und legte sich wieder schlafen. Nach kurzer Zeit wachte er auf, weil es fürchterlich stank: Die Jünger hatten den Mist des Ochsen auf den Karren geladen.

Nun erstellte der Meister eine Liste mit allem Wichtigen, das sich auf dem Wagen befand und nicht verloren gehen dürfe, übergab das Schriftstück seinen Schülern und schlief erneut ein.

Als der Karren später in ein tiefes Schlagloch fuhr, fiel der Meister auf die Straße. Die Schüler schauten auf die Liste – und weil „Meister" nicht darauf stand, ließen sie ihn liegen und fuhren ohne ihn weiter.

Illustration:
Jakob Aerne

177

Dürfen wir staatliche Gesetze übertreten, beispielsweise eine Geschwindigkeitsbeschränkung, oder gar stehlen und töten, falls die Innere Stimme als einzige Instanz, auf die wir hören sollen, uns dazu rät?

→ Sonnwandeln-Reihe Band I: Der Sinn des Lebens und die Lebens-schule; Info siehe Seite 250

Es geht hier zuerst einmal um das Thema der eigenen Verantwortung, das ich bereits in Band I aufgegriffen habe. An dieser Stelle will ich es nun vertiefen.

Ob wir an die Wiedergeburt glauben oder an ein jenseitiges Leben im Paradies/in der Hölle, selbst wenn wir davon überzeugt sind, nach dem körperlichen Tod sei alles zu Ende: *Ich*, und *nur ich* bin für meine Taten verantwortlich und ich allein trage die Konsequenzen in diesem Leben und in einem möglichen Jenseits. Konsequenzen, die beispielsweise darin bestehen können, dass ich für ein Zuwiderhandeln gegen staatliche Gesetze mit Gefängnis bestraft werde oder bei einem Verstoß gegen gesellschaftlich anerkannte ethische und moralische Konventionen durch meine Mitmenschen geächtet werde.

Es sollte allerdings nicht die Angst vor den Folgen sein, die unser Handeln steuert, denn:

• Egal wie wir uns verhalten, die Konsequenzen fallen so aus, wie das Göttliche es für uns bestimmt, die menschlichen Richter sind nur seine Werkzeuge.

• Egal welche Folgen wir zu tragen haben, sie dienen immer dazu, dass wir lernen, denn das ist unser Lebenssinn.

→ Vergleiche Seiten 22 und 186/187

Natürlich können diese Konsequenzen unangenehm ausfallen. Aber um die Lektionen, die wir auf unserem Lebensweg lernen sollen, kommen wir nicht herum. Wozu uns also vor den Folgen fürchten? Was allerdings nicht heißen will, wir müssten alles am eigenen Leib erfahren. Wir dürfen – und sollen! – in erster Linie aus Einsicht und Erkenntnis lernen und uns nicht blind in vermeidbare Fehler stürzen.

Dürfen wir nun also Gesetze missachten, solange wir bereit sind, die Konsequenzen zu tragen? Wie gesagt, in letzter Instanz sind wir nur uns selbst, also unserem Gewissen und dem Göttlichen gegenüber verantwortlich, und es geht immer um das Lernen.

Ein Beispiel. Nehmen wir an, wir leben in einem bitterarmen Land, in dem ein Terrorregime herrscht. Wie verhalten wir uns?

- Sollen wir entwürdigende, die Menschenrechte verletzende Gesetze dieses Landes, so gut es geht, missachten?
- Oder mehr als das, sogar bekämpfen, damit wir lernen, uns zu wehren, selbst unter Lebensgefahr?
- Und wie steht es mit dem Töten, wenn wir dadurch beispielsweise verhindern können, dass unseren Lieben ein Leid geschieht?
- Oder mit dem Stehlen, falls es uns und unsere Familie vor dem Verhungern rettet?
- Aber auch umgekehrt: Wurden wir in einem solchen Land geboren, um Gleichmut zu üben und zu lernen, uns unterzuordnen, und müssen folglich die Gesetze einhalten?

Diese Fragen machen deutlich, dass es eine einheitliche, eindeutige Antwort nicht geben kann. Für die einen mag es richtig sein, sich über Verbote hinwegzusetzen, für andere, sie zu beachten. Es ist tatsächlich ausschließlich unsere Innere Stimme, die uns in jeder Situation den richtigen Weg weist.

Entscheidend ist dabei die Ehrlichkeit uns selbst gegenüber; sie verhindert, dass wir der List des Ego unterliegen und einer falschen Stimme folgen. Meistens. Wir müssen allerdings sehr davor auf der Hut sein, unsere schlechten Taten damit zu rechtfertigen, die Innere Stimme und/oder das Göttliche hätte es so gewollt, wie Fanatiker und psychisch Kranke es zuweilen tun.

→ Wie wir der List des Ego entkommen, erläutere ich besonders im Kapitel über die Innere Stimme von Band I. Das Ego ist das Thema von Kapitel 1 in Band IV; Infos siehe Seiten 250 und 252

Auf einen Aspekt will ich in diesem Zusammenhang noch eingehen, nämlich auf die „harmlosen" Gesetzesübertretungen. Dürfen wir auf der kaum befahrenen Autobahn, also ohne jemanden zu gefährden, die Höchstgeschwindigkeit überschreiten? Oder eine Bahnfahrkarte zweimal verwenden, wenn sie bei der ersten Fahrt nicht entwertet wurde? Vielleicht rechtfertigen wir uns vor uns selbst, die Geschwindigkeitsbeschränkung sei ungerechtfertigt, weil die betreffende Strecke durchaus 30 km/h mehr dulde... Und die Bahn sei ohnehin teuer genug und wir bezahlten normalerweise immer brav... Wir können aber auch sagen: Ist es denn derart wichtig, ob wir etwas schneller fahren oder nicht? Ist das gesparte Fahrkartengeld für uns wirklich so existentiell? Bei diesen angeblichen Kavaliersdelikten geht es oft um mangelnden Gleichmut; vieles ist jedoch so unbedeutend, dass es sich gar nicht lohnt, überhaupt einen Gedanken daran zu verschwenden, ob wir das Verbot übertreten oder uns daran halten. In der Regel fühlen wir uns allerdings besser, sicherer, wenn wir nicht gegen solche Gesetze verstoßen.

* * *

Lässt sich als eine allgemeine Regel sagen, dass wir Verbote übertreten dürfen, sofern wir niemandem schaden?
Ich werde mich hüten, eine verbindliche Verhaltensvorschrift für meine Leser zu erlassen! Erlauben wir nie jemandem, für uns Regeln aufzustellen, und klammern wir uns nicht an generelle Gebote. Haben wir vielmehr den Mut, auf uns selbst zu hören, handeln wir in jedem Augenblick, wie wir es spüren, und lernen wir daraus.

Ferner stellt sich in diesem Zusammenhang die Frage: Wer will und kann denn beurteilen, was anderen schadet? Vielleicht tut es eine bestimmte Verhaltensweise vermeintlich im Moment, verhilft aber einem Mitmenschen auf lange Sicht zu neuen Einsichten und Erkenntnissen. Wir (als Ego) sind jedenfalls nicht in der Lage zu wissen, was der göttliche Plan für andere und für uns vorsieht; deshalb können wir solche Entscheidungen über Nutzen und Schaden unmöglich mit dem Verstand treffen. Einzig die Innere Stimme spricht die höhere Wahrheit und kann uns so leiten, dass unsere Handlungsweise für alle Beteiligten stimmt. Nicht selten *gegen* unseren Verstand.

* * *

→ Diese Aussage steht auf Seite 169

Fühlen sich die Menschen wirklich sicherer, wenn ihnen vorgeschrieben wird, was sie dürfen und was nicht?
Wie immer lässt sich auch darüber keine allgemeine Aussage machen. Es gilt vor allem zu bedenken, dass sowohl das Individuum als auch die Gesellschaft und die gesamte

Menschheit sich entwickeln. Sie sind keine statischen, ewig gleichbleibenden Elemente.

So kann es durchaus sein, dass die Menschen in einer früheren Epoche eine starke, absolutistische Führung brauchten, weil ihnen die Einsichten und das Bewusstsein für eine demokratische Selbstbestimmung noch fehlten. Ob der einzelne Mensch dabei glücklich war? Vermutlich nicht mehr und nicht weniger als heute. Es gab und gibt immer Menschen, die sich offenbar wohlfühlen, wenn alles geregelt ist; es gab und gibt aber auch solche, die ihrer Zeit voraus waren/sind und sich gegen geltende Normen und Regeln auflehn(t)en. Diese mutigen, von ihrer inneren Wahrheit überzeugten Menschen sind es, die eine Entwicklung anregen und fördern, früher ebenso wie heute.

Gehen wir davon aus, das Erlangen eines höheren, spirituellen Bewusstseins sei das übergeordnete evolutionäre Ziel des ganzen Planeten, so stehen wir heute möglicherweise an dem Punkt, an dem die Ethik und Moral durch die Spiritualität ersetzt werden sollen. Nie befinden sich jedoch alle Wesen auf der gleichen Entwicklungsstufe; das stellt keine Wertung dar, sondern erklärt sich aus der gewollten Verschiedenartigkeit des Universums und der individuellen und kollektiven Entwicklungsgeschwindigkeit. Deshalb hat sich zum jetzigen Zeitpunkt einigen Menschen dieses spirituelle Bewusstsein bereits geöffnet und sie setzen sich teilweise über die noch vorherrschende Ethik und Moral hinweg, weil sie andere Ziele verfolgen, während es für viele immer noch wichtig ist, sich an Gesetze, Gebote, Regeln und Normen zu halten.

→ Vergleiche
Seiten 171/172

Entscheidend ist, dass wir das tun, was die Seele anstrebt. Fügen wir uns Vorschriften nämlich nur aus Angst vor den Konsequenzen oder um akzeptiert und geliebt zu werden, während die Innere Stimme etwas anderes sagt, so sind wir dabei nicht glücklich: Unsere Seele schreit auf und stürzt uns in innere Konflikte, gleichzeitig treibt uns das Schicksal in Situationen, aus denen wir lernen sollen, auf uns zu hören. In einem Satz: Vertrauen wir uns selbst, dann sind wir glücklich, andernfalls nicht. Unabhängig vom Zeitalter, in dem wir leben, von den äußeren Umständen, den herrschenden Regeln und Normen.

→ Vergleiche
Kapitel 3 über
Zufall und Schicksal in Band I; Info
siehe Seite 250

Wollen wir die Verantwortung für unser Handeln, ja für unser ganzes Leben abgeben? Dann übergeben wir sie doch dem Göttlichen! Nur so sind wir sie tatsächlich los.

* * *

Kinder brauchen doch klare Grenzen, ihnen muss man sagen, was sie dürfen und was nicht...
Richtig. In jeder Entwicklungsphase müssen wir Kindern die ihnen entsprechenden Grenzen stecken und angemessenen Freiheiten gewähren. Ich will an dieser Stelle nicht auf die Fragen rund um autoritäre oder antiautoritäre Erziehung eingehen, sondern nur einige Anregungen zum Nachdenken aufführen.

In jedem Kind ist eine Seele, die mit Lebensaufgaben auf diese Welt gekommen ist. Wir können es erziehen, wie wir wollen – oder auch nicht: Diese Seele wird an ihre Aufgaben herangeführt, immer und immer wieder, bis sie gelöst sind.

→ Vergleiche Seite 22

Das entbindet uns zwar nicht von unserer Verantwortung dem Kind gegenüber, treffender gesagt: unserer Verantwortung uns selbst gegenüber, das zu tun, was wir für richtig halten. Doch es relativiert ein bisschen unseren Glauben an die erzieherischen Möglichkeiten. In diesem Sinne sind wir Eltern und Erziehungspersonen dazu da, dem Kind Wege zu zeigen, es zu leiten, zu stützen und vor allem zu lieben. Von der Illusion, wir könnten sein Schicksal in irgendeiner Weise beeinflussen, dürfen wir uns getrost verabschieden.

Ganz besonders im Umgang mit unseren Kindern sollten wir immer wieder auf unser Urvertrauen bauen, dass sie vom Göttlichen getragen sind, ihnen nichts geschieht, was nicht für sie bestimmt ist. Und in Bezug auf unsere Erziehungsaufgabe uns den Kerngedanken der Bhagavadgita in Erinnerung rufen: Wir sollen handeln, die Früchte unserer Taten liegen aber allein in der Macht des Göttlichen.

→ Vergleiche Seiten 34/35 und 98

* * *

Warum spielen sich manche Menschen auf als „Hüter von Recht und Ordnung" und halten sich für berechtigt, andere zu maßregeln, nicht selten fanatisch und unnachgiebig?

Das richtende Verhalten mancher Menschen kann verschiedene Gründe haben, nachstehend führe ich einige auf:
- Menschen, die selber unkritisch und blind, ja verbissen an Normen und Regeln festhalten, bewegen sich innerhalb klar abgesteckter Grenzen und können sich schlicht nicht vorstellen, dass jenseits der Mauern ihres frei gewählten Gefängnisses etwas anderes existiert, das vielleicht auch richtig und gut, zumindest nicht verwerflich ist.

Solchen Menschen geht es deshalb manchmal aus ehrlicher Sorge darum, andere vor Schaden und Unheil zu bewahren, indem sie ihnen die gleichen Grenzen aufzuzwingen versuchen, denen sie sich selbst unterwerfen.
- Weil sie überzeugt sind, sich richtig zu verhalten, verfallen sie der Selbstgerechtigkeit, fühlen sich ihren Mitmenschen überlegen und halten sich für berufen, über diese zu richten und ihnen Vorschriften zu machen.
- Es kann aber auch sein, dass sie die Gebote und Verbote zwar einhalten, jedoch aus Angst, Zwang oder anderen nicht von ihrem Willen abhängigen Gründen, und ihr Ego oder ihre Seele sie gerne missachten würde; deshalb beneiden sie, bewusst oder unbewusst, all jene, die sich nicht stur daran halten, und wollen sie ebenfalls dazu drängen.
- Und schließlich gibt es auch diejenigen, die Wasser predigen, aber selbst Wein trinken. Sie geben sich einen rechtschaffenen Anschein, wollen damit Vorbild für andere sein.

→ Vergleiche Seite 169

Im Verborgenen hingegen missachten sie die Gebote und meinen, selbst umso weniger in den Verdacht der Übertretung zu geraten, je vehementer sie sich nach außen für die Einhaltung einsetzen.

Oft können wir Menschen, die uns Vorschriften machen wollen oder uns vorwerfen, uns nicht regelkonform zu verhalten, „bekehren", indem wir sie selbst erkennen lassen, wie ihre Gebotshörigkeit jeglicher Grundlage entbehrt.

Ein Bekannter fragte mich einmal, was ich am vergangenen Sonntag denn Schönes gemacht hätte. Ich antwortete: „Ich habe den ganzen Tag an einem Übersetzungsauftrag gearbeitet."

„Gearbeitet? Am Sonntag?" Die Entrüstung stand ihm ins Gesicht geschrieben. „Das würde *ich* nie tun!"

Wohl wissend, dass er kein gläubiger Mann ist, der mit dem Sabbatgebot argumentieren könnte, fragte ich: „Warum nicht? Was ist falsch daran?"

Er zögerte keinen Moment: „Das gehört sich nicht!"

„Warum nicht?", hakte ich nach, mit gespielter Naivität.

„Weil", begann er, verstummte dann für eine Weile, überlegte angestrengt, bevor er fortfuhr, „weil... weil sich das einfach nicht gehört."

„Aha", meinte ich lächelnd und schwieg. Es war offenkundig, dass er gerade erkannte, wie er sich einem grundlosen, unsinnigen Gebot unterworfen hatte.

* * *

Haben wir denn grundsätzlich das Recht, andere darauf hinzuweisen oder zu ermahnen, wenn sie Verbote übertreten oder sich in anderer Weise falsch verhalten? Oder geht uns das schlicht nichts an und wir müssen nur auf uns selbst achten?

Auch dafür gibt es, wie könnte es anders sein, keine festen Regeln. Drängt es uns danach, andere zurechtzuweisen, sollten wir in uns spüren, ob es das Ego oder die Seele ist, die es will.

• *Ego.* Über das Verhalten der Mitmenschen empfinden wir Empörung, Wut, Enttäuschung, Verachtung oder weitere negative Emotionen oder fühlen uns gar persönlich beleidigt, verletzt, angegriffen. Es kann auch sein, dass wir uns als „besser" sehen (weil wir so etwas ja nie tun würden!), uns deshalb in Selbstgerechtigkeit verfallen. Unsere Reaktion ist heftig, anklagend, überheblich, aggressiv oder ähnlich.

• *Seele.* Wir sind ruhig, empfinden uns als unbeteiligte Zuschauer, spüren vielleicht sogar Mitgefühl für diesen Menschen, der es nicht besser weiß und sich deshalb nicht richtig verhält. Unsere Worte kommen spontan von innen, sind nicht das Ergebnis von Nachdenken und nicht von den erwähnten negativen Empfindungen begleitet. Wir sprechen den Mitmenschen ruhig an, machen ihn sachlich auf sein Verhalten aufmerksam und erklären emotionslos, warum es unserer Meinung nach „falsch" ist.

Spüren wir, dass wir aus der Seele heraus einen Mitmenschen auf sein Verhalten ansprechen, ist nichts dagegen einzuwenden. Erkennen wir hingegen, wie es aus dem Ego stammt, so halten wir uns zurück und versuchen vielmehr zu verstehen, warum uns dieses bestimmte Verhalten so sehr stört. Nicht selten gehören die Eigenschaften und Verhaltensweisen, die wir an anderen kritisieren, auch zu uns selbst; oder wir wären gerne so, trauen uns aber nicht und verurteilen deswegen andere dafür.

→ Vergleiche Seiten 146/147

Worauf wir jedenfalls achten müssen: Wir machen andere nur auf ihr Verhalten *aufmerksam* und teilen ihnen mit, wie wir es beurteilen. Wir *tadeln* sie nicht, *ermahnen* sie nicht und *verurteilen* sie nicht.

→ Vergleiche Seiten 90 und 103

* * *

Es stimmt schon, dass auch wir selbst ständig Gebote und Verbote „erlassen" für Freunde und Familie, aber wir müssen doch mitteilen, was wir von ihnen erwarten und akzeptieren und was nicht?

→ Diese Aussage steht auf Seite 175

Zweifellos ist es für uns wichtig und richtig, Mitmenschen mitzuteilen, was wir mögen und was nicht, welche Werte wir vertreten, ob wir etwas akzeptieren oder nicht. Doch muss dies in Form von Geboten und Verboten geschehen? Oder von Forderungen und Erwartungen? Gehen wir doch lieber wie folgt vor:

• Ich sage, wie ich etwas haben möchte.
• Der andere handelt, wie er es für richtig hält.
• Ich ziehe daraus meine Konsequenzen und verhalte mich entsprechend. Ohne enttäuscht, wütend, verletzt zu sein, denn jeder Mensch hat das Recht auf seine eigenen Entscheidungen – und trägt immer die Folgen davon.
• Der andere zieht wiederum seine eigenen Konsequenzen.

Wir dürfen dabei auch durchaus so weit gehen zu sagen: „Das ist mir sehr wichtig. Ich will nicht mit einem Menschen zusammen sein, der diese Ansicht nicht teilt." Wir dürfen es jedoch nicht als Drohung aussprechen und schon gar nicht mit dem Hintergedanken, den anderen dadurch emotional zu erpressen. Solche „Spielchen" sind der Tod jeder zwischenmenschlichen Beziehung. Doch wenn etwas für uns eine so große Bedeutung hat und wir spüren, wie die Seele es so will, dann sollten wir auch konsequent und tatsächlich bereit sein, eine solche Freundschaft – vorübergehend oder für immer – aufzugeben. Es ist nichts als fair, es dem Betroffenen vorher mitzuteilen; so kann er daraufhin frei entscheiden, wie bedeutsam es für ihn ist, und entsprechend reagieren.

* * *

Wie sieht es denn mit dem Missachten der Regeln im Berufsleben aus?
Beginnt unsere Arbeitszeit um acht Uhr morgens, so können wir nicht erst um neun erscheinen. Ich würde in solchen und vielen ähnlichen Fällen jedoch nicht vom Beachten von Regeln sprechen als vielmehr von Anstand, Fairness, Respekt – lauter Tugenden, gegen die sich die Innere Stimme wohl kaum wenden wird. Und wenn doch... dann missachten wir die Vorschriften und lernen aus den Konsequenzen.

Im Zusammenleben oder -arbeiten mit anderen hilft uns der Gleichmut meistens, die oben erwähnten Tugenden zu achten und den eigenen Egoismus nicht überhandnehmen zu lassen.

* * *

Wie finden wir die Charakterstärke, die Konsequenzen und das Urteil der anderen nicht zu fürchten, wenn wir uns nicht „normal", regelkonform verhalten?
Angesprochen sind hier Selbstwertgefühl und Urvertrauen, die im einen oder anderen Kontext das Thema jedes Kapitels dieser Sonnwandeln-Buchreihe sind. Ich will deshalb jetzt nur kurz die beiden wichtigsten Gedanken dazu aufführen:
• *Selbstwertgefühl.* Ich bin mir meines Wertes als menschliches Wesen bewusst, als Teil des Göttlichen, und bin nicht abhängig vom Urteil und der Wertschätzung anderer.

• *Urvertrauen.* Ich kann nichts erlangen, was das Göttliche mir nicht gewährt, und es kann mir nichts geschen, was das Göttliche nicht zulässt. Alles, was mir zufällt, dient dazu, mich zu lehren, mich weiterzubringen; meinen Lebenslektionen kann ich nicht entrinnen, aber ich brauche sie nicht zu fürchten, weil ich immer vom Göttlichen getragen und geführt werde und stets die Hilfe bekomme, die ich gerade benötige.

Wie wir konkret zu solcher Charakterstärke gelangen? Wir brauchen vor allem Mut, das ist der einzige Weg. Wir müssen einfach tun, was wir als richtig spüren. Selbst wenn Gedanken in uns aufkommen, wie: „Was werden die Leute dazu sagen?", „Ich habe Angst davor, dass sie mich tadeln, beschimpfen, nicht verstehen, mobben, ..." und ähnliche, setzen wir uns darüber hinweg.

Warten wir nämlich darauf, dass die Ängste von selbst verschwinden, kommen wir nie weiter. Es gibt kein anderes Mittel gegen die Angst, als sie zu übergehen: Wenn wir etwas nicht ohne Angst tun können, dann tun wir es mit und trotz Angst – aber wir tun es!

→ Vergleiche
Seite 31

Wir sollten den Mut aufbringen, es wenigstens *ein Mal* zu versuchen. Dann beobachten wir, was geschieht, wie die Mitmenschen reagieren, wie ihre Reaktion auf uns wirkt, wie wir uns dabei fühlen; bitten wir auch das Göttliche um Hilfe, um Beistand, um Kraft, um Mut. Rufen wir uns immer wieder die obenerwähnten Erkenntnisse ins Gedächtnis. Und dann seien wir stolz auf den Mut, den wir bewiesen haben, und versuchen wir es ein weiteres Mal.

Jeder Standpunkt, jede vom Menschen erlassene Verhaltensvorschrift, die das unteilbare Ganze der kosmischen Bewegung missachtet – sei sie im äußeren Leben auch nützlich –, ist aus dem Blickwinkel der spirituellen Wahrheit eine unvollkommene Sichtweise und ein Gesetz der Unwissenheit.

Sri Aurobindo

Das Vorhandensein gesellschaftlicher Gesetze ist jeweils zu verschiedenen Zeiten ein beträchtlicher Vorteil oder Nachteil für die Entwicklung des Göttlichen im Menschen. Anfänglich ist es ein Vorteil, solange der Mensch roh ist und unfähig zu Selbstkontrolle und Selbsterkenntnis, weil es ein Gegengewicht zum persönlichen Egoismus setzt und ihn dazu bringt oder drängt, seine unbändigen Begehren zu mäßigen, seine irrationalen, oft gewaltsamen Regungen zu disziplinieren und sich manchmal sogar in einem erweiterten und weniger persönlichen Egoismus zu verlieren.

Es ist ein Nachteil für einen Geist, der reif ist, das menschliche Schema zu überwinden, weil solche Normen sich ihm von außen aufzuzwingen versuchen, während er sich von innen zur Vollkommenheit entwickeln sollte, und zwar in einer zunehmenden Freiheit – nicht durch die Unterdrückung seiner bereits vollkommeneren Individualität, sondern indem er über sie hinausgeht; es ist dann nicht länger ein ihm auferlegtes Gesetz, das ihn erzieht und maßregelt, sondern die eigene Seele.

Sri Aurobindo

Die Moral, die gut genug war für unsere Väter, ist nicht gut genug für unsere Kinder.

Marie von Ebner-Eschenbach

Man muss sich selbst ein Licht sein; dieses Licht ist das Gesetz. Alle anderen Gesetze sind Produkte des Denkens und daher fragmentarisch und widersprüchlich.

Krishnamurti

Moralische Normen sind bloße Erfindungen der Gesellschaft, um das Individuum zu unterjochen.

Krishnamurti

Die Zehn Gebote aus dem Alten Testament (2. Mose 20,1-17)

[1] Du sollst keine anderen Götter neben mir haben.

[2] Du sollst dir kein Bildnis noch irgendein Gleichnis machen, weder von dem, was oben im Himmel, noch von dem, was unten auf Erden, noch von dem, was in den Wassern, unter der Erde ist. Bete sie nicht an und diene ihnen nicht! Denn ich, der Herr, dein Gott, bin ein eifersüchtiger Gott, der die Schuld der Väter heimsucht an den Kindern bis in das dritte und vierte Glied derer, die mich hassen, der aber Gnade erweist an vielen Tausenden, die mich lieben und meine Gebote halten.

[3] Du sollst den Namen des Herrn, deines Gottes, nicht missbrauchen. Denn der Herr wird den nicht ungestraft lassen, der seinen Namen missbraucht.

[4] Gedenke des Sabbats und heilige ihn! Sechs Tage sollst du arbeiten und alle deine Werke tun; aber am siebten Tag ist der Sabbat des Herrn, deines Gottes; da sollst du kein Werk tun; weder du, noch dein Sohn, noch deine Tochter, noch dein Knecht, noch deine Magd, noch dein Vieh, noch dein Fremdling, der innerhalb deiner Tore lebt. Denn in sechs Tagen hat der Herr Himmel und Erde gemacht und das Meer und alles, was darin ist, und er ruhte am siebten Tag; darum hat der Herr den Sabbattag gesegnet und geheiligt.

[5] Du sollst deinen Vater und deine Mutter ehren, damit du lange lebst in dem Land, das der Herr, dein Gott, dir gibt.

[6] Du sollst nicht töten.

[7] Du sollst nicht ehebrechen.

[8] Du sollst nicht stehlen.

[9] Du sollst kein falsches Zeugnis reden gegen deinen Nächsten.

[10] Du sollst nicht begehren das Haus deines Nächsten. Du sollst nicht begehren die Frau deines Nächsten noch seinen Knecht noch seine Magd noch sein Rind noch seinen Esel noch irgend etwas, das dein Nächster hat.

Der obige Text stammt aus der Schlachter-Bibel 2000. Im Alten Testament sind die Gebote nicht nummeriert, es handelt sich um einen fortlaufenden Text. Ich habe die protestantische Zählweise eingefügt; bei der katholischen sind das 1. und das 2. Gebot zu einem zusammengefasst, dafür ist das 10. in zwei Gebote aufgeteilt.

❖ Ethik und Moral, Gebote und Verbote, Normen, Regeln, Konventionen – alle sind sie von Menschen erstellt und zeit- und ortsabhängig. Sie können nicht ohne Weiteres auf die spirituelle Ebene/das spirituelle Leben übertragen werden. In diesem Sinne ist auch die Unterscheidung zwischen ernst zu nehmenden Verboten und Kavaliersdelikten unangebracht.

❖ Viele gesellschaftliche Regeln und Konventionen wurden mir als Kind aufgedrängt und gehören eventuell nicht zu meinem wahren Wesen. Ich sollte deshalb den inneren Verhaltenskodex hinterfragen und überprüfen.

❖ Die Verantwortung für mein Handeln gebe ich nicht ab, indem ich mich strikte an Gebote und Verbote halte, sondern einzig dadurch, dass ich all mein Tun dem Göttlichen übergebe und den Mut aufbringe, der Inneren Stimme zu vertrauen.

❖ Auch wenn es unerlässlich ist, für Kinder Regeln aufzustellen, so darf ich dabei dennoch darauf vertrauen, dass das Göttliche ihren Weg lenkt und ich sie nicht vor dem bewahren kann, was für sie bestimmt ist.

✧ Wünsche ich mir manchmal, jemand möge mir sagen, wie mich verhalten, sodass ich die Verantwortung für mich abgeben kann?

✧ Halte ich mich unkritisch an alle Normen und Regeln, Gebote und Verbote?

✧ Unterwerfe ich mich aus Angst vor Verurteilung oder Liebesentzug gewissen Konventionen, die ich im Grunde genommen nicht billige?

✧ Weise ich öfter einmal Mitmenschen zurecht, wenn sie sich aus meiner Sicht nicht konventionell oder „falsch" verhalten?

AUFGABE ZUR SELBSTVERÄNDERUNG

Entwicklungsziel

Ich achte auf die Normen, Regeln, Konventionen, Wertmaßstäbe, denen ich unterworfen bin, und hinterfrage sie, und zwar die allgemeinen gesellschaftlichen und moralischen ebenso wie die mir von meinem Umfeld (Familie, Freunde) auferlegten. Über jene, die ich als nicht sinnvoll erachte, setze ich mich mutig hinweg.

→ Bitte beachte „Tipps zum Umgang mit der Sonnwandeln-Reihe" auf Seite 17

→ Vergleiche Kapitel 2, Seiten 51ff.

Aufgabe: Normen und Regeln, Gebote und Verbote kritisch prüfen

Ich bin wachsam für alle Normen, Regeln, Gebote, Verbote, denen ich im Alltag explizit oder implizit begegne. Ich frage mich, ob sie sinnvoll sind für mich; falls ich es verneine und in mir spüre, dass ich anders handeln soll, setze ich mich darüber hinweg, ohne Angst, verurteilt zu werden.

Besonders achtsam bin ich für Gedanken, die wiederkehrend in bestimmten Situationen aufkommen, und für Verhaltensmuster, die ich automatisch ausführe.

Achtung: Das ist kein Aufruf, staatliche Gesetze und Vorschriften zu brechen, sondern es geht nur um nicht amtliche Normen, Regeln, Gebote und Verbote, vor allem um die unbewussten Prägungen „Das darf man nicht", „Das macht man nicht" und „Das muss man". Handle stets eigenverantwortlich und als spiritueller Mensch. Auch Anstand und Rücksichtnahme müssen gewahrt bleiben. So solltest du beispielsweise nicht durch Unpünktlichkeit üben, dich über Konventionen hinwegzusetzen – das wäre nur ein Mangel an Respekt.

Beispiele:
• ich kleide mich nicht nach der Mode, sondern wie es mir behagt, auch bunt und schrill;
• ich spaziere barfuß durch die Stadt oder singe und hüpfe auf der Straße;
• ich hänge am Sonntag im Freien Wäsche auf;
• ich schlürfe die zu heiße Suppe oder nehme das Messer in den Mund;

- ich verzichte auch einmal darauf, mir abends die Zähne zu putzen, falls ich zu müde bin, oder morgens zu duschen, wenn ich keine Lust habe;
- ich nehme keine speziell ehrerbietige Haltung gegenüber sogenannten Respektspersonen ein (Bürgermeister, Generaldirektor, Arzt, ...) – es sind alles nur Menschen;
- möchte ich etwas haben, dann sage ich es – auch wenn es schon das zweite oder dritte Stück Kuchen ist;
- ich lagere im Zug meine Beine hoch auf dem gegenüberliegenden freien Sitz (selbstverständlich auf einer Zeitung und nicht wenn deshalb andere Fahrgäste stehen müssten);
- ich gehe nicht zum alljährlichen Familientreffen, falls ich keine Lust dazu habe;
- und viele andere mehr.

Affirmationen

→ Bitte beachte die detaillierte Anleitung auf Seite 236

Ich bin nur mir selbst verantwortlich.

Ich handle immer so, wie ich es für richtig halte.

Ich vertraue nur meiner Inneren Stimme, in jeder Situation.

Ich allein bestimme über mein Leben.

Ich halte an meinem Weg fest.

Ich lasse die alten Prägungen los und bin frei.

Ich verzeihe mir alle Unzulänglichkeiten.

Ich habe den Mut, mich selbst zu leben.

Ich hinterfrage alle Konventionen und lasse sie los.

Ich lasse meine Vergangenheit vollständig los.

Ich sehe in jedem Menschen das Beste und Höchste.

• Ich befinde mich an einem vertrauten Ort; hier fühle ich mich sicher und geborgen, ich spüre die Ruhe um mich und in mir.

→ Bitte beachte die detaillierte Anleitung auf Seite 237

• Ich lasse meine inneren Normen, Regeln und Werte aufkommen: „Ich würde nie an einem Sonntag arbeiten, das gehört sich nicht"; „Eine Einladung abzulehnen, ist unhöflich"; „Es ist unmoralisch, sich in einen verheirateten Mann zu verlieben"; „Ich darf meine Angst/Gefühle/... nicht zeigen" und viele mehr.

→ Siehe auch Imagination von Kapitel 2, Seite 79

• Dabei nehme ich mir viel Zeit, erlaube alten Erinnerungen aufzukommen, erlebe Situationen wieder, in denen solche Werte und Regeln eine Rolle spielten.

• Jeden einzelnen dieser Glaubenssätze, wie er nach und nach in mir hochkommt, sehe ich als schwarzen mich umhüllenden Schleier. Ich ziehe ihn weg und halte ihn in den Wind, der ihn fortweht. Ich schaue ihm nach, bis er am Horizont verschwindet, und ich weiß: Diesen Glaubenssatz bin ich für immer los!

• Beginnt die Erfahrung zu verblassen, so fühle ich mich wohl und geborgen, genieße den Frieden und die Ruhe in mir. Dann atme ich tief in den Bauch, öffne die Augen, verharre noch eine Weile regungslos, schaue um mich, spüre meinen Körper und bewege mich langsam.

→ Bitte beachte
die detaillierte
Anleitung
auf Seite 240

Haupt-Blüten

Seelenzustand	Nr.
Ich halte mich stur an Normen und Regeln und/oder suche gerne die Bestätigung durch Autoritäten.	5
Obwohl ich weiß, was ich will, lasse ich mich von familiären und gesellschaftlichen Konventionen davon abhalten.	33
Ich bin pedantisch, perfektionistisch, verliere mich in Details.	10
Ich mache mir oft Selbstvorwürfe oder habe Schuldgefühle, weil ich mich selbst an strengen Maßstäben messe.	24

Gewählte Blüten:

☐ ☐ ☐ ☐

Zusatz-Blüten

Seelenzustand	Nr.
Ich verurteile andere Menschen, weil ich sie an meiner eigenen Werteskala messe.	3
Ich habe starre Ansichten und Wertvorstellungen und bin deshalb mit mir selbst unnachgiebig.	27
Ich bin von meiner Meinung so überzeugt, dass ich sie anderen aufzuzwingen versuche.	32

Gewählte Blüten:

☐ ☐ ☐

EMPFOHLENER HEILSTEIN: CHALCEDON

→ Bitte beachte
die detaillierte
Anleitung auf
Seite 243

Wirkung

Der Chalcedon verhilft zu Leichtigkeit, Flexibilität, Unbeschwertheit; zudem befreit er von Hemmungen und verleiht mehr Selbstvertrauen – alles wichtige Eigenschaften, um sich über Normen, Regeln und Konventionen hinwegzusetzen. Er fördert dabei auch die Fähigkeit, sich veränderten Situationen anzupassen.

Anwendung

Den Stein mit sich tragen, am besten direkt auf dem Körper, beispielsweise als Anhänger.

Reinigen und Aufladen

Einmal monatlich unter lauwarmem fließendem Wasser reinigen; über Nacht in einer Amethyst-Gruppe aufladen.

Nachdem du eine Weile – in der Regel mehrere Wochen – in deinem Alltag zum Thema dieses Kapitels an dir gearbeitet hast, blickst du kurz zurück und schaust, wo du stehst. Kreuze bei den untenstehenden Aussagen an, was auf dich zutrifft. Sei ehrlich zu dir selbst, ohne falsche Bescheidenheit und ohne Selbstvorwürfe oder Entmutigung – es ist nur eine Bestandesaufnahme, ohne Wertung, um zu erkennen, in welchem Bereich du dich noch bemühen kannst... damit du wirst, was du bereits bist.

Lernziele dieses Kapitels	Erreicht: Ja	Nein
Es fällt mir nicht mehr schwer, anerkannte moralische und ethische Werte infrage zu stellen. Oder: Ich wage es vermehrt, mich über Konventionen und Normen hinwegzusetzen und nur mir selbst, meiner eigenen Bewertung zu vertrauen.	☐	☐
Die Verantwortung für mein Handeln delegiere ich nicht länger an andere Menschen und halte mich nicht mehr an ihre Wertmaßstäbe.	☐	☐
Ich habe aufgehört, anderen meine Regeln aufzuerlegen und darauf zu beharren, dass sie sich entsprechend verhalten. Oder: Meinen Mitmenschen gegenüber bin ich toleranter geworden, wenn sie sich unkonventionell verhalten.	☐	☐
Ich fühle mich wesentlich freier als früher, weil es mich nicht mehr kümmert, ob ich konventionelle Regeln übergehe oder Gebote nicht einhalte.	☐	☐
Ich bin mir bewusst, dass einzig und allein das Göttliche mein Richter ist und kein Mensch das Recht hat, über mich zu richten.	☐	☐
Ich lasse mir nicht mehr von anderen Menschen vorschreiben, wie ich mich zu verhalten habe.	☐	☐
Ich habe keine Schuldgefühle mehr und/oder schäme mich nicht mehr, wenn ich mich nicht an Normen und Konventionen halte und dabei auffalle.	☐	☐

Mein weiterer Entwicklungsschritt

Notiere jetzt eine Einsicht/Herausforderung/Aufgabe, an der du arbeiten willst – aber nur eine!

Dann prägst du sie dir gut ein, bittest das Göttliche, dich dabei zu führen und dein Bemühen zu fördern, und lässt sie los. Du kannst jetzt mit dem nächsten Kapitel und dessen Aufgaben weiterfahren.

Den Entwicklungsschritt, den du hier aufgeschrieben hast, darfst du von Zeit zu Zeit nachlesen, gewissermaßen zur Erinnerung, aber beschäftige dich gedanklich nicht mehr damit. Den Impuls hast du nämlich gesetzt – überlass es dem Göttlichen, ihn so umzusetzen, wie es für dich gut ist.

....

....

....

....

....

....

....

....

....

....

....

....

....

....

....

Die Schlange dient oft als Symbol der Versuchung, gar des Bösen. In Wirklichkeit sind es scheue Tiere, die sich von Menschen fernhalten. Vielmehr sollten sie für Achtsamkeit und Selbstkontrolle stehen: Unbewegt verharren sie, ihre Aufmerksamkeit auf einen Punkt gerichtet, nur ihr Ziel im Auge.

6. Versuchung, Achtsamkeit und Selbstkontrolle

Themen dieses Kapitels
• Die Versuchung als Chance •
Achtsamkeit und Selbstdisziplin
auf dem buddhistischen Acht-
fachen Pfad • Wiederkehrende
Lektionen in der Lebensschule •
Das Göttliche fordert von keiner
Seele mehr, als sie zu tragen
vermag • Die Grenze zwischen
Selbstkontrolle und übermäßiger
Härte • Wie schaffe ich es, der
Versuchung Nein zu sagen? •
Achtsamkeit widerspricht nicht
der Spontaneität • Achtsamkeits-
Übungen • Andere nicht in Ver-
suchung führen

Entwicklungsziel
Ich übe mich in Achtsamkeit,
indem ich in der Gegenwart lebe,
im Augenblick, und die äußeren
und inneren Ereignisse genau
wahrnehme.
Ich lerne, meinem Ego Nein zu
sagen, wenn meine Seele etwas
nicht will, und lasse mich nicht
länger von seinen kurzsichtigen
Wünschen verführen.

Was ist die Versuchung?

„Führe uns nicht in Versuchung", heißt es im Vater Unser,
dem wohl bekanntesten Gebet des Christentums (Matthäus
6,13). Die bekannteste biblische Geschichte zu diesem Thema steht im Alten Testament und im Koran: Die Schlange
führt die ersten beiden Menschen, Adam und Eva, in Versuchung. Sie können tatsächlich nicht widerstehen und essen
vom verbotenen Baum. Auch die östlichen Religionen kennen die Thematik.

→ Siehe die indi-
sche Geschichte
auf Seite 100/101

Woher kommt denn diese Versuchung, der wir zu widerstehen haben? Nach religiösen Überzeugungen wird sie uns
einerseits von Gott geschickt, um uns zu prüfen – ob wir
aufrichtig, rechtschaffen, gottesfürchtig, tugendhaft sind.
Wobei sich die Frage stellt, warum Gott das tun sollte: Weiß
er nicht ohnehin darüber Bescheid, der Allwissende? Oder
will er uns erniedrigen, indem er uns aufzeigt, wie schwach
wir sind?

Andrerseits soll es das Werk des Teufels sein, weil er als
Gegenspieler Gottes das Böse, Verwerfliche im Menschen zu
fördern versucht. In diesem Fall: Warum lässt Gott, der All-
mächtige, es zu?

Die Versuchung gibt es nicht

Zugegeben, die obigen Aussagen und Fragen habe ich bewusst simpel und provokativ gestellt. Jeder Theologe, egal
welcher Religion, würde sie mit wenigen Gegenargumenten
entkräften.

Ebenso provokativ hört sich der Titel dieses Abschnitts
an: Die Versuchung gibt es nicht. Wir erleben doch täglich,
wie wir dieser sogenannten Versuchung ausgesetzt sind
und ihr oft erliegen: Ich sollte kein zweites Stück Kuchen
essen... Ich sollte diese giftige Bemerkung nicht von mir geben... Ich sollte die Wäsche bügeln, anstatt auf dem Sofa zu
liegen... Ich sollte meinen Partner nicht betrügen...

Der Begriff „Versuchung" hat einen negativen Anstrich,
als wäre es stets etwas Schlechtes und als würden wir arme
Menschenkinder dadurch in eine gemeine Falle gelockt.
Auch ich verwende ihn zwar, dem Alltagssprachgebrauch

folgend, allerdings verstehe ich darunter stets einen Umstand, aus dem wir eine Erkenntnis gewinnen, und nicht eine hinterlistige Prüfung oder einen Fallstrick.

Eine Situation empfinden wir dann als Versuchung, wenn wir zwar genau wissen, wie wir uns verhalten sollten, etwas in uns jedoch das Gegenteil möchte: Es tobt ein Kampf zwischen Ego und Seele oder zwischen verschiedenen Ego-Elementen, die nicht das Gleiche wollen, wir sind eine Weile hin und her gerissen, bis schließlich ein Teil von uns siegt.

Handeln wir hingegen aus Unwissenheit oder Unachtsamkeit „falsch", so haben wir nicht das Gefühl, einer Versuchung erlegen zu sein.

Es gibt allerdings auch unzählige Versuchungssituationen, die wir nicht als solche wahrnehmen. Unter anderem weil wir sie schon oft erlebt und dabei immer in der gleichen Weise gehandelt haben, sodass wir nun automatisch reagieren – sei es, weil wir es gewohnt sind, der Versuchung widerstandslos nachzugeben, sei es, weil wir bereits geübt sind im Widerstehen und es uns keine Anstrengung mehr kostet.

Da jedes Ereignis, vom banalsten bis zum bedeutendsten, den Zweck verfolgt, dass wir daraus lernen, mit dem Ziel unserer Vervollkommnung, ist es für die Lebensschule im Grunde genommen unbedeutend, ob wir eine „Sünde" bewusst und willentlich begehen, also einer Versuchung nicht widerstehen können, oder unbewusst und unbeabsichtigt. Unterschiedlich ist lediglich die zu lernende Lektion.

Achtsamkeit und Disziplin
Um aus jeder Gegebenheit unseres Lebens den größten Profit zu ziehen, also zu lernen, müssen wir achtsam sein, den Alltag nicht wie Schlafwandler an uns vorbeiziehen lassen.

Achtsamkeit ist eines der Glieder des Achtfachen Pfades im Buddhismus und umfasst die Achtsamkeit für die Körperfunktionen, die Sinnesreize, die Emotionen und die Gedanken. Wir sollen sie bewusst wahrnehmen, was bedingt und uns dazu zwingt, in der Gegenwart zu leben.

Achtsam sein bedeutet in erster Linie, wachsam zu sein, wie wir es bei einer drohenden Gefahr täten, beispielsweise wenn wir nachts durch eine dunkle, menschenleere Straße gehen und alle unsere Sinne in Alarmbereitschaft stehen, um das leiseste Geräusch, jeden flüchtigen Schatten wahrzunehmen.

Oder, mit einem positiveren Beispiel erläutert, so wachsam und konzentriert wie wir in einer Schulstunde den Worten und Handlungen des Lehrers folgen, um zu lernen und gegebenenfalls richtig zu reagieren: eine wichtige Aussage aufschreiben, eine Aufgabe lösen, eine Frage stellen, …

Andernfalls handeln wir eben wie Schlafwandler, die blind und unbewusst durch Räume ziehen, ohne wahrzunehmen, was sich darin befindet und ereignet.

Erst durch die Achtsamkeit, die es uns erlaubt, eine Situation in ihrer Ganzheitlichkeit und Unmittelbarkeit zu erkennen, können wir überhaupt *angemessen* darauf reagieren, also willentlich, aus unserer Seele – im Gegensatz zur Steuerung aus dem Unbewussten, etwa durch Triebe und Verhaltensmuster, oder aus dem Ego.

Zu dieser angemessenen Reaktion gehört auch der Einsatz der Selbstkontrolle und Selbstdisziplin: der „Versuchung" widerstehen, präziser dem Ego widerstehen, seinen Wünschen und Ängsten, seiner manipulierenden Argumentation und arglistigen Täuschung.

→ Das Thema der Willenskraft behandle ich ausführlich auch in Kapitel 5 von Band 1 der Sonnwandeln-Reihe; Info siehe Seite 250

Die *Versuchung* als eine Situation, theoretisch Gelerntes in der Praxis anzuwenden

Das Leben als Schule unseres Bewusstseins funktioniert oft tatsächlich wie eine gewöhnliche Schule:

• Im Unterricht wird uns der Stoff vermittelt – im Leben sammeln wir Erkenntnisse, Einsichten und Wissen durch eine persönliche Erfahrung, durch etwas Gelesenes oder Gehörtes, nicht zuletzt auch indem wir die Erfahrungen von Mitmenschen beobachten.

• Daraufhin folgen die Hausaufgaben – wir verarbeiten die neuen Erkenntnisse in Gedanken und nehmen sie in uns auf.

• Schließlich zeigt die Abfrage des Lehrers, ob die Schüler den Stoff richtig verdaut und assimiliert haben – wir werden mit einer Situation konfrontiert, in welcher wir eine neue Einsicht praktisch anwenden können.

Erkenntnis ist der erste Schritt zur Besserung, sagt der Volksmund. Doch es ist immer noch Theorie, und die gelungene Umsetzung in die Praxis ist alles andere als selbstverständlich. Ein italienisches Sprichwort sagt: Tra il dire e il fare c'è di mezzo il mare (zwischen dem Reden und dem Tun liegt das Meer). Wir haben eine Lektion gelernt, theoretisch, und wir sind auch überzeugt, uns das nächste Mal demgemäß zu verhalten. Doch da haben wir die Rechnung ohne das Ego gemacht. Die äußeren Reize sind jeweils nur ein Auslöser; die wahre Verführung kommt aus uns selbst, meistens aus dem vitalen, manchmal auch aus dem körperlichen Ego. Es wird alles daran setzen, uns in eine ihm genehme Handlungsweise zu treiben. Und das vitale Ego ist lernfähig, es wird uns von Mal zu Mal mit raffinierteren Argumenten und subtilerer List zu verführen versuchen.

→ Die Elemente des Ego behandle ich ausführlich in Kapitel 1 von Band 4; siehe Info auf Seite 252

Darum sollen wir nicht verzweifeln und auf keinen Fall aufgeben, falls uns nicht gelingt, uns einer Erkenntnis entsprechend zu verhalten. Wir sind auf dieser Welt, um zu lernen! Und wie in der gewöhnlichen Schule, müssen wir an einigen Aufgaben länger üben und bestimmte Lektionen wiederholen, bis wir etwas erfasst und begriffen haben – im

→ Vergleiche die Spirale des Lebenswegs auf Seiten 98/99

wahren Sinne der Worte *er-fassen* und *be-greifen*, also aufnehmen und behalten. Wir bekommen stets neue Chancen und mit ihnen auch neue Hilfe und Unterstützung.

→ Seiten 209ff. Was wir jedoch dazu beitragen müssen, sind Achtsamkeit und ein bisschen Selbstkontrolle; mehr darüber in den Fragen & Antworten dieses Kapitels.

* * *

Die Achtsamkeit und die Selbstdisziplin auf dem buddhistischen Achtfachen Pfad
Der Buddha lehrte die Vier Edlen Wahrheiten, die ich hier nur in Stichworten kurz andeute:
1. Die Wahrheit über das Leiden (Leben ist Leiden: Geburt, Krankheit, Altern, Tod)
2. Die Wahrheit von der Ursache des Leidens (Begehren, Abneigung und Unwissenheit)
3. Die Wahrheit vom Ende des Leidens (Erlöschen, Loslassen der Leidensursachen)
4. Die Wahrheit vom Weg, der zum Ende des Leidens führt (Der Edle Achtfache Pfad).

Buddhas spiritueller Weg zur Erleuchtung ist der Edle Achtfache Pfad, wobei seine Glieder nicht als Stufen oder Prioritäten zu verstehen sind; vielmehr sollen alle gleichzeitig und in gleichem Maße beachtet werden:
1. Rechte Anschauung/Erkenntnis
2. Rechte Gesinnung/Entschluss
3. Rechte Rede
4. Rechtes Handeln
5. Rechter Lebenserwerb
6. Rechte Anstrengung/Übung
7. Rechte Achtsamkeit
8. Rechte Konzentration/Sammlung.

Die ersten beiden Glieder betreffen unsere Gesinnung, das richtige Erkennen unserer Lage in diesem Leben und der Notwendigkeit und Möglichkeit, sie zu verändern, sowie den Willen dazu – also das Nirwana als einziges Ziel zu betrachten und anzustreben.

Die Glieder 3 bis 5 beziehen sich konkret auf das äußere Handeln, während 6 bis 8 als unser inneres Bemühen bezeichnet werden können.

Die Achtsamkeit (7) und die Selbstdisziplin (6) stellen eine wichtige Einheit dar, denn wie könnten wir Selbstkontrolle praktizieren, wenn wir nicht wahrnehmen, was in uns abläuft? Und umgekehrt: Was nützt die Achtsamkeit, setzen wir dann unsere Willenskraft nicht ein, um uns richtig zu verhalten? Selbstverständlich sind sie ebenfalls Voraussetzung für andere Glieder: Wie könnten wir etwa rechte Rede und rechtes Handeln ausüben, wenn wir nicht achtsam dafür sind und uns darin nicht disziplinieren? Achtsam sein bedeutet: äußere Reize und innere Regungen bewusst wahrnehmen. Die Sinneseindrücke (durch Sehen, Hören, …), welche die äußere Welt uns bietet, lösen in uns Regungen aus (Gedanken, Emotionen), namentlich Begierden, Ängste, Schmerz, Anhaftung, Zorn und mehr. Nur wenn wir diese augenblicklich erkennen, haben wir überhaupt die Möglichkeit, sie zu kontrollieren. Dazu müssen wir im Hier und Jetzt leben, nicht in Gedanken und Emotionen in die Zukunft und die Vergangenheit schweifen.

Bei der rechten Anstrengung/Übung, also der Selbstdisziplin, geht es dann darum, unsere Willenskraft dafür einzusetzen, die oben erwähnten Regungen zu beherrschen, anstatt uns von ihnen beherrschen zu lassen. Oft müssen wir sie zügeln und ihnen nicht erlauben, daraus Taten entstehen zu lassen (Rede, Handeln).

Eine Sekunde Unachtsamkeit
Eine Sufi-Geschichte

Ein Mann verbrachte sein Leben in Tugend und bemühte sich immer, noch besser und weiser zu werden, damit ihm nach seinem Tod das Paradies offenstünde. Einen einzigen Makel hatte er: die Unachtsamkeit. Manchmal übersah er deshalb, wenn jemand Hilfe brauchte, oder verpasste eine Gelegenheit, eine neue Erkenntnis zu erlangen. Angesichts all seiner Tugenden meinte er, diese kleine Schwäche wiege nicht so schwer und Gott würde sie ihm bestimmt verzeihen.

Als er nach einem erfüllten Leben starb, war er sich nach einer kurzen Gewissensprüfung sicher, ins Paradies eingelassen zu werden. Doch wie er dann an der Himmelspforte ankam, stellte er fest, dass sie geschlossen war. Während er sich noch darüber wunderte, hörte er eine Stimme sagen: „Sei achtsam! Denn die Pforte öffnet sich ein einziges Mal alle hundert Jahre."

So ließ er sich davor nieder und wartete geduldig; Geduld war nämlich eine der Tugenden, die er in seinem irdischen Leben erworben hatte. Doch mit der Achtsamkeit hatte er seine liebe Mühe, gab es doch vor dem Paradies nichts zu sehen und zu hören, worauf er seine Aufmerksamkeit hätte richten können.

Nach einer Weile des Wartens, die ihm so lange vorkam wie ein ganzes Jahrhundert, schloss er kurz die Augen. In dem Moment ging das Paradiestor auf – und noch bevor er die Augen wieder richtig geöffnet hatte, schloss es sich erneut mit lautem Getöse.

Illustration:
Jakob Aerne

Wenn wir aus einer Lebenslektion nicht lernen, wird sie dann beim nächsten Mal schwieriger?

Dies vorneweg: Je stärker unser Urvertrauen und unser Gleichmut sind, umso *weniger schwierig* wird jede Lektion. Wir vertrauen dann nämlich darauf, dass sie einen Sinn hat und unserer inneren Entwicklung dient, weshalb wir sie als Bereicherung empfinden, egal wie unangenehm, schmerzhaft, herausfordernd sie ist. Dank des Gleichmuts ertragen wir sie zudem, ohne sie als Last zu empfinden.

Es stimmt indes, dass wir immer wieder mit den gleichen Lerninhalten konfrontiert werden: zuerst, bis wir die Lektion in der Theorie begriffen haben, und daraufhin, um das theoretisch Gelernte in der Praxis zu üben. Dabei scheinen gewisse Gesetzmäßigkeiten zu spielen – wobei das Göttliche sich selbstverständlich nicht daran halten muss und alles auch ganz anders geschehen kann:

→ Vergleiche Seiten 205/206

• Solange wir uns ernsthaft um Erkenntnis und innere Entwicklung bemühen, besteht wohl kein Grund, warum der Schwierigkeitsgrad sich erhöhen müsste. Die gleiche Lektion wird uns aber vielleicht in so unterschiedlichen Situationen angeboten, dass wir bei oberflächlicher Betrachtung nicht merken, wie es sich noch um den gleichen Lerninhalt handelt, und wir sie subjektiv als unterschiedlich schwer empfinden. Dabei handelt es sich jedoch um eine Hilfe für uns: Möglicherweise haben wir etwas in der Weise, wie es uns vorher „erklärt" wurde, nicht verstanden; bekommen wir hingegen eine „Erklärung" aus einem anderen Blickwinkel, also bei einer ähnlichen, jedoch nicht genau gleichen Begebenheit, geht uns vielleicht eher ein Licht auf.

• Im Koran (Sure 2,286) heißt es: „Gott fordert von keiner Seele mehr, als sie zu tragen vermag." Keine Aufgabe, die uns gestellt wird, keine Herausforderung, der wir begegnen, keine sogenannte Prüfung, die uns auferlegt wird, übersteigt unsere jeweiligen Fähigkeiten. Wir sind also immer in der Lage, die Lektion so zu bewältigen, wie der göttliche Plan es für uns vorsieht. Dabei dürfen wir Erfolg und Scheitern allerdings nicht nach menschlichen Maßstäben bewerten. Vielleicht ist ein Misserfolg exakt das, was uns bestimmt ist, und sei es nur, damit wir uns darin üben, unser Urvertrauen und Selbstwertgefühl nicht zu verlieren, oder an Gleichmut wachsen.

- Sind wir uneinsichtig, verweigern wir uns dem Sinn des Lebens – der Evolution des Bewusstseins –, sträuben wir uns wissentlich gegen Erkenntnis und göttlichen Willen, so werden die Maßnahmen des Schicksals deutlicher, tiefgreifender und nach unserem Ermessen schwerer zu ertragen und schmerzhafter. Manche Menschen bemühen sich, lernen und verändern sich erst, wenn sie ganz am Boden sind. Sie lassen sich von ihrem Ego beherrschen und treiben ziellos durch das Leben, missachten die wohlwollenden Zeichen und Wegweiser, bis sie, am Rand der Verzweiflung angekommen, tatsächlich nicht mehr weiter wissen und endlich, endlich bereit sind, einen Schritt in die richtige Richtung zu gehen.

* * *

Widerspricht Selbstdisziplin nicht der Selbstliebe?
Selbstkontrolle und Selbstdisziplin sind Werkzeuge, die wir einsetzen müssen, weil das Ego dominant und widerspenstig ist. Wäre es unsere Seele, die Denken und Fühlen und alle Handlungen lenkt, hätten die Begriffe Selbstdisziplin und Selbstkontrolle, wie übrigens auch viele, viele andere, überhaupt keine Bedeutung: Die Seele strebt nichts anderes an, als den göttlichen Willen zu tun, sie kennt keine Pflicht, keinen Zwang und keine Opfer, nichts Angenehmes und nichts Unangenehmes, nichts Geliebtes und nichts Verhasstes. Lebten wir in und aus der Seele, so besäßen wir vollkommenes Urvertrauen und absoluten Gleichmut, wären nicht dem Prinzip von Lust und Unlust unterworfen, wüssten in jedem Augenblick, was zu tun ist, und täten es mit Hingabe und Freude.

Brauchen wir für unser Tun oder Lassen Selbstdisziplin, so ist dies der Ausdruck einer Meinungsverschiedenheit zwischen Seele und Ego oder zwischen der höheren Ego-Ebene (Mentales) und den tieferen. Folglich ist Selbstdisziplin auch ein Ausdruck von Selbstliebe, denn: Wann lieben wir uns mehr? Wenn wir auf die Seele hören oder auf das

Ego? Wenn wir uns so verhalten, dass wir uns innerlich entwickeln, oder wenn wir uns vom Göttlichen entfernen?

Was wir hingegen unbedingt vermeiden müssen, sind Selbstverurteilung und Selbsterniedrigung, falls wir wegen unserer egoischen Schwäche nicht die Selbstdisziplin aufbringen, die wir von uns erwarten. Wir haben es nicht geschafft? Dann versuchen wir es bei nächster Gelegenheit wieder. Wir haben uns gehen lassen? Bestimmt gab es eine Ursache dafür: körperliche Müdigkeit, auf uns lastende Sorgen oder andere Gründe. Vielleicht sollten wir aber auch Schwäche zeigen, weil der göttliche Plan es in diesem Moment für uns so vorsah. Wichtig ist, dass wir uns bemühen, nicht dass wir den Erfolg erzielen, den *wir* uns vorstellen.

Bringen wir uns doch bei einem vermeintlichen Scheitern die Aussage aus der Bhagavadgita in Erinnerung, die ich in der Sonnwandeln-Buchreihe immer wieder einmal zitiere: „Du hast ein Recht auf das Handeln an sich, niemals auf dessen Früchte."

→ Bhagavadgita II, 47; vergleiche Seite 98

Ein weiterer Aspekt. Selbstliebe und Selbstdisziplin widersprechen einander ebenso wenig wie Liebe und geforderte Disziplin. Wir können unseren Kindern nicht alles durchgehen lassen, wir müssen ihnen Grenzen setzen und von ihnen verlangen, sich an gewisse Regeln zu halten und ein gesundes, dem Alter entsprechendes Maß an Disziplin aufzubringen. Dies ist für ihre Entwicklung zu eigenverantwortlichen und verantwortungsbewussten Menschen wichtig. Erziehen wir sie mit Konsequenz und manchmal mit einer gewissen Härte, lieben wir sie deswegen weniger? Im Gegenteil, es ist keine wahre Liebe, lassen wir sie einfach machen und geben ihrem Quengeln nach, weil es für uns der einfachere Weg ist oder gar weil wir fürchten, ihre Liebe zu verlieren.

→ Vergleiche Seite 182

Unser Ego ist wie ein unerzogenes Kind: Es nimmt sich, was es bekommen kann, lotet die Grenzen aus, die wir ihm setzen, und geht gerne auch darüber hinaus, versucht uns auszutricksen, schwindelt uns an, ist auf kurzfristigen Lustgewinn aus. Und wie ein kleines Kind müssen wir das Ego in die Schranken weisen, es erziehen und von ihm Selbstbeherrschung und Disziplin einfordern.

*   *   *

→ Diese Aussage steht auf Seite 203

Welche konkreten Situationen stellen Versuchungen dar, derer wir uns nicht bewusst sind?

Als Lektionen der Lebensschule nehmen wir meistens schwerer wiegende Ereignisse wahr, die oft eine schicksalhafte Komponente aufweisen oder auf einer *erkennbaren* Versuchung beruhen, der wir nicht widerstanden haben. In solchen Fällen schauen wir genauer hin, fragen uns, was es zu bedeuten habe, und sind bereit, daraus zu lernen.

Genau betrachtet, ist jedoch jeder Augenblick des Lebens eine Lektion, wir können ständig beim Denken, Fühlen, Reden, Handeln, allein oder mit Mitmenschen, an unserer Vervollkommnung arbeiten. In vielen Alltagssituationen erkennen wir keine direkte Versuchung und deshalb auch keine Notwendigkeit, ihr zu widerstehen. Einige wenige Beispiele aus den schier unendlichen Möglichkeiten:

• Bei einer Tätigkeit, die wir allein ausüben und die unser Denken nicht erfordert, wie beim Geschirrspülen oder bei einem Spaziergang, geraten wir in Versuchung, Gedanken und/oder Emotionen, die sich auf Vergangenes oder Künftiges beziehen, nachzuhängen. Die Lektion besteht darin, uns ganz auf die jeweilige Tätigkeit zu fokussieren und in der Gegenwart zu leben.

• Bei jedem zwischenmenschlichen Kontakt, bei dem wir eine Maske tragen, erliegen wir der Versuchung der Angst oder der Nachlässigkeit. Wir sollten die jeweilige Situation als Übungsfeld wahrnehmen und mutig genug sein, uns zu zeigen, wie wir sind.

• Ferner bei all jenen relativ harmlosen Situationen, in denen unsere Innere Stimme sich spontan meldet, um uns von einer Rede oder einer Tat abzuhalten. Übergehen wir sie und verhalten uns entgegen ihrer leisen Warnung, so sind wir der Versuchung erlegen, nicht auf die Seele zu hören, was uns sogar bei scheinbar Unbedeutendem nicht guttut.

*　*　*

Wie schaffen wir es, schweren Versuchungen zu widerstehen und Nein zu sagen?
Unter „schweren Versuchungen" verstehe ich überaus verlockende Dinge für das vitale Ego oder solche, die sich ihm

gewissermaßen auf dem Silbertablett präsentieren und es nur noch zugreifen muss. Wobei die höheren Elemente in uns, nämlich das Mentale und die Seele, es als Versuchung erkennen und uns davor warnen.

Wie schaffen wir es nun in einer solchen Situation, auf die „Guten" zu hören und dem verführerischen Ego nicht nachzugeben? Die Antwort steht schon in der Frage: *Nein sagen.* Und zwar laut und deutlich und immer wieder.

Im Kapitel über die Innere Stimme von Band 1 habe ich The Mother zitiert, die es nicht verstehen konnte, dass Menschen *bewusst und willentlich* einen Fehler, den sie als solchen erkennen, begehen. Mit dem logischen Verstand betrachtet, ist es tatsächlich unverständlich. Sind wir denn nicht Herr über unsere Entscheidungen? Wessen Sklaven sind wir eigentlich, wenn wir es nicht schaffen, zu Versuchungen Nein zu sagen?

→ The Mother: siehe Glossar Seite 248

Schwache menschliche Wesen sind wir – und das meine ich überhaupt nicht ironisch und nehme mich keineswegs davon aus. Doch das Göttliche weiß dies und verzeiht uns Fehltritte, hilft uns, wenn wir um mehr Willenskraft und Selbstdisziplin bitten. Wir kommen allerdings nicht darum herum, uns anzustrengen: Den Anfang machen wir, indem wir zur Versuchung Nein sagen (siehe auch Aufgabe zur Selbstveränderung). Es gibt keinen anderen Weg.

→ Seite 225

Einige Tricks, die mitunter ganz gut wirken, will ich dennoch verraten. Diese beruhen darauf, dass der Körper den Geist beeinflusst (und nicht nur umgekehrt wie allgemein bekannt).

→ Diese Tricks verdanke ich größtenteils dem lesenswerten Buch „Warum Einstein niemals Socken trug" von Christian Ankowitsch. Über die Wechselwirkungen von Körper und Geist habe ich ausführlicher in meinem Buch „Ich liebe mich selbst und mache mich glücklich" geschrieben; Info siehe Seite 255

• Es hilft uns, Versuchungen *abzuwehren*, indem wir *abwehrende Gesten* machen, etwa die Arme heben, wie um uns abzuschirmen oder jemanden wegzustoßen. Umgekehrt sollen wir einladende Gesten vermeiden, beispielsweise nicht die Arme wie bei einer Umarmung weit öffnen.

• Uns von der Versuchung wörtlich *abzuwenden*, ist ebenfalls hilfreich, ihr also den Rücken zuzukehren.

• Da Rechtshänder Dinge, die auf ihrer rechten Seite liegen, als gut, diejenigen links von ihnen als schlecht bewerten (Linkshänder umgekehrt), stellen wir uns zu einer Versuchung so hin, dass sie sich auf unserer „schlechten" Seite befindet. Das erleichtert uns das Widerstehen.

- Auch zustimmend nicken oder ablehnend den Kopf schütteln, verstärkt unsere innere Haltung. Aber aufgepasst: Das Nicken oder Kopfschütteln bezieht sich *nicht auf die Versuchung*, sondern *auf unsere jeweiligen Gedanken*. Empfinden wir also ein Stück Kuchen als Versuchung und denken dabei, wir seien zu dick, so bedeutet das Kopfschütteln: *„Nein*, ich bin *nicht* zu dick" – was uns das Zugreifen zweifellos erleichtert.

→ Die Bedeutung der Körperhaltung erläutere ich in meinem Buch „Ich liebe mich selbst 2"; Info siehe Seite 255

- Es versteht sich schließlich von selbst, dass Standhaftigkeit mit einer aufrechten Haltung einhergeht, mit einem sicheren, stabilen Stand, während ein schlaffes auf dem Sofa Fläzen unsere Widerstandsfähigkeit schwächt.

* * *

Dürfen wir denn keine Sekunde einfach „leben", müssen wir ständig auf der Hut sein, wie wir uns verhalten?

An manchen Stellen der Sonnwandeln-Reihe ermuntere ich zur *Spontaneität*, also nicht immer zuerst zu denken, sondern zu handeln, wie wir es spüren. In anderen Textpassagen schreibe ich aber auch: Es existieren keine generellen Regeln auf dem spirituellen Pfad. Weil es so viele Wege wie Menschen gibt. Und weil wir uns ja entwickeln und deshalb

→ Vergleiche Seiten 108 und 116

nicht zu jeder Zeit das Gleiche gelten kann. Handelt jemand stets kontrolliert, traut sich nicht, auch nur einen Satz zu sagen, ohne vorher darüber nachzudenken, dann muss er aufgefordert werden, spontaner zu sein, aus sich heraus zu leben. Einem anderen, der überaus impulsiv handelt und dadurch auch seinem Ego freien Lauf lässt, lege ich hingegen nahe, aufmerksamer zu sein und zuerst in sich hineinzuhorchen.

Zudem widersprechen Achtsamkeit und Spontaneität einander nicht. Wir *achten* auf das, was sich außerhalb und in uns ereignet, wir nehmen es wahr, anstatt träumend oder in anderen Gedanken umherzuschweifen. Dann handeln wir aber *spontan*, wie wir es im Augenblick als richtig spüren, ohne zu überlegen, was andere von uns denken, welche Folgen entstehen könnten und mehr dergleichen. Die Achtsamkeit bezieht sich also primär auf unsere Wahrnehmung, nicht auf die Rede und die Taten.

Um es am bereits erwähnten Beispiel zu erläutern: Wir sind äußerst wachsam, wenn wir nachts durch eine einsame Straße gehen, nehmen alles wahr, was um uns passiert, auch die aufkommenden Gedanken und Emotionen. Geschieht dann tatsächlich etwas – wir hören schnell herannahende Schritte hinter uns oder jemand kommt unerwartet aus einem Hauseingang –, reagieren wir instinktiv oder intuitiv, also spontan, ohne nachzudenken. Wir laufen davon oder greifen nach dem Pfefferspray in der Tasche. → Siehe Seiten 203/204 Sind wir nicht wachsam, auf der dunklen Straße wie im alltäglichen Leben, verpassen wir die Chance, angemessen zu reagieren und etwas zu lernen.

Es geht also darum, um es nochmals deutlich zu sagen, dass wir in jedem Augenblick achtsam alles wahrnehmen, was sich um uns herum tut, ebenso wie das, was in uns aufkommt an Gedanken und Emotionen. Dann handeln wir spontan, ohne uns von Angst und anderen egoischen Regungen daran hindern zu lassen. Später schließlich dürfen wir durchaus für einen Moment zurückblicken, unsere Handlungsweise analysieren, vielleicht anhand der eingetretenen Folgen, Schlüsse daraus ziehen, unsere Lektion lernen. Die Essenz des Gelernten behalten wir, das ganze Ereignis und den Erkenntnisprozess lassen wir hingegen los; wir wälzen sie nicht immer und immer wieder in Gedanken und verweilen nicht in den dadurch ausgelösten Emotionen.

*   *   *

Gibt es ein Rezept, wie wir achtsamer werden und nicht länger wie Schlafwandler, stets in Gedanken oder Träumereien vertieft, durch den Alltag gehen?
Achtsamkeit ist Übungssache. Nur indem wir die Gedanken immer wieder am Umherschweifen hindern, sie in die Gegenwart zurückholen, wird Achtsamkeit eines Tages zur Gewohnheit. Das dauert lange, viele Jahre, und erfordert ein hohes Maß an Willenskraft und Selbstkontrolle.

Mehrere Übungen dazu stelle ich dann ausführlicher in verschiedenen Kapiteln von Band IV vor, hier fürs Erste nur ein summarischer Überblick: → Info Seite 252

- In Gedanken immer ganz bei der Tätigkeit bleiben, die wir gerade ausüben;
- ein Mantra rezitieren;
- beobachten, was außerhalb von uns vorbeizieht, ohne zu denken;
- ganz in einen Gegenstand eintauchen.

Ferner sind weitere Übungen hilfreich, von denen wir zumindest die erste leicht in den Alltag integrieren können:

- Bei einem Gespräch neigen wir dazu, noch während unser Gegenüber redet, bereits in Gedanken unsere Antwort zu formulieren oder zumindest über Argumente nachzudenken. Das sollten wir unterbinden, indem wir uns völlig darauf konzentrieren, was der Gesprächspartner sagt, Wort für Wort in uns aufnehmen und uns ernsthaft bemühen, dabei nicht zu denken, sondern hinzuhören. Nur dann nehmen wir auch wahr, was er *nicht* sagt.
- Schweifen die Gedanken in unserem Kopf umher, versuchen wir, sie zu beobachten. Dies mit Worten zu erklären, ist schwierig: Wir sind gewissermaßen zweigeteilt, ein Teil denkt, der andere Teil beobachtet dieses Denken, als handelte es sich dabei um eine andere Person, und lässt es vorbeiziehen, ohne es festzuhalten.
- Auch können wir zuschauen, wie die Gedanken, bevor sie in unserem Kopf sind, von außen in uns hereinkommen. Wahrscheinlich werden wir das nicht auf Anhieb schaffen, doch es ist eine lohnende Übung. Gelingt es uns nämlich, Gedanken als nicht zu uns gehörend zu betrachten, als Eindringlinge, die von außen (aus dem Äther, einer anderen Dimension oder woher auch immer) in uns strömen, können wir sie stoppen, bevor sie eintreffen, sie draußen lassen. Diese Möglichkeit ist uns natürlich verwehrt, betrachten wir sie als eigene Geschöpfe, die in uns entstehen und uns eigen sind.

→ Die These, dass was wir denken und fühlen, von außen kommt, erläutere ich ausführlich in Kapitel 2 von Band V; Info siehe Seite 253

*   *   *

Wie weit sollen wir in unserer Selbstkontrolle gehen, wo genau liegt die Grenze zwischen dem gesunden Maß an Disziplin und der übermäßigen Härte gegenüber uns selbst?

Die Grenze ist natürlich fließend, jeder Mensch muss sie für sich selbst setzen und in jeder Situation kann sie unterschiedlich liegen. Da wir mit uns selbst meistens kritischer, unnachgiebiger, härter verfahren als mit anderen (übrigens: auch als andere mit uns!), lässt sich das richtige Maß finden, indem wir uns fragen: Welches Verhalten dürfte ich jetzt von einem anderen erwarten, wäre er an meiner Stelle, oder wozu sollte ich ihm raten? Und wie würde ich ihn beurteilen, verhielte er sich anders? Möchte ich ihn tadeln, ihm Vorwürfe machen, ihn zurechtweisen? Oder wäre ich verständnisvoll, geduldig, nachsichtig? Daraus können wir schließen, wie wir mit uns selbst umgehen sollten. Wichtig ist, dass wir uns *bemühen*, nicht dass wir perfekt sind.

Nebenbei bemerkt: Selbst wenn wir zu jenen Menschen gehören, die von anderen mehr erwarten als von sich, ist die Methode angebracht. In diesem Fall lernen wir aus dem Vergleich zum eigenen Verhalten, den Mitmenschen und ihren Schwächen mehr Toleranz und Verständnis entgegenzubringen.

Einen weiteren Aspekt will ich an dieser Stelle noch erwähnen. Selbstdisziplin ist zweifellos nötig, um den sogenannten Versuchungen zu widerstehen, um nicht Fehltritte zu begehen, die wir als solche erkennen. Aber Selbstüberforderung und Selbstkasteiung haben nichts mit Selbstdisziplin zu tun. Wir sollen uns zwar nicht zügellos gehen lassen, vielmehr Willenskraft aufbringen, jedoch nur sofern es angebracht und nötig ist und nicht bloß aus Prinzip, weil „man" es so macht, es von uns erwartet wird oder wir das Urteil der Mitmenschen fürchten.

→ Vergleiche Kapitel 5, Seiten 167ff.

Manchmal schieben wir Selbstdisziplin auch nur vor, dabei handelt es sich um Angst. Ein Beispiel: X geht jeden Mittwoch mit einigen Kollegen joggen. Letzte Woche fühlte er sich nicht wohl und sagte ab; das war für ihn kein Problem, schließlich ist jeder einmal krank. Diese Woche hat er jedoch keine Lust und würde das Training am liebsten ausfallen lassen. Aber er redet sich ein, er dürfe der Trägheit nicht so leicht nachgeben. In Wirklichkeit ist es Angst: Er traut sich nicht, noch einmal abzusagen, weil er befürchtet, die Kollegen könnten ihn für einen Schwächling halten, ihn vielleicht sogar aus der Gruppe ausschließen. Worin besteht nun in diesem Fall die zu lernende Lektion? Darin, Härte an den Tag zu legen und joggen zu gehen, oder darin, zu seiner Unlust zu stehen und abzusagen?

* * *

Wie können wir in Versuchungssituationen – da wäre es ja gerade besonders wichtig – die wahre Innere Stimme von den falschen des trickreichen Ego unterscheiden?
Ist es denn nicht gerade in diesen Situationen am leichtesten? Im dem Moment, in dem wir etwas als Versuchung empfinden, ist uns ja bereits bewusst, dass wir ihr nicht erliegen sollten. Wir spüren genau, was richtig und was falsch ist, die Innere Stimme hat es uns unmittelbar wissen lassen. Dass das Ego dennoch versucht, uns durch seine listigen Argumente umzustimmen, ist klar. Und dass wir uns oft nur allzu gerne umstimmen lassen, ist zweifellos eine unserer Schwächen – eine durchaus menschliche, das will ich nochmals betonen. Hinweise und Anregungen, wie wir dem entkommen, finden sich in verschiedenen Antworten und der → Seite 225 Aufgabe zur Selbstveränderung dieses Kapitels.

Haben wir eine Situation hingegen nicht als Versuchung erkannt, so brauchen wir uns auch nichts vorzuwerfen, falls wir aus Unwissenheit einer falschen Stimme gefolgt sind. Es ist dann nichts weiter als eine Übung in unserer Lebensschule, wie wir tagtäglich unzähligen begegnen.

* * *

Ist es wahr, wie man manchmal hört, es sei eine größere Sünde, andere Menschen in Versuchung zu führen als selbst einer zu erliegen?
→ Vergleiche Seite 149 Aus meiner Sicht ist es nicht angebracht, eine Rangliste der Sünden aufzustellen. Ganz abgesehen vom Verständnis des Begriffs Sünde. Doch dass wir niemanden dazu verleiten sollen, sich in einer Weise zu verhalten, die ihm nicht guttut, ist natürlich richtig.

Darunter darf nicht nur eine aktive, eindeutige Aufforderung verstanden werden, etwa wenn ein Dieb seinen Sohn zum Stehlen erzieht und zu seinen Einbrüchen mitnimmt.

Wir machen uns auch durch ein passives Verhalten mitschuldig, das es einem Mitmenschen zu leicht macht, eine „Sünde" zu begehen. Um beim Beispiel des Diebes zu bleiben: Wir lassen einen Wertgegenstand sichtbar auf dem Badetuch liegen, während wir schwimmen gehen.

Nicht zuletzt tragen wir zum Fehlverhalten der Mitmenschen auch immer dann bei, wenn wir aus Nachlässigkeit, Angst, Unachtsamkeit oder weil wir uns einen Vorteil davon versprechen, das Ego eines anderen begünstigen oder ihm nicht Einhalt gebieten, nämlich wenn wir beispielsweise

• uns nicht trauen, Nein zu sagen, und uns ausnützen lassen;

• unaufrichtig sind, jemand daraus falsche Schlüsse zieht und deshalb „sündig" handelt;

• bei verletzenden Äußerungen eines Mitmenschen nicht sagen, wie wir uns dabei fühlen, und er folglich nicht lernen kann, sich respektvoller und empathischer zu verhalten;

• uns aus Verlustangst emotional erpressen lassen;

• Konflikten aus dem Weg gehen und dadurch anderen erlauben, uns zu tyrannisieren, gar zu missbrauchen;

• und vieles mehr aus dem alltäglichen Leben.

Niemand sage, wenn er versucht wird: Ich werde von Gott versucht. Denn Gott ist unangefochten vom Bösen; er selbst versucht aber auch niemand. Sondern ein jeder wird versucht, wenn er von seiner eigenen Lust gereizt und gelockt wird.

Jakobus 1,13 ff.

Es hat euch bisher nur menschliche Versuchung betroffen. Gott aber ist treu; der wird euch nicht über euer Vermögen versucht werden lassen, sondern wird zugleich mit der Versuchung auch den Ausgang schaffen, dass ihr sie ertragen könnt.

1. Korinther 10,13.

Achtsamkeit ist ein aufmerksames Beobachten, ein Gewahrsein, das völlig frei von Motiven oder Wünschen ist, ein Beobachten ohne jegliche Interpretation oder Verzerrung.

Krishnamurti

Du bist eine Sekunde lang vollkommen bewusst und in der nächsten bist du vielleicht unachtsam. Aber sei dir bewusst, dass du unachtsam bist. Sage nicht: „Unachtsamkeit muss zur Achtsamkeit werden." Dadurch erzeugst du nur einen Konflikt und in diesem Konflikt hören Bewusstheit und Achtsamkeit vollkommen auf.

Krishnamurti

Ihr schmeichelt euch selbst, ihr hättet nichts als gute Empfindungen und gute Absichten und alles, was ihr tut, sei im Namen des Guten – ja, solange ihr bewusst seid und Kontrolle habt. Aber in dem Moment, in dem ihr nicht achtsam seid, geschehen alle möglichen Dinge in euch, derer ihr euch überhaupt nicht bewusst seid und die nicht sehr schön sind.

The Mother

Sind wir wirklich lebendig, so ist alles, was wir tun oder spüren, ein Wunder. Achtsamkeit zu üben bedeutet, zum Leben im gegenwärtigen Augenblick zurückzukehren.

Thich Nhat Hanh

Nur Mut!

Süße Versuchung, schwer zu widerstehen! Tappst du auch tausendmal in die Falle – mach dir nichts daraus. Was immer du tust, es ist nichts weiter als ein leichter Abdruck auf dem weichen Sand deines Lebenswegs – und die nächste Welle spült ihn mit sich fort.

Erniedrige dich nicht durch Selbstvorwürfe und Schuldgefühle, lass sie los.

Lächle über dein listiges Ego – aber sag ihm deutlich: Das nächste Mal werde ich achtsamer sein, stärker, beherrschter. Und überzeuge es davon, dass der andere Weg der schönere ist, spannender, herausfordernder, und dauerhaftere Freude schenkt.

Lass dich fallen in dein Urvertrauen, nichts geschieht ohne Sinn – nicht die Versuchung, nicht ihre Folgen.
Und fühle, wie wertvoll du bist, wie einzigartig, unerlässlich für das göttliche Schauspiel, und zwar genau so, wie du bist, genau so, wie du handelst. Du darfst so sein, du sollst so sein. Nimm dich an, wie du bist, mit den Tugenden und den „Fehlern".

Du bist – du bist nicht der flüchtige Abdruck, den du hinterlässt.

✧ Wir sollen stets in der Gegenwart leben, weder im Denken noch in Empfindungen in der Vergangenheit oder Zukunft weilen, und achtsam sein für unsere Gedanken, Emotionen, Worte und Taten.

✧ Wichtig ist, dass wir uns bemühen und unsere Willenskraft einsetzen, um Selbstdisziplin auszuüben; das Göttliche bestraft uns nicht, wenn wir, schwache Menschen, es nicht immer schaffen. Deshalb dürfen wir uns auch nicht selbst verurteilen und keine Schuldgefühle aufkommen lassen.

✧ Achtsamkeit und Spontaneität widersprechen einander nicht: Wir sollen achtsam sein für die Wahrnehmung, dann spontan handeln, der Inneren Stimme gehorchend.

✧ Achtsamkeit muss lange geübt werden. Wir versuchen stets von Neuem, die herumschweifenden Gedanken zur Konzentration auf das, was wir gerade tun, zurückzuholen.

✧ Versuchungen kommen auf uns zu, damit wir Einsichten gewinnen und das theoretisch Erkannte und Gelernte in der Praxis umsetzen.

✧ Um Versuchungen, die wir als solche wahrnehmen, zu widerstehen, gibt es nur ein Mittel: „Nein!" sagen.

✧ Wir sollten auch darauf achten, andere Menschen nicht in Versuchung zu führen, weder willentlich noch aus Nachlässigkeit oder Angst.

✧ Bin ich mit meinen Gedanken immer ganz woanders?

✧ Fällt es mir schwer, mich bei einem Gespräch oder wenn ich einen Film anschaue, ein Buch lese ganz auf den Gesprächspartner oder den Film, die Lektüre zu konzentrieren?

✧ Begehe ich bewusst, wider besseres Wissen „Fehler", weil ich Versuchungen nicht widerstehe?

✧ Lasse ich mich von den Argumenten meines listigen Ego verführen?

✧ Bin ich zu hart mit mir selbst, was die Disziplin betrifft?

✧ Verfalle ich in Selbstvorwürfe und Schuldgefühle, wenn ich mich nicht unter Kontrolle hatte?

Entwicklungsziel

Ich übe mich in Achtsamkeit, indem ich in der Gegenwart lebe, im Augenblick, und die äußeren und inneren Ereignisse genau wahrnehme.

Ich lerne, meinem Ego Nein zu sagen, wenn meine Seele etwas nicht will, und lasse mich nicht länger von seinen kurzsichtigen Wünschen verführen.

→ Bitte beachte „Tipps zum Umgang mit der Sonnwandeln-Reihe" auf Seite 17

Die beiden Aufgaben A und B gehören zusammen: Durch die erste schulst du die Achtsamkeit und nimmst wahr, falls deine Gedanken, Emotionen, Worte und Taten nicht gut für dich sind. Aufgabe B weist dir dann Wege, um diesen Gedanken, Emotionen, Worten und Taten Einhalt zu gebieten.

Aufgabe A: Achtsamkeit

Ich nehme mir vor, *einen ganzen Tag lang* achtsam zu sein. Ich achte auf Gedanken und Empfindungen, auf meine Rede und auf meine Handlungen. Das bedeutet:

• Ich lasse meinen Gedanken nicht ungezügelt freien Lauf, vor allem nicht solchen, die ich als negativ erkenne, die Pläne für ungute Handlungen schmieden und dergleichen. Sobald ich diese wahrnehme, schaue ich sie an, bemühe mich zu erkennen, woraus sie entspringen (Angst, Wünschen, Eifersucht, Neid, …) und weise sie dann ab.

• Ich beobachte meine aufkommenden Emotionen und versuche zu erkennen, woraus sie entspringen (Sinneswahrnehmungen, Gedanken, …) und weise sie ab, falls sie nicht unmittelbar mit meinem jeweiligen Tun zusammenhängen.

• Ich rede nicht drauflos, sondern wähle meine Worte mit Bedacht. Bin ich im Begriff, etwas zu sagen, und spüre, dass ich es nicht tun sollte, schweige ich. Habe ich den Satz schon angefangen, halte ich inne; ich erkläre meinem Gegenüber: „Was ich gerade sagen wollte, ist nicht gut", und lasse mich nicht dazu drängen, es dennoch auszusprechen.

• Bei meinen Handlungen achte ich darauf, nur das zu tun, was ich wirklich tun will. Spüre ich, dass eine Handlung nicht gut für mich ist, so halte ich inne und lasse davon ab.

Diese ausgeprägte Form der Achtsamkeit kommt einer Vollzeitbeschäftigung gleich. Ich lasse mich nicht entmutigen, wenn ich immer wieder, gar mehrheitlich, davon abkomme. Ich versuche lediglich, zu meiner Achtsamkeit zurückzukehren. Ich lege von Zeit zu Zeit einen solchen „Tag der Achtsamkeit" ein. Ich überfordere mich jedoch nicht, indem ich es anfänglich über mehrere Tage nacheinander praktiziere, sondern gönne mir dazwischen jeweils eine Pause.

Aufgabe B: Selbstkontrolle
Erkenne ich etwas in meinem Denken, Empfinden, Reden oder Handeln als Versuchung, so lasse ich mich nicht verführen. Ich halte sofort inne, nehme mir eine Auszeit, damit ich überhaupt die Chance habe, willentlich zu reagieren.
Methoden, um dem Ego nicht nachzugeben:
• Ich sage laut oder in Gedanken und mit aller Entschlossenheit und Schärfe „Nein!", wie ich es bei einem quengelnden Kind tun würde, falls nötig mehrmals. Ich mache mir bewusst, dass *ich* entscheide, was ich tue und lasse.
• Ich erkläre meinem Ego: „Ist es denn wirklich so wichtig, das zu sagen/zu tun?"; „Du bist doch nicht der Sklave dieser äußeren Reize! Kommst du dir nicht besser vor, wenn du widerstehst?"; „Ist es nicht dumm, etwas zu tun, genau wissend, dass es nicht gut ist?"; „Das letzte Mal hast du es doch auch geschafft zu widerstehen!" Und mit weiteren Argumenten, je nach Situation.
• Ich bitte das Göttliche um Hilfe, es möge die Versuchung von mir abwenden und mir die Kraft schenken, Nein zu sagen.
• Ich lege mir absichtlich Steine in den Weg, die es mir verunmöglichen, das Unerwünschte zu tun.
• Ich wende die Tricks der Seiten 213/214 an.

Gelingt es mir nicht, einer Versuchung zu widerstehen, so mache ich mir deshalb keine Vorwürfe und bekomme keine Schuldgefühle, ich empfinde mich nicht als Versager oder minderwertig, unfähig, schwach. Ich akzeptiere die Situation mit einem Lächeln und nehme mir entschlossen vor, es bei der nächsten Gelegenheit wieder zu versuchen.

Affirmationen

→ Bitte beachte
die detaillierte
Anleitung
auf Seite 236

Ich achte auf meine Gedanken und Empfindungen.

Ich weite mein Bewusstsein.

Das Leben ist spannend und voller Wunder, wenn ich achtsam bin.

Ich bin immer ganz bei mir selbst.

Ich lebe in der Gegenwart.

Ich bin absolut ehrlich zu mir selbst.

Ich bin standhaft.

Ich wende mich nur dem Guten zu.

Ich höre bedingungslos auf meine Innere Stimme.

Meine Willenskraft ist stark.

Liebevoll setze ich die höchste Disziplin ein.

Ich habe den Willen zur Selbstdisziplin, ich bin zielgerichtet.

Ich gehe liebevoll mit mir selbst um.

MEDITATION

• Ich schließe die Augen und werde innerlich still, indem ich mich auf den Atem konzentriere, ohne seinen Rhythmus zu beeinflussen: Ich beobachte einfach, wie ich einatme, wie ich ausatme, und nehme vor allem diesen Augenblick zwischen Einatmen und Ausatmen wahr beziehungsweise zwischen Ausatmen und Einatmen, in welchem der Atem „stillsteht", alles ruht.

→ Bitte beachte die detaillierte Anleitung auf Seite 237

Aufkommende Gedanken vertreibe ich nicht gewaltsam, sondern versuche, mich von ihnen abzuwenden und wieder zur Beobachtung meines Atems zurückzukehren. Bei dieser Übung verbleibe ich, bis ich innerlich ruhig bin und die Gedanken einigermaßen schweigen.

• Dann bringe ich mein Bewusstsein an die Stelle zwischen meinen Augenbrauen („drittes Auge") und verharre dort, während ich ruhig und gleichmäßig atme, ohne mich bewusst darauf zu konzentrieren; aufkommende Gedanken vertreibe ich nicht gewaltsam, sondern versuche, sie ruhig und bestimmt aus mir hinauszuweisen, und bringe mein Bewusstsein immer wieder in das dritte Auge zurück.

→ Drittes Auge: siehe Glossar Seite 245

• In dieser Übung verbleibe ich, solange mir wohl dabei ist. Wenn ich nicht mehr mag, atme ich tief in den Bauch, öffne die Augen, verharre noch eine Weile regungslos, schaue um mich, spüre meinen Körper und bewege mich langsam.

→ Bitte beachte
die detaillierte
Anleitung
auf Seite 240

Haupt-Blüten

Seelenzustand	Nr.
Ich bin mit den Gedanken oft woanders.	9
Bestimmte Gedanken kreisen ununterbrochen, ich kann sie nicht abstellen.	35
Ich bin zu hart mit mir selbst und/oder übertreibe meine Selbstkontrolle und setze mich selbst unter Druck.	27
Ich bin vor lauter Begeisterung übereifrig in der Selbstdisziplin.	31

Gewählte Blüten:

☐ ☐ ☐ ☐

Zusatz-Blüten

Seelenzustand	Nr.
Ich lebe nicht in der Gegenwart und hänge gedanklich und gefühlsmäßig in der Vergangenheit.	16
Ich nehme die gemachten Erfahrungen zu wenig wahr und lerne nicht genug daraus.	7
Ich bin zu selbstbezogen und nehme deshalb das, was um mich geschieht, nicht richtig wahr.	14
Ich bin zu ungeduldig.	18

Gewählte Blüten:

☐ ☐ ☐ ☐

Empfohlener Heilstein: Amethyst

→ Bitte beachte
die detaillierte
Anleitung auf
Seite 243

Wirkung

Der Amethyst verhilft zu mehr Konzentration und besserer Wahrnehmung; dadurch fördert er die Achtsamkeit und unterstützt die Bemü-
hungen, ganz in der Gegenwart zu leben. Zudem stärkt er die Willenskraft und hilft so, Versuchungen und Verführungen zu wiederstehen.
Der Amethyst ist der Stein für die Meditation und innere Sammlung.

Anwendung

Den Stein auf sich tragen, beispielsweise als Anhänger; größere Steine
können im Raum aufgestellt werden.

Reinigen und Aufladen

Ein- bis zweimal pro Monat unter lauwarmem fließendem Wasser entladen.

RÜCKSCHAU UND VORSCHAU

Nachdem du eine Weile – in der Regel mehrere Wochen – in deinem Alltag zum Thema dieses Kapitels an dir gearbeitet hast, blickst du kurz zurück und schaust, wo du stehst. Kreuze bei den untenstehenden Aussagen an, was auf dich zutrifft. Sei ehrlich zu dir selbst, ohne falsche Bescheidenheit und ohne Selbstvorwürfe oder Entmutigung – es ist nur eine Bestandesaufnahme, ohne Wertung, um zu erkennen, in welchem Bereich du dich noch bemühen kannst... damit du wirst, was du bereits bist.

Lernziele dieses Kapitels Erreicht:	Ja	Nein
Ich bin wesentlich achtsamer in meinen Gedanken und meiner Rede als früher. Oder: Bei meinen Arbeiten gelingt es mir jetzt besser, mich zu konzentrieren und bei der Sache zu sein. Oder: Immer in der Gegenwart zu leben, in Gedanken nicht in die Vergangenheit und Zukunft zu schweifen, gelingt mir oft recht gut.	☐	☐
Es gelingt mir recht gut, trotz Achtsamkeit nicht an Spontaneität einzubüßen.	☐	☐
Versuchungen nehme ich besser wahr und es gelingt mir bisweilen, ihnen zu widerstehen.	☐	☐
Ich denke vermehrt daran, das Göttliche um Hilfe zu bitten, wenn eine Versuchung mich überfällt.	☐	☐
Ich lasse mich in Versuchungssituationen nicht mehr so leicht von den Argumenten meines listigen Ego überreden. Oder: Ich begehe weniger häufig bewusst und willentlich Fehler, weil ich nicht widerstehen kann.	☐	☐
Selbstzweifel, Selbstvorwürfe und Schuldgefühle habe ich weitgehend abgelegt für die Situationen, in denen ich mich habe gehen lassen. Oder: Ich bin nicht mehr so hart mit mir, was Selbstdisziplin und Selbstkontrolle betrifft. Oder: Das richtige Maß zwischen Disziplin und Nachsicht mir selbst gegenüber erkenne ich immer besser.	☐	☐

Mein weiterer Entwicklungsschritt

Notiere jetzt eine Einsicht/Herausforderung/Aufgabe, an der du arbeiten willst – aber nur eine!
Dann prägst du sie dir gut ein, bittest das Göttliche, dich dabei zu führen und dein Bemühen zu fördern, und lässt sie los. Du kannst nun mit dem nächsten Band der Buchreihe und dessen Aufgaben weiterfahren.

Den Entwicklungsschritt, den du hier aufgeschrieben hast, darfst du von Zeit zu Zeit nachlesen, gewissermaßen zur Erinnerung, aber beschäftige dich gedanklich nicht mehr damit. Den Impuls hast du nämlich gesetzt – überlass es dem Göttlichen, ihn so umzusetzen, wie es für dich gut ist.

....

....

....

....

....

....

....

....

....

....

....

....

....

....

....

Ein kurzes Schlusswort

Am Ende dieses zweiten Bandes angelangt, was bleibt mir noch zu sagen? Dass ich mich freue, wenn du die eine oder andere Erkenntnis gewonnen hast und dein Alltagsleben dadurch leichter und freudiger geworden ist.

Und Mut will ich dir nochmals machen, Mut ist eine der wichtigsten Voraussetzungen auf dem spirituellen Weg. Betrachte also das Leben als eine Schule, als ein spannendes Abenteuer, bei dem du Neues lernst, Neues ausprobierst. Sei dir bewusst, dass du *immer* lernst. Denke nie, du kämest nicht voran, auch wenn es manchmal so aussehen mag. Die Veränderung geschieht wie hinter einem Schleier, unbemerkt – und plötzlich bricht sie hervor. Plötzlich wirst du feststellen: Ich habe mich verändert!

Hab vor allem keine Angst. Überwinde sie, indem du sie missachtest und alles trotz und mit deiner Angst tust, alles, was du für richtig hältst. Und erlaube dir auch den Mut, einmal einen schwierigeren Schritt zu wagen, über deinen Schatten zu springen. Es kann dir nichts passieren. Du weißt, dass immer alles so kommt, wie es für alle Beteiligten gut ist.

Einen kurzen Ausblick auf die Themen von Band III der Sonnwandeln-Buchreihe will ich noch geben: Es geht um die Liebe im weitesten Sinn. Um Liebesbeziehungen und Trennungen, um problematische Eltern-Kind-Liebe, natürlich auch um die Selbstliebe und die Nächstenliebe und nicht zuletzt um das Alleinsein und die Einsamkeit. Alles zusammen ein Riesengebiet und eines der wichtigsten Themen überhaupt. Wie Ibn Arabi sagte: „Ich folge der Religion der Liebe: Welchen Weg die Kamele der Liebe auch einschlagen, das ist meine Religion und mein Glaube." Oder um Franz von Assisi zu zitieren: „Wo Liebe ist und Weisheit, dort ist weder Furcht noch Unwissenheit."

Ich wünsche dir von Herzen weiterhin eine frohe Wandlung auf dem sonnenbeschienenen Weg!

Anhang

Bei Affirmationen handelt es sich um eine Form der Autosuggestion; damit kannst du hinderliche Muster in deinem Unbewussten durch neue Überzeugungen und Verhaltensweisen ersetzen (das lateinische Wort *affirmatio* bedeutet Beteuerung, Versicherung).

• Wähle von den vorgeschlagenen Affirmationen jeweils eine aus, die dich anspricht. Du darfst den Satz im Wortlaut auch ändern, wenn andere Begriffe dir eher zusagen, oder eigene Affirmationen formulieren. Beachte dabei unbedingt zwei Grundregeln:

– Bilde keine verneinten Sätze (Sätze, in denen *nicht, nie, kein* usw. vorkommen) und auch keine mit Begriffen negativer Bedeutung. Sag also nicht: „Ich habe keine Selbstzweifel mehr" oder „Meine Selbstzweifel verschwinden". Sondern: „Ich bin selbstbewusst und selbstsicher". Negative Begriffe erwecken nämlich eine negative Emotion in dir, und das wirkt kontraproduktiv; Affirmationen sollen stets schöne, beglückende Dinge aussagen.

– Die Affirmation muss den angestrebten Zustand in der Gegenwart und als Tatsache ausdrücken (nicht in der Zukunft oder als Wunsch). Sag also nicht: „Ich werde/möchte mich selbst lieben". Sondern: „Ich liebe mich selbst."

• Wiederhole am Abend unmittelbar vor dem Einschlafen die Affirmation zehn- bis zwanzigmal, am besten halblaut, damit sie auch über den Gehörsinn ins Unbewusste eingeht, langsam und monoton wie eine Litanei. Wenn du magst, fährst du in Gedanken damit fort, bis du einschläfst. Am Morgen, gleich nach dem Aufwachen, tust du das Gleiche.

• Du kannst die Affirmation auch tagsüber überall und jederzeit rezitieren, etwa bei einem Spaziergang, beim Autofahren oder während des Kochens.

• Die gewählte Affirmation behältst du bei, solange du mit den Aufgaben des jeweiligen Kapitels arbeitest. Mit jedem neuen Kapitel und den entsprechenden Aufgaben, wählst du eine dazu passende neue Affirmation.

Imagination

Die Imaginationstechnik wurde von C.G. Jung in die Psychotherapie eingeführt und ist Bestandteil verschiedener, meist tiefenpsychologisch ausgerichteter Therapieformen. Imaginationen, wozu beispielsweise das autogene Training gehört, stellen eine Verbindung zwischen Bewusstsein und Unbewusstem her. Sie können aber auch genutzt werden, um mit der Seele in Kontakt zu kommen.

Indem wir uns Bilder zuerst ganz bewusst vorstellen, eine eigentliche Geschichte mittels unserer Vorstellungskraft beginnen und ihr dann in einer meditativen Ruhe freien Lauf lassen, tauchen mehr und mehr Bilder, Worte, Emotionen auf. Sie können uns helfen, neue Erkenntnisse zu finden, Blockaden zu lösen und angestrebte Selbstveränderungen positiv zu erfahren und zu fördern.

Lies jeweils die Anleitung zur Imagination zuerst ganz durch und präge dir den Grundablauf und die wesentlichen Punkte ein.

Wenn Du mit der Imagination beginnst, setzt du dich bequem hin und schließt die Augen. Du versetzt dich gedanklich, vor allem aber bildhaft, vor deinem geistigen Auge in die Situation der Imagination. Dann folgst du den Bildern, die aus deinem Innern aufsteigen; blocke diese nicht ab, beobachte, erlebe...

Lass dich ruhig vom Ablauf deiner eigenen Geschichte leiten, generell und besonders dann, wenn du dich nicht mehr an alle Einzelheiten erinnerst, die du dir vorher eingeprägt hast.

Beginnen die Bilder zu verblassen oder nehmen fremde Gedanken überhand, kommst du in die Realität und Gegenwart zurück. Lass dir dabei Zeit, spüre mit offenen oder geschlossenen Augen nach. Achte darauf, auch deinen Körper wieder zu empfinden, nimm bewusst deine Beine und Arme wahr, den Kontakt mit der Unterlage, und bewege deine Glieder sanft, bevor du aufstehst.

Du kannst jede Imagination so oft machen, wie du möchtest und spürst, dass sie dir guttut, täglich, wöchentlich, aber auch nur ein- oder zweimal.

Meditation

Im Gegensatz zur Imagination, die mit Bildern und Geschichten arbeitet, geht es bei der klassischen östlichen Meditation darum, innerlich still zu werden, also Gedanken, Gefühle, jede innere Regung loszulassen und so den Weg für die Wahrnehmung der eigenen Seele, für das göttliche Bewusstsein zu öffnen.

Um dieses Ziel zu erreichen, gibt es verschiedene Methoden. Eine davon besteht darin, den Atem zu beobachten. Damit habe ich persönlich die besten Erfahrungen gemacht, weshalb ich sie jeweils vorschlage.

Diese Methode dient auch dazu, uns auf eine Imagination vorzubereiten, oder für eine Kombination von Meditation und Imagination.

In den Kapiteln, in denen sie vorgesehen ist, beschreibe ich sie jeweils nur kurz. Deshalb gebe ich an dieser Stelle ausführlichere Hinweise dazu.

• *Den Atem beobachten.* Es geht darum, uns einzig auf diesen Vorgang zu konzentrieren, damit die Gedanken nicht umherschweifen. Wir können den Atem beobachten, indem wir auf das Heben und Senken des Brustkorbs achten oder darauf, wie die Luft in unsere Nase ein- und ausströmt.

Wenn wir jeweils fertig eingeatmet haben, vergeht ein winziger Augenblick, bevor wir ausatmen. Das Gleiche geschieht, wenn wir fertig ausgeatmet haben, bevor die Luft erneut in unsere Lunge strömt. In diesem Augenblick ruht jeweils der Atem. Darauf konzentrieren wir uns besonders. Wir bekommen dabei das Gefühl, als verlängere sich dieser Augenblick mit jedem Atemzug; es kann so weit kommen, dass wir aufschrecken, weil wir plötzlich denken, wir würden überhaupt nicht mehr atmen. Diese Schrecksekunde verschwindet mit der Übung, und wir gelangen tiefer und tiefer in die Versenkung.

• *Das Bewusstsein in die Mitte der Brust richten.* Gemeint ist die Stelle hinter dem Herzen, in der Mitte der Brust, in der Tiefe, nicht auf der Oberfläche. *Das Bewusstsein richten* – es ist schwierig, dies in Worten zu erklären. Obwohl wir uns, wie gesagt, auf den Atem konzentrieren, fokussieren wir das Bewusstsein, das wir normalerweise eher im Kopf empfinden, in der inneren Mitte der Brust (oder, bei anderen Meditationen, auf den Punkt zwischen den Augenbrauen). Es ist wie ein inneres Hinabsinken, ein Sichfallenlassen. Besser kann ich es leider nicht erklären, die Sprache ist ein unvollkommenes Mittel, um spirituelle Erfahrungen zu beschreiben. Aber keine Sorge, wenn du es selbst praktizierst, wirst du bald spüren, was ich meine.

• *Gedanken und Empfindungen vorbeiziehen lassen.* Jeder, der schon einmal versucht hat zu meditieren, weiß, wie schnell und hartnäckig wir durch Gedanken davon abgelenkt werden. Die Meister der Meditation lehren verschiedene Techniken, damit umzugehen. Eine besteht darin, die Gedanken als ein *äußeres* Phänomen zu betrachten: Sie gehören nicht zu uns, sondern sind außerhalb von uns. Somit können wir sie, wenn sie auftauchen, kurz anschauen und dann vorbeiziehen lassen, wie Wolken am Himmel, und wieder zur Konzentration auf den Atem zurückkehren.

Empfinden wir die Gedanken hingegen als Teil von uns, also *in uns drinnen*, so weisen wir sie ruhig und bestimmt aus uns hinaus; wir können uns kurz bildlich vorstellen, wie sie aus uns hinausgehen und sich in der Ferne verlieren.

Du wirst bald deine eigene Methode finden, wie du deine Gedanken erfolgreich zur Ruhe bringst.

ANLEITUNG ZUR ANWENDUNG VON BACH-BLÜTEN

Wirkungsweise der Bach-Blüten

Die Bach-Blüten sind Essenzen, die bis heute nach den Anweisungen von Dr. Edward Bach (1886-1936) hergestellt werden. Ihre Wirkung beruht auf der Harmonisierung von Seelenzuständen (Angst, Kummer, Gleichgültigkeit, Unentschlossenheit, Mutlosigkeit usw.); dabei wird der negative Zustand mit der positiven Schwingung der entsprechenden Blütenessenz überlagert und ins Positive gewandelt (beispielsweise Verzagtheit in Mut, Unentschlossenheit in Entscheidungsfreude, Sorge in Urvertrauen usw.). Als einführende Lektüre empfehle ich dir die Bücher von Edward Bach.

Auswahl einer individuellen Bach-Blüten-Mischung

Die Original-Bach-Blüten sind gemäß einer allgemein angewendeten Reihenfolge (alphabetisch nach den englischen Namen) nummeriert; die Liste findest du auf Seite 242.

Die Auswahl der für dich geeigneten Mischung kannst du auf eine der folgenden Arten vornehmen:

• Aufgrund der Beschreibungen der Seelenzustände, die du in den Büchern von Dr. Bach und anderen Autoren findest, wählst du die Blüten aus, die auf deine momentane Situation zutreffen.

• Du ziehst blind Karten aus dem Bach-Blüten-Kartenset (im Handel erhältlich) und überlässt die Auswahl so deiner Inspiration.

• Ebenfalls intuitiv kannst du mit geschlossenen Augen nach den Essenzen-Fläschchen greifen.

• In diesem Buch habe ich in jedem Kapitel eine Auswahl der geeigneten Bach-Blüten für das Thema des jeweiligen Kapitels aufgeführt. Dabei gehst du wie folgt vor:

1. Wähle zuerst aus der Tabelle „Haupt-Blüten" die Aussagen, die auf dich zutreffen, und trage die entsprechenden Nummern in die Kästchen unter der Tabelle ein.

2. Dann kannst du in der Tabelle „Zusatz-Blüten" überprüfen, ob eine oder mehrere Aussagen auf dich ebenfalls zutreffen, und die entsprechenden Nummern wiederum in die

Kästchen unter dieser Tabelle eintragen. Insgesamt solltest du aus den beiden Tabellen zusammen nicht mehr als sechs Blüten wählen; es dürfen aber auch weniger sein.

Zubereitung der individuellen Bach-Blüten-Mischung

Du hast zwei Möglichkeiten:

• Deine individuelle Mischung aus den konzentrierten Essenzen selbst zubereiten. Diese Essenzen nach der Original-Rezeptur von Dr. Edward Bach erhältst du als komplettes Set oder als Einzelfläschchen in Apotheken, die Naturheilmittel verkaufen. Auch im Internet gibt es zahlreiche Anbieter, bei denen du diese Produkte bestellen kannst.

Für deine persönliche Mischung benötigst du eine 30-ml-Pipettenflasche (diese erhältst du ebenfalls in der Apotheke). In das Fläschchen füllst du zur Hälfte eine hochprozentige Spirituose, wie Cognac oder Whisky, und zur Hälfte Mineralwasser. Dann gibst du von den ausgewählten Essenzen je zwei Tropfen hinein.

• Du kannst dir deine gewünschte Mischung in einer Apotheke zubereiten lassen (dieses Angebot findest du auch im Internet).

Einnahme der Bach-Blüten-Mischung

Nimm 3- bis 4-mal täglich jeweils 4 bis 5 Tropfen deiner zubereiteten Bach-Blüten-Mischung, erstmals am Morgen gleich nach dem Aufstehen und letztmals am Abend vor dem Schlafengehen.

Träufle die Tropfen aus der Pipette auf deine Zunge und achte darauf, die Pipette nicht mit deinem Mund in Berührung zu bringen.

Liste der Bach-Blüten

Nr.	Englische Bezeichnung	Deutsche Bezeichnung
1	Agrimony	Gemeiner Odermennig
2	Aspen	Espe (Zitterpappel)
3	Beech	Rotbuche
4	Centaury	Tausendgüldenkraut
5	Cerato	Bleiwurz
6	Cherry Plum	Kirschpflaume
7	Chestnut Bud	Knospe der Rosskastanie
8	Chicory	Wegwarte
9	Clematis	Gewöhnliche Waldrebe
10	Crab Apple	Holzapfel
11	Elm	Englische Ulme
12	Gentian	Herbstenzian
13	Gorse	Stechginster
14	Heather	Schottisches Heidekraut
15	Holly	Europäische Stechpalme
16	Honeysuckle	Geißblatt
17	Hornbeam	Hainbuche
18	Impatiens	Springkraut
19	Larch	Europäische Lärche
20	Mimulus	Gefleckte Gauklerblume
21	Mustard	Ackersenf
22	Oak	Eiche
23	Olive	Olivenbaum
24	Pine	Schottische Kiefer
25	Red Chestnut	Rote Kastanie
26	Rock Rose	Gelbes Sonnenröschen
27	Rock Water	Fels-Quellwasser
28	Scleranthus	Einjähriger Knäuel
29	Star of Bethlehem	Dolden-Milchstern
30	Sweet Chestnut	Edelkastanie
31	Vervain	Eisenkraut
32	Vine	Weinrebe
33	Walnut	Walnussbaum
34	Water Violet	Wasserfeder
35	White Chestnut	Weiße Rosskastanie
36	Wild Oat	Waldtrespe
37	Wild Rose	Heckenrose
38	Willow	Gelbe Weide

ANLEITUNG ZUR VERWENDUNG VON HEILSTEINEN

Ich will vorausschicken, dass ich mich mit Heilsteinen nicht auskenne. Die Empfehlungen in diesem Buch verdanke ich Kollegen, die sich damit beruflich beschäftigen. Aber ich finde Steine schön und verwende sie selber immer wieder – und spüre, dass sie mir guttun.

Wirkungsweise der Heilsteine
Seit Tausenden von Jahren werden Steine für die Heilung verwendet, im alten Indien ebenso wie im mittleren Osten und bei den Indianern Nordamerikas; zu uns ist das Wissen wohl über die Griechen gelangt und vor allem durch die heilige Hildegard von Bingen (1098-1179).

Die Wirkung von Heilsteinen wird, wie so manche alternative Therapiemethode, von der Schulmedizin nicht anerkannt, weil sie nicht wissenschaftlich bewiesen ist. Ohne an dieser Stelle auf eine Diskussion über Krankheit und Heilung einzugehen, nur ein Denkanstoß: Liest man medizinische Studien über Medikamente der Pharmaindustrie, so staunt man nicht schlecht über die hohe Wirksamkeit der Placebos (Scheinmedikamente); nicht selten wirkt ein Placebo bei über 50 Prozent der Testpersonen ebenso gut wie das richtige Medikament, sogar wenn die Patienten wissen, dass es sich nur um ein Placebo handelt!

Die Wirkung von Heilsteinen beruht im Wesentlichen auf deren Schwingung: Die unterschiedliche Zusammensetzung der Atome und Struktur der Kristallgitter, aber auch die Form und die Farbe, verleihen jedem Stein seine besonderen Eigenschaften, die von ihm ausstrahlen und vom Menschen aufgenommen werden. Welcher Stein für welchen Seelenzustand/welche Krankheit geeignet ist, beruht auf jahrtausendealtem intuitivem und empirischem Wissen.

Wie die Bach-Blüten, wirken auch die Heilsteine auf der energetischen Ebene, indem sie vor allem die Meridiane, die Chakren und die Aura beeinflussen: Die aufgenommene Schwingung überlagert eine ähnliche in uns vorhandene Schwingung, verändert dadurch Emotionen, Gedanken und Verhaltensweisen und damit auch körperliche Symptome.

→ Chakra: siehe Glossar Seite 245

Anwendung von Heilsteinen

Die gebräuchlichste Art, die Schwingung des Heilsteins aufzunehmen, ist das Tragen auf dem Körper, beispielsweise in der Hosentasche oder in Form eines Anhängers. Nachts kannst du den Stein auch unter das Kopfkissen oder auf das Nachttischchen legen.

Große Steine wie Rosenquarz und Amethyst stellst du im Raum auf (beispielsweise in der Nähe des Computers, um dessen Strahlung zu neutralisieren). Du kannst Heilsteine auch in frisches Wasser legen und dieses dann trinken.

Pflege von Heilsteinen

So wie wir die Schwingung des Steins aufnehmen, lädt sich der Stein mit den Energien seiner Umgebung auf. Davon muss er von Zeit zu Zeit befreit (entladen) werden; seine eigene Schwingung verliert der Stein nie, doch Sonnenlicht oder Kristallgruppen können seine Kraft verstärken (ihn aufladen).

Die Reinigung und das Aufladen der Heilsteine ist eine ebenso viel diskutierte Wissenschaft wie die Wirkungsweise selbst und es gibt im Grunde genommen für jeden Stein besondere Empfehlungen.

Als allgemeine Regel gilt: Die meisten Heilsteine kannst du unter fließendem Wasser reinigen und entladen und an der Sonne oder in einer Kristallgruppe aufladen (es gibt allerdings Steine, die kein Sonnenlicht vertragen).

Bei den Heilstein-Empfehlungen in diesem Buch habe ich jeweils auch angegeben, wie man den betreffenden Stein am besten verwendet und reinigt.

GLOSSAR

Ich beschränke mich auf kurze Erläuterungen zum Verständnis der Texte dieses Buches. Im Zeitalter des Internets kannst du ja alles mühelos vertiefen, falls du ein besonderes Interesse an einem Begriff hast.

Ananda *(Sanskrit) = Glückseligkeit, reine Freude*
Im → Hinduismus wird das eine, absolute, transzendente → Göttliche als Satchitananda beschrieben:
• Sat: reines Sein, Existenz;
• Chit: reines Bewusstsein, auch Wissen;
• Ananda: Glückseligkeit, die reine Freude.
Ananda ist auch eine der Erfahrungen, die wir in der Meditation machen können, ein unbeschreibliches Glücksgefühl, wenn wir an der absoluten Glückseligkeit des Göttlichen teilhaben.

Bhagavadgita *(auch: Bhagavad Gita) (Sanskrit) = Gesang des Erhabenen*
Ein im 1. oder 2. vorchristlichen Jahrhundert verfasster spiritueller Text aus Indien; es ist der populärste heilige Text im → Hinduismus und wurde in unzählige (auch westliche) Sprachen übersetzt. Viele Kapitel der Bhagavadgita befassen sich mit den Situationen und den Problemen des konkreten Lebens. Ich empfehle die Übersetzung von Sri Aurobindo.

Chakra *(Sanskrit = Rad, Scheibe, Kreis, Kreislauf und verwandte Begriffe)*
Chakren, im Hinduismus, Buddhismus und der westlichen Esoterik geläufig, sind Zentren von Bewusstsein und subtiler Lebensenergie. Sie sind die Verbindungspunkte zwischen dem physischen und dem feinstofflichen Körper. Man spricht meistens von sieben Hauptchakren und einer Vielzahl von kleineren Nebenchakren. Die sieben Hauptchakren liegen entlang der feinstofflichen Wirbelsäule (Sushumna) und sind über Nadis (elektrische Leitungen) miteinander verbunden.

Drittes Auge *(Stirnchakra, Sanskrit Ajna = Kommando, Befehl, unbegrenzte Macht)*
Das sechste → Chakra liegt zwischen den Augenbrauen. Es ist dem Gehirn zugeordnet und Sitz des Geistes. Es eröffnet uns das kosmische Bewusstsein und damit höchste Erkenntnis.

Dualität *(aus dem Lateinischen = Zweiheit, zwei enthaltend)*
Dualität bezeichnet erst einmal die Zweiheit der materiellen Welt mit der Polarität von gut/böse, heiß/kalt, männlich/weiblich usw.
In spirituellem Sinn bezieht sich die Zweiheit auf die Unterteilung in einen Gott und seine Schöpfung, wie das Christentum, das Judentum und der Islam sie kennen. Monistische Lehren hingegen, etwa der Advaita Vedanta, einer Richtung innerhalb des → Hinduismus, lehnen das Konzept der Dualität Gott/Schöpfung ab und bezeichnen sie als Illusion → Maya. Es gibt nur Eines, das → Göttliche, und die Aufgabe des Menschen in seiner irdischen Existenz besteht darin, diese Illusion zu überwinden und die Einheit mit dem Göttlichen zu erkennen.

Ego (Latein) = Ich
*In der Spiritualität als das „niedrige" Ich verstanden, im Gegensatz
zum höheren Selbst oder der Seele. Das Ego besteht nach der Lehre von
Sri Aurobindo, dem großen indischen Mystiker und Philosophen, aus
drei Elementen: Körperliches, → Vitales, → Mentales. Da ich dieses Konzept in Band IV der Sonnwandeln-Reihe detailliert erläutere, gehe ich
im Glossar nicht näher darauf ein.*

Egoisch
*Egoisch ist das Adjektiv zu Ego, mit der Bedeutung von „zum Ego gehö-
rend", ohne die negative Wertung, die in „egoistisch" (Adjektiv zu Egoismus) steckt. So ist eine egoische Eigenschaft nicht zwangsläufig egoistisch – dennoch für unsere spirituelle Entwicklung und unsere Zufriedenheit nicht förderlich, weil das Ego auf kurzfristigen Genuss aus-
gerichtet ist, keine Rücksicht auf das innere Wachstum nimmt und oft
auch nicht auf die längerfristigen Folgen.*

Gnade
*Gnade bezeichnet ein „Geschenk" des → Göttlichen, das nicht auf unse-
rem Bemühen oder Verdienst beruht und (wie die „Erleuchtung") nicht
erzwungen werden kann. Gnade ist nicht an menschliche Vorstellungen
von Gerechtigkeit oder Belohnung/Strafe gebunden und unterliegt nicht
dem → Karma-Gesetz.*

Das Göttliche
*Der Begriff „Gott" hat bei uns oft einen kirchlichen Beigeschmack und
viele Menschen verbinden damit einen willkürlichen, strafenden Gott
und Lehren von Sünde und Hölle usw. Deshalb verwende ich ausschließlich den Begriff „das Göttliche" (im Englischen oft als THE DIVINE bezeichnet). Darunter verstehe ich die höhere Macht, das Absolute, der
Erhabene, die Wahrheit. Im Hinduismus heißt diese höchste Instanz
Brahman, nicht zu verwechseln mit Brahma, einer Gottheit unter vielen.
Selbstverständlich soll jeder Leser in Gedanken den Begriff verwenden,
der für ihn stimmt: Gott, höhere Macht, Allah, Brahman oder andere.*

Hinduismus
*Vor allem in Indien verbreitete Religion, die in ihrer philosophischen
Ausprägung monotheistisch ist. Die vielen Gottheiten sind nur Emana-
tionen oder Aspekte des einen Gottes, die in der Volksreligion verehrt
und angebetet werden. Wie bei allen Religionen gibt es auch im Hinduismus verschiedene Richtungen, Schulen und Dogmen.*

Höheres Selbst
*Es wird manchmal synonym für → Seele oder Geist verwendet; ich folge
hier der hinduistischen Philosophie und unterscheide zwischen Seele
und höherem Selbst. Das höhere Selbst ist das unveränderliche → Göttliche in uns, wir können auch sagen: Das höhere Selbst ist das transzendente Göttliche. Die Seele ist der göttliche Kern in uns, der sich
durch die Evolution (auch durch die verschiedenen Wiedergeburten)
verändert und die Wiedervereinigung mit dem Göttlichen anstrebt.*

Innere Stimme
*Die Innere Stimme ist die Stimme unserer → Seele, die uns den Weg
zum → Göttlichen weist (ich schreibe den Begriff jeweils mit großen An-
fangsbuchstaben, um ihre Einzigartigkeit als Stimme der Seele zu beto-*

*nen und vor allem um sie von anderen Stimmen in uns zu unterschei-
den). Sie äußert sich meistens nur sehr leise und wird leicht mit der
Stimme des Ego verwechselt. Die Innere Stimme vernehmen wir oft in
der Form eines leichten Unbehagens, wenn wir im Begriff sind etwas zu
tun, was unserem spirituellen Weg zuwiderläuft; es ist jedoch meistens
nur eine sehr kurze Wahrnehmung und wenn wir nicht sofort darauf
hören, verstummt sie. Ausführlicheres über die Innere Stimme steht in
Kapitel 6 von Band I sowie in meinem Buch über Karma Yoga.*

Karma-Gesetz
*Nach hinduistischem und buddhistischem Glauben die Gesetzmäßigkeit
von Ursache und Wirkung. Es besagt, dass jede Tat, auch die unbedeu-
tendste, eine Wirkung auf den Täter hat, die sich in diesem oder einem
künftigen Leben entfaltet (impliziert den Glauben an die Wiedergeburt),
in dem Sinne, dass eine gute Tat Gutes und eine böse Tat Böses bringt.
Es wird im Volksglauben oft als ein unverrückbares Gesetz betrachtet;
es gibt im Hinduismus allerdings auch philosophische Richtungen (z.B.
der integrale Yoga von Sri Aurobindo), die eine göttliche → Gnade kennen, die in das Karma-Gesetz eingreifen kann.
Karma an sich bedeutet Tat, Werk; das Handeln oder Werk eines Menschen; die Kraft, die durch ihr Wirken die Evolution und die wiederholte
Rückkehr der Seele in die Existenz bestimmt.
Karma bezeichnet einerseits die Summe der vergangenen Taten aus
diesem und den früheren Leben, andrerseits jede Tat, die wir begehen
und durch welche wir neues Karma schaffen. Beide bestimmen unsere
Zukunft.*

Karma Yoga (Sanskrit) = Yoga des Handelns
*• Karma: Tat, Werk; das Handeln oder Werk eines Menschen; die Kraft,
die durch ihr Wirken die Evolution und die wiederholte Rückkehr der
Seele in die Existenz bestimmt.
• Yoga: Verbindung, Vereinigung; die Vereinigung der Seele mit dem
göttlichen Sein, dem göttlichen Bewusstsein, der göttlichen Glückseligkeit; eine Methode zur Vervollkommnung des menschlichen Indivi-
duums; im → Hinduismus Oberbegriff für spirituelle Wege.
• Karma Yoga: der Yoga des Handelns; spiritueller Weg, der zur Gottesverwirklichung führt durch das Handeln ohne Anhaftung. Im Gegensatz
zum bei uns allgemein bekannten „Yoga", der sich auf die* KÖRPER*haltungen bezieht, arbeitet der Karma Yoga mit den* INNEREN *Haltungen.*

Lila (Sanskrit) = Spiel, Belustigung
*Lila bezeichnet das Spiel des → Göttlichen, bei welchem das Göttliche
die Schöpfung auch als Spiel mit den Menschen ansieht. In den nicht
dualistischen Richtungen des → Hinduismus beschreibt Lila die gesamte Realität, also die Schöpfung → vergleiche Maya.*

Maya (Sanskrit) = Illusion, Zauberei
*Im Hinduismus ist es die Illusion, die uns vorgaukelt, es gebe das →
Göttliche* UND *die Schöpfung – in Wahrheit gibt es nur das Eine, das
Brahman. Maya wird zuweilen auch als Göttin personifiziert.*

Mentales Ego
*Es ist die höchste Ebene unseres Ego. Seine Funktion besteht im ratio-
nalen Denken und der Logik, es befasst sich mit Glaubensrichtungen,
Idealen, Wertvorstellungen, Entscheidungsfindung, strebt nach Wissen,
Wahrheit, Harmonie und bemüht sich um ein tugendhaftes Leben.*

The Mother
Geboren in Paris als Mirra Alfassa (1878-1973), lebte sie seit dem Ende des 1. Weltkriegs in Indien im Ashram von Sri Aurobindo, dessen Leitung er ihr 1926 übertrug; sie wurde, als Mutter des Ashrams, „The Mother" genannt und unter diesem Namen sind ihre Werke erschienen. 1968 gründete sie Auroville, die „universelle" Stadt zum integralen Zusammenleben, ein von der UNESCO unterstütztes Projekt. Ihre spirituellen Lehren gab sie in Gesprächen, Briefen und anderen Schriften weiter, die in Form zahlreicher Bücher herausgegeben wurden.

Nirwana (auch: Nirvana) (Sanskrit) = wörtlich: verwehen
Austritt aus dem Kreislauf der Wiedergeburten und des Leidens, durch „Erwachen" oder „Erlöschen". Es wird oft als ein Zustand der Leere oder der absoluten Glückseligkeit beschrieben. Der Weg dahin beruht auf dem Loslassen aller Anhaftungen.

Prädestination (Latein) = Vorherbestimmung
Die Prädestinationslehre besagt, dass das Schicksal des Menschen von Gott vorherbestimmt ist: Einige Seelen sind dem ewigen Leben, andere der ewigen Verdammnis geweiht. Somit ist der Mensch von der göttlichen → Gnade abhängig. Die Prädestination war und ist im Protestantismus und im Islam ein kontroverses Diskussionsthema.

Seele
In Philosophie, Religion und Esoterik, aber auch im alltäglichen Sprachgebrauch, ist mit Seele nicht immer das Gleiche gemeint. Ich verstehe darunter den nicht materiellen, unsterblichen Teil von uns, der sich durch die Erfahrungen und Erkenntnisse entwickelt, an Bewusstheit gewinnt und zum → Göttlichen hin strebt. Es ist der Teil in uns, aus welchem die → Innere Stimme kommt, der Teil, der uns zum Guten antreibt. Die Seele ist somit keinesfalls mit Verstand, Vernunft, Gefühl oder dem Unbewussten gleichzusetzen, die zum sterblichen Ich (→ Ego) gehören, ebenso wenig mit dem → höheren Selbst.

Vitales Ego
Es ist die Ego-Ebene der Emotionen, Leidenschaften, Wünsche, auch der Antriebskraft. Das Vitale strebt nach Besitz, Lust und Vergnügen, ferner nach Spannung, Abwechslung; somit sucht es das „Drama des Lebens" mit seinen Hochs und Tiefs und meidet Gleichmut und Gelassenheit.

ÜBERSICHT ÜBER DIE SONNWANDELN-BUCHREIHE

Band I: Der Sinn des Lebens und die Lebensschule
Paperback, 220 Seiten, ISBN 978-3-907091-05-0

Kap. 1: Der Sinn des Lebens und unsere Lebensaufgabe

• *Der Sinn der Welt und der Menschheit* • *Der biologische und der spirituelle Sinn* • *Der Sinn des individuellen Lebens* • *Geld verdienen und Genuss sind für die meisten Menschen nicht genug* • *Sinnvolle und sinnlose Tätigkeiten?* • *Wie finden wir unsere weltliche Lebensaufgabe?* • *Die Lebensaufgabe ist nicht mit dem Beruf gleichzusetzen* • *Nützlich sein für die anderen?* • *Berufswahl, Änderung des Berufs* • *Routine, Alltag, mangelnde Befriedigung*

Kap. 2: Lebensphasen und Lebenskrisen

• *Die verschiedenen Lebensphasen und Übergänge und ihre besonderen Herausforderungen und Chancen* • *Die Schwierigkeiten der Umbruchphasen* • *Andere Lebenskrisen (Scheidung, Tod eines Angehörigen usw.)* • *Nähe und Distanz in der Pubertät* • *Die Bedeutung der Wechseljahre* • *Die Chancen der Übergangsphasen nutzen* • *Probleme des Älterwerdens*

Kap. 3: Zufall und Schicksal

• *Zufall ist, was uns zufällt* • *Die Frage nach dem Warum* • *Wie man einzelne Ereignisse deutet* • *Alles hat einen Sinn* • *Wachsam sein für den Wink des Schicksals* • *Gerechtes oder ungerechtes Schicksal* • *Wiederkehrende Ereignisse und Schicksalsschläge* • *Die Häufung von Schicksalsschlägen* • *Schicksal als Folge des Karma-Gesetzes?*

Kap. 4: Freier Wille oder Vorbestimmung?

• *Menschliches und göttliches Gerechtigkeitsverständnis* • *Handlungsweise und Konsequenzen* • *Die Verantwortung für unsere Taten* • *Fördert der Glaube an die Vorbestimmung den Egoismus?* • *Was steht in den Sternen geschrieben?* • *Das eigene Schicksal ändern* • *Was treibt uns an zu bestimmten Taten?* • *Abgrenzung zwischen meinem und einem fremden freien Willen*

Kap. 5: Wille und Wollen

• *Göttlicher Wille und menschliches Wollen* • *Last und Mühsal unseres alltäglichen Kampfes* • *Vertrauen in die göttliche Vorsehung* • *Die Kraft des Wollens* • *Ist es richtig, für etwas zu kämpfen?* • *Spirituell vorankommen wollen* • *Wie können wir im Einklang mit dem göttlichen Willen handeln?* • *Dein Wille geschehe* • *Die Früchte des Handelns* • *Über die Ausrede, nach Gottes Willen zu handeln*

Kap. 6: Unsere Innere Stimme

• *Die Sprache der Inneren Stimme* • *Wie wir die Stimme der Seele von den Stimmen des Ego unterscheiden* • *Die Lenkung durch die Innere Stimme* • *Träume und Inspiration* • *Der Inneren Stimme gehorchen, ohne zu zweifeln* • *Die Angst, „falsche" Entscheidungen zu treffen*

Band II: Alltägliches Handeln im spirituellen Geist

Band III: Über allem die Liebe
(erscheint voraussichtlich im Frühjahr 2017)

Kap. 1: Liebe deinen Nächsten wie dich selbst

• *Selbstliebe ist ebenso wichtig wie Nächstenliebe* • *Liebe braucht keinen Grund* • *Abhängigkeit als Hindernis, sich selbst zu lieben* • *Achtung und Wohlwollen für das Unbelebte* • *Unvollkommene und reine Liebe* • *Abgrenzung zwischen gesunder Selbstliebe und Egoismus* • *Geborgenheit in sich selbst* • *Angst, den geliebten Menschen zu verlieren* • *Unnachgiebigkeit uns selbst und anderen gegenüber*

Kap. 2: Nächstenliebe – doch das oberste Gebot?

• *Allen Menschen gleich begegnen* • *Wahre Nächstenliebe erwartet keinen Dank und keine Gegenleistung* • *Respekt und Gleichbehandlung* • *Sich selbst ernst, aber nicht wichtig nehmen* • *Grenze zwischen Selbstliebe und Nächstenliebe* • *Liebe deine Feinde: eine Illusion?* • *Die Grenze zum Egoismus* • *Geben macht glücklicher als nehmen* • *Nächstenliebe aus Gewohnheit und Konvention?* • *Nächstenliebe lässt sich lernen*

Kap. 3: Muss ich Vater und Mutter unbedingt ehren?

• *Karmische Verstrickungen, Einzelkarma und Familienkarma* • *Generationenmuster durchbrechen* • *Die Familie sucht man sich nicht aus* • *Sind andere Menschen, die uns auf unseren Weg gestellt werden, nicht wichtiger für die innere Entwicklung?* • *Adoptivkinder und andere Kinder, die ihre richtigen Eltern nicht kennen* • *Den Kontakt zu den Eltern abbrechen?* • *Liebe für die Eltern und Anhaftung* • *Auch „böse" Eltern ehren und lieben?* • *Fehlende Gefühle für die Eltern entwickeln*

Kap. 4: Liebe ist kein Deal.

• *Warum Liebesbeziehungen zum Deal entarten und so nicht funktionieren können* • *Der „Liebesvertrag" und das Kleingedruckte* • *Wie unser Ego mit seinen Ängsten und Wünschen reine Liebe verhindert* • *Eine Beziehung aufrechterhalten um jeden Preis?* • *Was braucht es denn zu einer guten Beziehung?* • *Die unterschiedlichen Beziehungen innerhalb von Familie und Freundeskreis*

Kap. 5: Scheiden tut weh! Trennung und Tod.

• *Der Tod: immer ein unerwarteter Besucher* • *Jede Trennung ist ein Neuanfang* • *Der Schmerz, verlassen zu werden* • *Trennung oder Tod als Befreiung?* • *Wie sinnvoll ist Trauer?* • *Ein noch nicht überwundener Todesfall* • *Der Tod meines Kindes* • *Wann soll man eine Beziehung beenden?* • *Scheidung obwohl man sich noch liebt?* • *Die Angst vor der Trennung* • *Einen Schlussstrich ziehen*

Kap. 6: Einsamkeit und Alleinsein

• *Die Illusion, das Leben mit jemandem zu teilen* • *Äußeres Alleinsein oder innere Einsamkeit* • *Getröstet werden ist oft hinderlich* • *Das kosmische Schauspiel und der Lebensfilm* • *Gibt es Menschen, die eine wichtige Rolle in meinem Leben spielen?* • *Warum finde ich keinen Partner?* • *Ich kann nicht allein sein*

Band IV: Unsere innere Welt
(erscheint voraussichtlich im Herbst 2017)

Kap. 1: Mein Ego, dein Ego

• *Die Entstehung des Ego in der Evolution und dessen Sinn* • *Die Dualität und die wirkende Natur* • *Die Elemente unseres Ego* • *Auch ein „erweitertes" Ego ist immer noch ein Ego!* • *Der Umgang mit anderen Egos* • *Die Illusion des Ich* • *Wie werde ich das Ego los?*

Kap. 2: Denken und Fühlen

• *Die Wechselwirkung zwischen Denken und Fühlen* • *Intuitionen und höhere Wahrheiten kommen von außen* • *Denken, Fühlen und das Unbewusste* • *Das Denken macht uns zu denkenden Tieren, nicht zu spirituellen Wesen* • *Aus den im Gehirn gespeicherten Informationen kann nichts Neues entstehen* • *Worauf sollen wir denn sonst unsere Entscheidungen gründen, wenn Denken und Fühlen uns nicht helfen?* • *Vergangenheit und Zukunft existieren nur in Gedanken und Emotionen*

Kap. 3: Wünsche und Begehren

• *Die evolutionäre Funktion der Wünsche* • *Der Baum der Erkenntnis* • *Bewertung von Angenehmem und Unangenehmem als Grundlage der Wünsche* • *Verzicht üben oder bloß auf Wünsche verzichten?* • *Glück finden in der Wunscherfüllung?* • *Der Wunsch zu helfen* • *Und der Wunsch, spirituell weiterzukommen?* • *Langweilige ewige Zufriedenheit!*

Kap. 4: Anhaftung und Loslassen

• *Das Vergängliche genießen ohne anzuhaften* • *Loslassen, um nicht mehr zu leiden?* • *Ist es nicht normal, geliebte Menschen um sich haben zu wollen?* • *Bettelarm und asketisch durchs Leben?* • *Die Illusion, die Anhaftung besiegt zu haben* • *Den Verlust des Geliebten nicht fürchten* • *Leiden loswerden oder lernen damit umzugehen?*

Kap. 5: Woher nehme ich die Kraft?

• *Übermenschliche Kräfte: woher kommen sie?* • *Bei der Ernährung auf die Schwingung der Lebensmittel achten* • *Die Energie der göttlichen Mutter* • *Die drei alltäglichen Energiefresser, im Detail erläutert* • *Natürliche und sakrale Kraftorte* • *Energievampire* • *Gibt Liebe Kraft?* • *Niemals aufgeben: das gibt Kraft!*

Kap. 6: Krank oder heil?

• *Es gibt nur eine Krankheit, ebenso wie es nur eine Gesundheit gibt* • *Die tiefere Symbolik der Krankheit* • *Wie wir die Krankheit rechtzeitig wahrnehmen und sie aufhalten können* • *Heil sein bedeutet ganz sein* • *Spirituelle Erkrankungen* • *Heilmethoden und die Selbstheilungskraft des Körpers* • *Welche Bedeutung haben Unfälle?* • *Schwere Erkrankungen bei jungen Menschen* • *Die Angst vor Krankheit*

Band V: Das spirituelle Leben
(erscheint voraussichtlich 2018)

Kap. 1: Absolute Hingabe oder Freizeitspiritualität?

• *Wir können nicht zwei Herren dienen: Solange wir noch weltliche Ziele verfolgen, erlangen wir das Göttliche nicht* • *Voraussetzungen für die vollständige Hingabe* • *Die Entscheidung für den spirituellen Weg bedingt keinen Rückzug aus der Welt* • *Einem Lehrer folgen oder alles aus eigener Kraft schaffen?*

Kap. 2: Was gehört zu mir und was ist fremd?

• *Die feinstofflichen Elemente Gedanken und Emotionen* • *Andere Ebenen des Seins jenseits der materiellen Dimension* • *Das Wahrnehmen fremder Energien* • *Übertragung von Energien auf Mitmenschen* • *Unterscheiden zwischen Eigenem und Fremdem* • *Jeden Kontakt mit „schlechten" Menschen meiden?* • *Die Schwingungen von Musik, Texten, Bildern und ihre Wirkungen auf uns* • *Negative Schwingungen an bestimmten Orten*

Kap. 3: Heilige Schriften: nur für Schriftgelehrte?

• *Erläuterung einzelner Passagen aus Veden, Upanishaden, Bhagavadgita, Neuem Testament* • *Einem Glaubenssystem blind vertrauen und folgen?* • *Die Wahrheit ist in uns und im Leben selbst* • *Verständnis und Interpretation* • *Diverse Zitate von Laotse, dem Buddha, aus dem Sufismus, der Kabbala*

Kap. 4: Inneres und äußeres Leben

• *Der Rückzug in die Welt der Seele* • *Das Außen verwandeln* • *Mit den inneren Augen schauen* • *Übungen, um die innere Welt zu erfahren* • *Das Leben in der inneren Welt und die Konsequenzen auf unser äußeres Verhalten* • *Hindernisse im inneren Leben* • *Sich eine Weile vollständig aus der Welt zurückziehen?* • *Verzicht* • *Gebet und Meditation*

Kap. 5: Und wo bleibt die Erleuchtung?

• *Beschreibungen und Berichte über die Gottesverwirklichung aus verschiedenen Religionen und Zeitepochen* • *Zitate aus der Bhagavadgita zur Erleuchtung* • *Wie und wann erlangen wir die Gottesverwirklichung?* • *Brauchen wir dazu einen Guru oder Meister?*

Von der gleichen Autorin im nada Verlag erschienen

Karin Jundt
Karma Yoga – Auf dem sonnigen Weg durch das Leben
Taschenbuch, 140 Seiten, ISBN 978-3-907091-03-6

Der Karma Yoga, eine jahrtausendealte Lehre aus Indien, ist im Westen kaum bekannt. Obwohl es sich im Ursprung um einen spirituellen Weg handelt, kann man ihn, unabhängig von der eigenen religiösen und philosophischen Ausrichtung, zur wohltuenden Veränderung der inneren Haltungen praktizieren.

Seine Erkenntnisse lassen sich leicht in das normale Leben einbauen und machen den Alltag selbst zum Übungsplatz, ohne dass man sich gesondert Zeit nehmen muss für spezielle Praktiken, wie Meditation oder Körperübungen.

Den Grundsätzen des Karma Yoga zu folgen, führt zu einem Dasein mit weniger Ängsten und Sorgen und mehr Zuversicht und Mut. Das ist auch das Anliegen der Autorin: einen einfachen, verständlichen Leitfaden anzubieten, mit konkreten, alltagsbezogenen Anregungen, um das Leben im Hier und Jetzt zu erleichtern und zufriedener zu gestalten.

In ihrem Buch beleuchtet sie vor allem die Themen Urvertrauen, Selbstwertgefühl/Selbstliebe und Gleichmut – und natürlich das Handeln, das zentrale Element des Karma Yoga.

Karin Jundt hatte sich schon verschiedenen spirituellen Richtungen zugewandt, unter anderem christlichen und buddhistischen, bevor sie dem Karma Yoga begegnete.

Seit über zwanzig Jahren lernt, lebt und lehrt sie diese Philosophie, worin sie nicht nur ihren eigenen spirituellen Weg erkannt hat, sondern auch ein Instrument, um im diesseitigen Leben, im gewöhnlichen Alltag, Erfüllung zu finden.

Website der Autorin:
www.karma-yoga.eu

Karin Jundt
Ich liebe mich selbst und mache mich glücklich
Taschenbuch, 136 Seiten, ISBN 978-3-907091-04-3

Karin Jundt sagt von sich, sie habe erst im Alter von 40 Jahren festgestellt, dass ihr das Selbstwertgefühl und die Selbstliebe fast vollständig fehlten. Sie macht diesen Mangel verantwortlich für viele ihrer früheren Probleme mit den Mitmenschen und für eine periodisch auftretende, nicht näher definierbare Unzufriedenheit. Nach dieser Einsicht begann sie, am Aufbau ihrer Selbstliebe zu arbeiten, und erkannte mehr und mehr, wie unerlässlich sie für ein erfülltes, glückliches Leben ist.

Selbst darin gefestigt, entwickelte sie auf der Basis ihrer eigenen Erfahrungen eine Methode zum Aufbau und zur Stärkung der Selbstliebe, die sie viele Jahre lang in Seminaren und Kursen lehrte.

Mit diesem Buch gibt sie ihre Methode nun ebenfalls weiter. Es handelt sich um einen Leitfaden, der wie ein Kurs mit Aufgaben und Übungen aufgebaut ist. In den ersten Kapiteln werden die Grundlagen des Selbstwertgefühls und der Selbstliebe dargelegt. Der Hauptteil befasst sich mit der Selbstanalyse und der Betrachtung der Verhaltensmuster, die auf ein niedriges Selbstwertgefühl und eine schwache Selbstliebe hinweisen, und zeigt dann den Weg auf, um neue Verhaltensweisen Schritt für Schritt einzuüben und alte hinderliche Muster abzulegen.

Karin Jundt
Ich liebe mich selbst 2
Taschenbuch, 156 Seiten, ISBN 978-3-907091-06-7

Bei diesem Buch, von der Autorin als Fortsetzung und Ergänzung ihres ersten Wegweisers zu diesem Thema konzipiert, handelt es sich um eine konkrete Anleitung zum Aufbau und zur Stärkung des Selbstwertgefühls und der Selbstliebe. In jedem der 26 kurzen Kapitel befasst sie sich mit einer Verhaltensweise, die auf eine schwache Selbstliebe hindeutet, und schlägt eine auf den gewöhnlichen Alltag ausgerichtete Übung vor, um diese Verhaltensweise zu verändern. Es geht dabei um unsere Abhängigkeit von anderen Menschen, um Verlustangst, Selbstbestimmung, aber auch um Perfektionismus, Überheblichkeit, mangelnde Spontanität und nicht zuletzt um die Ängste.

Die von ihr vermittelten Erkenntnisse und Einsichten sind aus dem Leben gegriffen, ihre Übungsvorschläge und Tipps für alle praktikabel. Der Alltag ist die Schule der Selbstliebe.

Website der Autorin: www.selbstliebe.ch